生产与运作管理教程

——理论、方法、案例

王世良 等 编著

浙江大學出版社

前　言

生产运作管理是一门围绕企业生产运作系统的选择、设计、运行和更新，研究如何对企业的生产运作活动进行计划、组织与控制的一系列管理问题的学科。

越来越多的有识之士已经认识到，企业生存与发展的根本前提是让顾客满意，培养顾客的忠诚度。为此，企业必须坚持为顾客创造价值的指导思想，通过向顾客提供比竞争对手更好的产品或服务，来建立和发展企业的竞争优势。进一步地，一旦明确了用户需求，则产品和服务能否达到甚至超过顾客的期望，基本上取决于企业的生产运作系统和生产运作管理工作。因此，生产运作管理是企业生存与发展的根本基础。

最近二三十年，西方发达国家为重新建立和获取竞争优势，把生产运作管理作为突破口而给予了特别关注，高度重视生产运作管理的理论、方法和应用的研究、创新、再造与发展。生产运作管理成为新成果不断涌现、极具挑战性的热点。这值得国内管理界各方人士思考、借鉴。

本书力图全面阐述生产运作管理的基本理论和方法，系统地介绍生产运作管理的各种新思想、新理论和新方法，并突出以下特点：

● 体系完整。沿着创办和经营企业的工作逻辑，分生产运作战略定位、生产运作系统设计和生产运作系统运行三大模块，系统地论述生产运作管理的各项工作。

● 内容新颖。讨论了大规模定制（Mass Customization）这一企业竞争新前沿的基本思想，全面分析介绍了 ERP、供应链管理、

JIT与精细生产、计算机集成制造系统、敏捷制造、约束理论、流程再造等的最新理论与方法，结合2000版ISO9000系列标准阐述了质量管理的理论与方法，特别补充和突出了服务业运作管理的课题，在很多章节安排了服务业运作管理的专题讨论内容。

● 视角实用。从集成的角度分析问题，注重有关工作与企业竞争优势的联系，强调从思维方式和理念的角度阐述生产运作管理的有关理论与方法，同时还提供了许多最新案例，更符合“实战”要求。

全书共分13章。胡旭初副教授参与编写第三、四章，周耀烈副教授参与编写第七章，张建林副教授参与编写第九章，王世良负责编写其余各章和全稿总纂。

在本书编写过程中，浙江大学管理学院博士导师项保华教授自始至终都给予了很大的关心、支持和帮助。他不仅提出了许多建设性的指导意见，使本书增色不少，更重要的是他做人、做学问的态度，使人终生受益。在此深表谢忱！

本书的完成还得益于大量的国内外参考文献。由于篇幅所限，书的最后仅列出了其中的一小部分。浙江大学的MBA、研究生和在职进修生也提供了许多建议以及案例素材，使内容更趋完善、合理。在此，谨向有关著作作者表示衷心感谢！向以上学员表示衷心感谢！由于作者水平有限，书中难免有不当、疏漏甚至错误之处，敬希读者批评指正。

王世良

2002年12月于浙江大学求是园

目　录

第一章　生产运作管理概述

第一节　生产运作与生产运作系统

一、生产运作概念的沿革

生产和运作是自有人类社会以来最基本的实践活动。随着生产力水平的提高和社会的发展，生产和运作的概念也不断延伸和扩展。

最初形成的是第一产业范畴意义上的生产概念。但随着工业生产的迅速发展，强调“实物制造”的意义，更为关注工厂意义上的生产和生产过程。社会发展到今天，商业、房地产、金融等服务性行业迅速发展并在社会经济中扮演着越来越重要的角色。为此，人们进一步提出了“创造效用”说，将生产理解为是一种创造和增加物品效用的活动，将生产的概念进一步扩大到了服务业领域。

过去，人们习惯于把有形产品的制造称为生产(Production)，把提供劳务的服务活动称为运作(Operation)。但现在不再加以严格区分，统一称为生产运作或运作，认为都是将投入的要素转化为有形产品/无形劳务并由此而创造和增加物品效用的活动。为简单起见，本书统一采用生产运作和生产运作管理的名称。

二、生产运作系统

按照系统的观点，可以将企业中从事生产运作活动的子系统称之为生产运作系统。广义的生产运作系统包括制造系统(即狭义的生产运作系统)、研究开发、生产运作的供应与保证、生产运作计划与控制等子系统。生产运作计划与控制系统,又称为生产运作管理系统,是对整个生产运作系统各方面的工作进行计划、组织、控制和协调,其作用类似于企业的大脑和神经系统。

从本质上讲,生产运作系统是一个投入—产出系统,如图 1-1 所示。其职能就是将一系列投入转换为社会和用户所需要的产出。具体可从以下两个方面进行剖析:

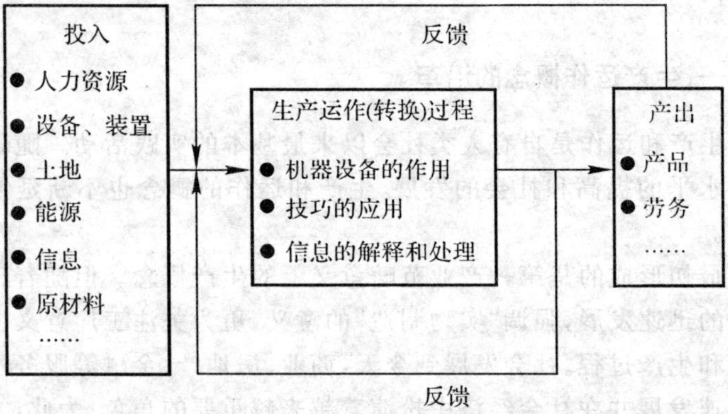

图 1-1　生产运作系统示意图

(一)技术和实物角度

生产运作系统体现为物质与能量的转换过程,即对投入的人、财、物、信息等各种资源进行加工转换以提供社会和用户所需要的产品或劳务的过程。它由投入、生产运作(转换)过程、产出和反馈四个基本环节构成。例如,在汽车厂和棉纺厂,劳动者利用劳动资料对投入的钢铁、棉花等不同原材料进行加工,通过"物质的制造",最终产出汽车和布匹等有形产品;在医院,医生和护士通过对病人的"治疗、护理服务",使病人康复等。

(二)经济和价值的角度

生产运作系统体现为价值的增值过程,即技术性生产运作的结果是把低价值体的生产要素集合转换为高价值体的产出。在这里，关注的是生产运作中抽象的“价值流”，而不是具体的“物质流”。如果以费用表示系统投入的价值，以收益表示产出的价值，那么，系统的价值附加（即价值的再生产和增加）职能将（应该）使收益大于费用。通过“价值增值过程”而获取利润，是生产运作系统的目的和本质所在。

三、生产运作系统的核心要素——生产运作过程

生产运作过程有广义和狭义之分。狭义的生产运作过程是指从原材料投入生产运作开始直至生产出成品或完成劳务为止的全部过程；广义的生产运作过程是指从生产运作技术准备开始到生产出成品或完成劳务为止的全部过程。

生产运作过程包括一系列相互联系的劳动过程（如工艺过程、质量控制与检验过程、运输过程等）和自然过程。其中，工艺过程是生产运作过程的最基本部分，而工序则是其最基本的组成单位。

按照生产运作的性质和作用，生产运作过程一般分为以下主要组成部分：

(1)基本生产运作过程。它是生产运作过程的核心部分，指将劳动对象直接加工成为企业主要产品或提供企业基本服务的过程，如机械制造企业的毛坯准备、零部件加工、装配过程，医院的挂号、诊断、化验、手术、配药工作等。

(2)生产运作技术准备过程。它是指产品投产前所进行的一系列生产运作技术准备工作的过程，如产品与工艺设计、工艺装备设计与制造、新产品的试制和试验等。

(3)辅助生产运作过程。它是指为保证基本生产运作过程正常进行而向其提供辅助产品或劳务的辅助性生产运作活动过程，如机械制造企业的动力供应、设备维修、工具制造等。

(4)生产运作服务过程。它是指为基本生产运作和辅助生产运

作提供生产性服务活动的过程，如材料供应、工具保管、理化检验等。

四、生产运作系统的分类——生产运作类型

所谓生产运作类型，是按照生产运作过程的基本性质和特征对生产运作系统所做的分类。生产运作类型为研究和揭示不同类型的共同特点和规律、选择合适的生产运作系统结构形式、开展生产运作系统设计和管理工作，提供了富有针对性的科学理论指导。

生产运作类型可按照不同的标志进行分类，常见的有：

(一)按管理划分——制造性生产和服务性运作

虽然制造性生产和服务性运作都必须遵循相同的管理基本思想、理论和原则，但从技术角度看，两者存在一定的差别(如表 1-1 所示)，因此，必须根据各自的特点开展有针对性的管理。

表 1-1　服务性运作和制造性生产的比较

序号	比较项目	制造性生产	服务性运作
1	产出	有形的、可储存的实体产品	无形的、不可储存的劳务
2	生产率测定	易	难
3	顾客参与程度	低	高
4	产出质量评价	易	难

1. 是否产出有形产品，是最本质的区别

这意味着制造性生产的产品可通过储存实现时间上向未来转移，从而可以在保持生产系统处于平稳、均衡状态下，利用库存来妥善地应付市场上产品需求量的较大波动，并大大降低响应时间。相对而言，劳务不能事前“生产”出来，也不可能储存起来形成缓冲，因此更多地受到时间上的限制。

2. 测定生产运作系统生产率的难易程度不同

对生产率的测定，制造性生产较之服务性运作容易，因为有形

产品有明确的、可比的标准化计量单位，而服务运作主要是应用知识和技能。

3.顾客参与程度上存在较大差异

在制造性生产中，顾客极少、甚至根本不接触生产系统。但在服务性动作中，与顾客接触是一项重要的内容。在许多情况下，服务时顾客必须在场，甚至其本身就是服务系统的一种投入要素。因此，服务系统必须将顾客作为一种重要的内部或直接因素，注意和顾客建立良好的关系。相应地，服务性运作的响应时间应尽量短，选择市场时重点围绕附近地区，而且由于服务性企业的市场开发受到地域空间的很大限制，必须把维持和发展与老顾客的关系、巩固已有市场的工作，提升到事关企业生死存亡的高度。

4. 在生产运作系统产出质量评价上存在差异

在服务性运作中，由于无形劳务的“无形”特征，难以建立相应的质量标准，对产出结果的好坏也就很难评价，需要综合各种影响因素，建立全面、客观的评价标准。

此外，制造性生产一般需要大量的生产设备装置，投资较大，在生产系统设计和建设决策时应相当慎重。相对而言，服务性运作一般属于劳动密集型，重点在于服务系统运行管理。

需要说明的是，在许多企业，两类生产运作同时存在，并有主次之分，而且两者呈有益的互相补充、而非互相排斥的关系。

(二)按产品生产运作工艺特征划分——流程型生产运作和加工装配型生产运作

流程型生产运作，也称工艺过程连续的生产运作，其物料是均匀、连续地按一定工艺顺序运动的，如典型的化工、炼油、造纸、水泥等生产运作。加工装配型生产运作，也称工艺过程离散的生产运作，其产品由零部件组合装配而成，而零部件可以在不同的地方分别制造，加工过程呈相对独立状态，物料运动呈离散状态，如机床、汽车、计算机等产品生产。两者的特点比较如表 1-2 所示。

表 1-2 流程型与加工装配型生产运作的特点比较

项 目	流程型	加工装配型
用户数量	较少	较多
产品品种数	较少	较多
产品差别	有较多标准产品	有较多用户要求的产品
营销特点	依靠产品的价格与可获性	依靠产品特点
自动化程度	较高	较低
设备布置的性质	流水式生产运作	批量或流水生产运作
生产运作能力	可明确规定	模糊的
对设备可靠性要求	高	较低
维修的性质	停产检修	多数为局部修理
原材料品种数	较少	较多
能源消耗	较高	较低
在制品库存	较低	较高

(三)按生产运作组织方式划分——备货型生产运作和订货型生产运作

备货型(Make-to-stock,简称 MTS)生产运作是指在没有接到用户订单时按已有的标准产品或产品系列进行的生产运作,其目的是为了补充成品库存,以随时满足用户的需要。流程型生产运作一般为备货型生产运作。订货型(Make-to-order,简称 MTO)生产运作是指按用户订单进行的生产运作,企业和用户在协商、谈判的基础上,以协议或合同的形式确认用户的要求后,再组织设计和制造。两者的特点比较如表 1-3 所示。

表 1-3 备货型和订货型生产运作的特点比较

项目	MTS	MTO
产品	标准产品	按用户要求生产运作,无标准产品,大量的变型产品与新产品
对产品的要求	可以预测	难以预测
价格	事先确定	订货时确定
交货期	不重要 由成品库存随时供货	很重要 订货时决定
设备	多采用专用高效设备	多采用通用设备
人员	专业化人员	多种操作技能人员

(四)按工作地专业化程度划分——大量大批生产运作、成批生产运作和单件小批生产运作

由于工作地的专业化程度对生产运作管理的影响最大,故实践中常常将其作为生产运作类型划分的基本标志,对这种生产运作类型划分给予特别重视。

大量大批生产运作中,产品是一种或少数几种结构相似、工艺路线相同的同类产品,产品的结构与工艺方法都比较先进,有稳定的销售量与长期稳定的销售市场。所以,提高企业竞争力的关键是:优良的产品质量,低廉的价格,备件供应充分,维修服务方便。

成批生产运作中,产品多为结构相似的系列产品,品种较多,有一定批量,销售量能长期稳定,进行轮番重复生产运作。其提高企业竞争力的关键是:适应市场需求不断开发新产品,更新老产品,提高产品质量。

单件小批生产运作中,产品品种繁多且不固定,有些产品只生产一次,且多是根据使用单位(用户)的要求设计的,产品的产量较少,有的仅有一件,产品复杂,零部件多。其提高企业竞争力的关键是:强大的产品设计能力,短的产品设计和制造周期,良好的售后服务,包括对产品的安装调试、培训用户对产品的正确使用和维修。三种生产运作类型的特点比较见表1-4。

表1-4 大量大批、成批、单件小批生产运作类型的特点比较

项目	单件小批	成批	大量大批
产品品种	繁多、不稳定	较多、较稳定	少、稳定
产量	单件或少量	较多	大
工作地专业化程度	基本不重复	定期轮番	重复生产运作
设备	万能通用设备	部分专用设备	多数专用设备
设备布置	工艺原则 机群式布置	混合原则 对象或成组 生产运作单元	对象原则 流水线或自动线

续表

项目	单件小批	成批	大量大批
劳动分工	粗	中	细
工人技术水平	多面手	专业操作(多工序)	专业操作
生产运作效率	较低	中	高
成本	较高	中	低
适应性	强	较差	差

应当指出,服务性运作也可按照这种思想划分生产运作类型。例如,可以将中、小学教育看作是大量大批型;大学教育看作是成批型;研究生教育看作是单件小批型。

第二节 生产运作管理的概念

一、生产运作管理的概念

所谓生产运作管理,是指为了实现企业经营目标,提高企业经济效益,对企业生产运作系统的选择、设计、运行和更新等活动的一系列管理工作的总称。其内容可分为以下三大部分:

(一)生产运作系统战略决策

从如何很好地满足社会和用户的需求出发,根据企业营销系统对市场需求情况的分析以及企业发展的条件和因素限制,从总的原则方面解决“生产什么、生产多少”和“如何生产”的问题。换言之,是从企业竞争优势的要求出发对生产运作系统进行战略定位,明确选择生产运作系统的结构形式和运行机制的指导思想。

(二)生产运作系统设计管理

根据生产运作系统的定位,具体进行生产运作系统的设计和投资建设。一般包括两方面内容:其一,产品开发管理,包括产品决策、产品设计、工艺选择与设计、新产品试制与鉴定管理等;其二,厂房设施和机器系统构建管理,包括厂址选择、生产运作规模与技术层次决策、厂房设施建设、设备选择与购置、工厂总平面布置、车间及工作地布置等,目的是以最快的速度和最少的投资构建最适宜的生产运作系统主体框架。随着环境的变化,对生产运作系统进行改造和更新也属于这一范畴。搞好生产运作系统设计,避免生产运作系统的先天不足,是保证生产运作系统高效率、高质量运行的基本前提条件。

(三)生产运作系统运行管理

根据社会和市场的需求以及企业的生产经营目标,在设计好的生产运作系统内对生产运作系统的运行进行计划、组织和控制。具体而言,就是在设计好的生产运作系统框架下,不断进行综合平衡,合理分配人、财、物等各种资源,科学安排生产运作系统各环节、各阶段的生产运作任务,妥善协调生产运作系统各方面的复杂关系,使企业生产运作系统中的物质流、信息流、价值流畅通,对生产运作过程进行有效控制,确保生产运作系统正常运行。

二、生产运作管理的任务与目的

生产运作管理的基本任务和根本目的是,根据社会与市场的需求,最经济地按期、按质、按量、按品种组织企业产品生产和劳务提供活动,以提高企业的经济效益。简言之,可概括为敏捷、高效、优质、准时地向社会和用户提供所需的产品和劳务。

敏捷,即"聪敏"、"快捷"的意思。美国里海(Lehigh)大学在研究报告《21 世纪制造企业战略》中首次提出敏捷制造(Agile Manufacturing)的概念后,它就被誉为是一种具有深刻内涵的先进哲理和思想,对企业生产运作系统乃至整个企业发展的系统和有效管理具有极其重要的指导意义。敏捷制造的核心思想是对用户的需求变化作出迅速反应:其一,战略决策结构部分应和市场、和企业营销系统建立起非常密切的关系，能够科学预测或及时掌握市场需求的变化，并结合企业实际正确识别和理解市场需求变化对企业的意义，敏锐地捕捉到促进企业发展的新的市场机会，迅速作出调整产品方向的决策。其二，生产运作系统具有灵活的应变能力，能够在尽量短的时间内完成新产品开发、制造和推向市场等一系列工作，努力做到和市场需求变化的节拍同步。

三、生产运作管理的发展趋势

（一）现代生产运作管理面临的新环境

从以英国经济学家亚当·斯密的劳动分工理论为代表的早期“放任性管理”，到以美国泰罗的生产作业管理为代表的“科学管理”，再到主要围绕大量大批生产运作模式开展的以“标准化、简单化、专业化（Standardization，Simplification，Specialization，简称3S）”为内容的“最高效率、最低生产成本管理”，生产运作管理的理论和方法有了很大发展。特别是最近二三十年来，企业的生产运作系统和生产运作管理又面临着一种革命性的挑战。

1. 产品更新换代加快

一方面，新产品从构思、设计、试制到商业性投产，其周期日益缩短。统计表明，该周期 19 世纪时大约为 70 年左右，而现在只有 3 年或更短；另一方面，产品生命周期缩短。这意味着企业稳定生产运作某种产品的时间期越来越短。

2. 用户需求趋向多样化

今天的时代是一个多样化的时代，消费者的消费观念已经由“量的消费”提高到“质的消费”，特别重视产品与众不同的个性或特色。这必然导致产品的多样化，使企业订单的产品分布呈分散化特性，宣告了企业大量大批生产运作某种单一产品的时代的结束。

3. 市场竞争日趋激烈

市场的供求关系已发生实质性的变化，供过于求，由卖方市场转向买方市场，并日益得到强化。在买方市场中，生产运作的决定权不在生产运作企业，也不在政府，而在用户。

（二）生产运作管理的发展趋势

1.日益发展成为一种战略化、综合化管理

企业的发展归根到底取决于其产品的市场竞争国，而对产品竞争力起决定作用的是生产运作管理结果的好坏。正因为如此，生产运作和生产运作管理正被作为一种新的竞争优势的战略武器而日益受到重视。在这种思想指导下，一方面，生产运作管理的范围从历来的生产运作系统的内部运行管理向“外”延伸，决策范围包括了新产品的研究开发和生产运作系统设计的内容；另一方面，企业的生产运作活动与其他经营活动、生产运作管理与经营管理之间的界限越来越模糊，相互之间的内在联系更加严密，并相与渗透，朝着一体化方向发展。

2.面向多品种、量生产运作模式的生产运作管理理论与方法体系的建立和发展

传统的少品种、大批量生产运作模式，现正逐渐被多品种、小批量生产运作模式所替代。这意味着原来的某些生产运作原理、方法和经验，已经成了今天前进的障碍，某些过去看起来正确的东西，已经不能适应今天的需要。因此，生产运作管理从理论和实践都处在一种扬弃和重建的“范式”革命过程中。有些学者将新范式称为“大规模定制（Mass Customization)”，认为这代表着21世纪企业竞争的新前沿。

与传统的靠增大批量来降低成本的指导思想不同，新模式关注的焦点在于如何解决中小批量生产运作与低效率、高成本的困境问题。大规模定制解决问题的方法是抛弃传统的“不是/就是”的势不两立的二分思维法，采用并接受矛盾的解释，而不是设法解决矛盾，从而将多品种与高效率很好地统一起来。尽管大规模定制的理论与方法体系目前只是一个初步的框架，但其重要的理论和实

际意义及其美好前景却得到了广泛承认。大规模定制和大量大批生产运作类型的比较如表1-5所示。

表1-5　大量大批模式与大规模定制模式比较

大量大批模式	大规模定制模式
低成本、稳定的质量、标准产品	买得起、高质量、定制产品
大批量	单件批量
稳定的需求、统一的市场	需求分化、多元化细分市场
产品生命周期长	产品生命周期短
产品开发周期长	产品开发周期短
以操作效率为主	以整个过程效率为主
规模经济	规模经济加范围经济
刚性生产	柔性生产
库存高:按计划生产	零库存:按订单生产
高成本多样化	低成本多样化
思想与行为相分离	思想与行为相结合
缺乏对工人技能的投入	对工人技能的高利用和高投入
管理者和雇员之间的关系差	管理者和雇员之间的良性互动关系
突破性创新、与生产分离	突破性加渐进性创新、与生产结合
与供应商之间的关系差	联盟意识
忽略了很多客户的需求	对变化的客户需求的快速响应
短期管理决策	工人参与制定的长、短期决策

毋庸置疑,现代科学技术在大规模定制模式中扮演着关键的角色。诸如并行工程、虚拟制造、CAD/CAM、模块化技术等产品设计技术,数控机床、柔性制造单元、成组技术等产品制造技术,以及精细生产和敏捷制造等,都促进了大规模定制模式的发展。

3.生产运作和管理一体化格局进一步强化

管理从生产运作活动中分离出来,作为一项独立的职能发挥作用,这在人类发展史上是一种进步。但随着信息技术、尤其是计算机技术的迅速发展,"分久必合",生产运作和管理之间开始出现新的融合趋势。因此,如何选择与之相适应的管理体制,妥善处理计算机介入前提下的生产运作和管理的关系,有效发挥两种职能的作用,是一项重要研究课题。

4.建立、发展在市场和社会营销观念指导下的生产运作准则

市场营销观念和社会营销观念强调把市场作为企业生产经营活动的始点和终点,把企业的实际情况、满足用户需求和社会利益三方面统一起来,体现了可持续发展的思想。这些指导观念有助于企业杜绝"惟生产主义"的错误,搭准用户需求的脉搏,并切实履行应承担的社会责任,向节能型、环保型生产运作和绿色化企业方向发展,从而在未来的竞争中获取战略竞争优势。

5.面向国际化竞争的生产运作管理的不断发展

全球经济一体化乃大势所趋。企业只有善于在国际化竞争的大背景下用战略眼光考虑问题,通过横向比较,一方面在引进先进生产运作技术和管理的基础上不断消化、吸收和创新,另一方面分析研究跨国生产经营中所特有的问题,才能不断地改进生产运作和生产运作管理,最终取得竞争胜利。

6.更加重视对服务系统的生产运作管理研究

第三节 生产运作管理与竞争优势

一、生产运作管理在企业中的地位

生产运作管理是企业的专业管理之一。科学地认识生产运作管理在企业中的地位,必须要树立两种观点:

第一,整体观点。企业的每项管理工作,毫无例外地都是企业整体生产经营活动中的重要组成部分,呈现出相互依存、相互制约的关系,企业的发展最终都要受制于"瓶颈"环节,因此,任何孤立地对待和强化其中的某一方面工作,都会影响到企业生产经营活

动的正常进行和目标的实现，不会收到好的效果。

第二，动态观点。企业管理工作的重点要随着情况的变化不断调整，即始终抓住企业发展的“瓶颈”所在。美国在总结其在国际竞争中竞争力下降、市场份额减少的原因后，重提加强生产运作管理，对我们也有一定的启示意义。

二、竞争优势的关键要素：生产率和响应性

（一）生产运作系统与竞争优势

企业之间的竞争，归根到底是围绕产品而展开的争取用户的竞争，竞争的焦点集中于如何更有效率和效益地满足社会和用户的需求，以获取和突出企业的竞争优势。

用户对产品的要求如表 1-6 所示，分为品种款式、质量、数量、价格、服务和交货期六个方面，以及基准功能要求和优势功能要求两个层次。在基准功能要求层次，产品达到用户满意的水平，属于符合用户要求的范畴，意味着获得了进入市场或在市场中生存的基本资格，故称达到了市场资格标准（Market-Qualifying Criteria，简称 MQC）。在优势功能要求层次，产品达到使用户感到高兴、快乐的水平，属于超出用户期望的意想不到的满足、愉悦的范畴，意味着在竞争中处于受到用户青睐的优势地位，将能赢得用户的订货，故称达到了赢得订货的标准(Order-Winning Criteria，简称 OWC)。显然，企业要想在激烈的市场竞争中战胜对手，仅停留在 MQC 层次是远远不够的，必须追求在 OWC 层次比竞争对手具有更强的优势。

产品是生产运作系统运行的结果。生产运作系统决定着产出的产品会达到什么样的标准。离开了有效的生产运作系统，使产品达到 MQC，OWC 的水平只能是一句空话。一般地，对应于用户对产品的六方面要求，规定了生产运作系统的创新、质量、弹性、成本、继承性和按期交货等六项具体功能目标要求，详见表 1-6。

表 1-6　生产运作系统与 MQC、OWC 的关系

企业环境与用户对产品提出的要求 ⟶		企业竞争战略对产品的要求 ⟶	产品对企业生产运作系统提出的要求	
产品的功能指标及其含义		企业竞争战略的作用	生产运作系统的功能目标及其含义	
品种款式	反映用户需求的差异，其表现形式为产品品种规格的特殊性，产品系列的宽度和深度，产品品种的新颖程度及更新速度等。	根据用户需求，在保证产品具备 MQC 的基础上，从竞争战略出发，针对目标市场用户的特殊需求，对产品提出附加的需求。需求产品的某些功能指标达到 OWC，使产品具有特色，以取得竞争优势。此时产品中包含有双重信息：满足一般需求的 MQC 信息和为实现企业竞争战略所要求的 OWC 信息。	创新	生产运作系统发展新产品的能力，对系列宽度和深度扩展能力。此外，创新能力还表现为新技术新工艺的适应能力和系统自我完善的能力等。
质量	反映产品的使用性能、外观质量、使用可靠性、寿命等。质量的好坏反映产品满足用户需求的程度。		质量	生产运作系统对产品质量的保证能力。产品的各项质量指标是在产品制造过程中得到的。生产运作系统从工艺、技术、作业过程等方面来控制产品质量达到规定标准并保证质量的稳定性。
数量	反映用户对产品数量上的需求，不同的地区，不同的季节，不同的顾客对各种产品数量上有不同的需求。市场需求的起伏波动反映顾客对产品数量需求的变化。		弹性	市场对产品数量的需求是波动的，生产运作系统对订货数量变化的适应能力表现为生产运作系统具有的弹性。
价格	包含产品的销售价格，产品在使用过程中所需消耗（如动力、维护修理、占用空间等）的费用水平，以及与可替代产品的比价等。		成本	指产品的制造成本。生产运作系统对制造成本的控制能力，保持低的成本水平，企业在产品价格上就有竞争优势。
服务	指产品售前售后对用户提供的服务，如使用培训、安装服务、使用过程中的维修、保养、保险、提供备件、三包以及产品更新换代后对老产品的服务保障。		继承性（刚性）	在产品升级或更新换代后，为使企业能为用户提供服务保障，就要求所生产的产品具有继承性、可扩展性、兼容性等。由此对生产系统的发展变化提出继承、刚性的要求。
交货期	用户对产品有供货时间的要求，对通用产品企业通过一定的库存保障对用户有随时提供现货的能力，对专用产品则通过合同与用户商定产品的交货期。		按期交货	产品能否按期交货受生产运作准备周期和制造周期的制约，准备周期和制造周期的长短，以及对按期交货的保证能力，又和生产运作系统的组织形式及采用的计划控制方式有关。

(二)竞争优势的关键要素:生产率和响应性

竞争优势具体可以表现在很多方面,如产品的低成本、高质量、独特的服务等等。一般来说,在寻求和形成竞争优势上,不能企求面面俱到,寻求多方面的竞争优势,否则,往往适得其反,变得无一真正的优势。实际经验总结表明,企业寻求和建立战略竞争优势的主要方向是随着时代的变迁而不断变化的:20世纪五六十年代主要靠大规模、低成本,以生产运作效率为焦点;七八十年代不仅靠效率、更重要的是靠质量;而到了90年代,企业对市场变化的快速反应能力,即响应性已成为竞争成败的决定性因素。

根据上面分析,可以将竞争优势的关键要素归结为两个方面:

1.生产率

生产率是对生产运作效率的度量,指生产运作系统产出的产品或劳务与生产运作过程中所耗费的资源之比,是衡量生产运作系统活动效果的直接标准。高生产率是和低成本竞争优势密切联系在一起的。通过采用先进的工艺技术和设备,建立高素质的职工队伍,加强生产运作过程的组织与管理等行之有效的方法,可以大幅度提高生产率,降低生产运作成本,不仅会直接增加企业利润,更重要的是提高了企业的竞争优势,使企业在和同行企业、用户、供应商、潜在进入者、替代产品竞争者的竞争中居于主动地位。

2.响应性

响应性是衡量生产运作系统适应外部环境变化的柔性水平的指标,是指企业对市场和用户需求变化作出快速反应,并在尽可能短的交货期内按用户规定的要求完成产品设计开发、生产运作、交货的能力。评价响应性的好坏可用两种形式:其一,在同行业企业中比较响应时间或交货期的长短;其二,从交货期的角度比较企业合同履约率。响应性强调了满足用户需求的指导思想,所以,按用户要求进行定做本身也是响应性的一个有机组成部分。需要指出的是,响应性是质量的一个方面,强调响应性,并不是说可以忽视质量的其他方面，而是突出了目前阶段质量的主要方面。

生产率更多地反映的是按照生产运作过程的运行规律合理组织生产运作过程的特性，而响应性更多地反映的是按照生产运作环境的发展变化合理调节生产运作系统与环境关系的特性。所以，响应性是生产率的前提，生产率是响应性的保证。如果响应性不好，如产品不符合用户需求，则生产率再高也没有什么价值，甚至产生负效果。但如果生产率不高，响应性也就不可能得到保证。

三、生产运作管理与竞争优势

生产运作管理对企业获得竞争优势有非常重要的作用。如果将生产运作管理作为一系列决策的过程，这些决策就直接回答了如何识别、选择、建立和发展竞争优势的有关问题，甚至可以认为生产运作管理本身就是一种有威力的竞争武器。换言之，企业的竞争优势是一系列正确决策的必然结果。

生产运作管理决策根据问题的内容和性质可分为三个层次：第一个层次为与企业战略密切相关、影响企业未来生产经营方向的定位决策，包括决定企业应向社会和市场提供哪种产品或劳务、企业的竞争优势将会是什么、采取怎样的质量方针、是以产品集中模式还是以工艺集中模式进行资源配置等。第二个层次为针对生产运作系统的设计决策，包括决定生产运作系统的生产运作能力应该多大、采用什么样的工艺技术、购置哪种类型的设备、厂址应该选在什么地方、如何进行工厂布置等。第三个层次为与生产运作系统运行有关的运行决策，包括决定如何管理存货、挑选哪种供应商、如何进行质量控制、如何安排订单的生产运作顺序和短期产量等。

案例1　商家设计产品，海尔按需制造

综合有关媒体报道，为应对日趋激烈的竞争，海尔开始推行

“商家设计，海尔制造”的新模式，向商家许诺——按需定制“零距离”。

适应用户个性化需求的发展趋势，2000 年 7 月 11—12 日，“2000 年海尔集团 B2B 商务合作暨产品定制开发研讨会”在青岛召开。来自全国各地商业系统 10 大连锁店、80 家大商场、10 大专卖店的近 300 名优秀经销商在海尔经历了一次别开生面的“定货会”：海尔以电脑投影演示的形式对冰箱、空调、洗衣机、彩电等九大类家电产品的基本产品进行推介和演示，由商家在现场根据所在市场消费习惯和地域特点的需求来设计产品，包括冰箱采用什么制冷方式，储物抽屉是否透明，门把手的形状甚至价格等都可提出设计要求，海尔根据商家的设计与要求来组织生产制造。这种全新的营销模式引起了与会商家的极大兴趣，这些家电经销商在海尔的现场会上俨然成了家电产品的设计者，他们对海尔提供的基本产品提出了许多个性化设计方案。对这些个性化的设计要求，海尔以签约的方式进行确认，仅半天时间，就签订了 218 万台(套)各类海尔家电的产品定制协议。

北京西单商厦的经销商代表兴奋地说：“海尔推出这种产品定制的新模式，反映了海尔对自己开发设计能力和柔性制造能力的信心。同时由于这些产品都是我们根据北京消费者的消费水平和区域特点定制的，所以我对我们定制的海尔产品的销售更是充满信心。”

海尔集团副总裁兼海尔集团商流推进本部本部长周云杰在会上说：“在新经济时代，只有满足用户的个性化要求，才能赢得市场竞争的优势。海尔‘商家设计，海尔制造’模式就是在这种情况下推出的。这种全新的营销模式能完好地满足用户乃至商家的要求，但对生产者提出了更高的要求。换句话说，生产者必须具备三个条件：一是能满足用户个性化需求的开发设计系统；二是柔性制造系统；三是能使信息增值的信息平台。”

海尔推出全新营销模式，首先是建立在海尔业务流程再造的基础之上。海尔早在1999年8月就全面实施了以追求用户满意度的最大化为目标的业务流程再造，成立了物流、商流（国内商流、国外商流）、资金流三个流的推进本部，进一步整合国内外市场资源，提高满足用户个性化需求的竞争能力，从业务流程上与国际接轨。

海尔能够实现"商家设计，海尔制造"，还基于能够使信息增值的电子商务平台。海尔于2000年3月10日推出电子商务开放式交易平台；2000年4月18日，B2B采购、B2C系统对外试运行；并于2000年6月正式运行。海尔利用"一名两网"（名牌、配送网络、支付网络）的优势，开展B2C业务，首先推出13个种类的产品在网上直接销售。电子商务对海尔而言，意味着与用户的零距离。在海尔的网站上，除了推出产品的在线订购销售之外，最大的特色就是面对用户的四大模块：个性化定制、产品智能导购、新产品在线预定、用户设计建议。这些模块为用户提供了独到的信息服务，并使网站真正成为海尔与用户保持零距离的平台。海尔与商家进行的B2B电子商务合作，创建了一种新的业务模式，通过电子商务的手段使新经济下的新型供应链的关系得到最完美的体现，把海尔与分销商更紧密地结合在一起，共同创造更大的价值。

2000年7月16日，山东银座商城定制的892台海尔BCD—199（内置温度显示器）冰箱已经在海尔冰箱事业部下线，并按照山东银座商城的要求，在签约48小时内送达商场。山东银座商城成为海尔"商家设计、海尔制造"新营销模式的第一个受益商场。之后，济南三联商业集团、上海东方商厦、北京蓝岛大厦等自行设计的彩电、冰箱和洗衣机的订单也告顺利完成。

【案例讨论题】

1. 你认为海尔的哪些理念和做法体现了现代生产运作和生产运作管理的发展趋势？

2. 海尔的做法有哪些启示？

案例2　九寨沟实行游客限量进入制

综合有关媒体报道，从2001年7月1日起，九寨沟实行游客限量入景区制。如果你是当日排名在1.2万名之外的游客，将被拒绝进入景区。由此，九寨沟成为全国第一个对游客实行限量入内的景区。

九寨沟作出这一限客决定，主要目的就是为了更好地保护好九寨沟这个不可再生的世界自然遗产，避免因游客过多而对景物产生破坏。至于游客限量会不会影响九寨沟的经济收入，九寨沟会不会为此提高门票价格，九寨沟管理局办公室的工作人员解释说，其实九寨沟实行游客限量入景区制主要是针对“五一”、“十一”两个旅游黄金周制定的。九寨沟旅游景区在平时的游客量只有几千人，根本达不到1.2万的限量数，所以门票收入与平时相差不会太大。只有到“五一”、“十一”两个旅游黄金周，游客量才会猛增，像今年“五一”，游客竟然达到了3万多人。至于门票价格，九寨沟属于国家级旅游景点，涨价降价都应由国家物价局制定。

据了解，为避免游客超量，九寨沟管理局目前正在制定预售门票方案，与各旅行社实行联动。另外，一旦游客超量，九寨沟管理局将通过网络、报纸等媒介及时向社会公布。例如，自7月10日以来，到九寨沟景区的游客比去年同期增长72%，超过日进沟六千人次的游客控制量，已接近日进沟1.2万人次的最大容量，而且据预测，今后一个时期游客还会持续增加。为此，九寨沟管理局采取了相应措施，包括严格实行限量旅游制，每日售票不得超过1.2万人次；每日发布进沟游客人数；对各大旅行社实行预订门票制。

此外，为避免水质污染，解决厕所渗透问题，九寨沟管理局投资40万元人民币，在熊猫海景区修建的新型环保型生态厕所已正式向游人开放。按照规划，九寨沟景区内将在两年内再修建十座免冲式旅游厕所，既能极大的方便游客，保护环境，也将使景区管理水平得到提升。

【案例讨论题】

该案例体现了哪些现代生产运作管理的发展趋势？对你有什么启示？

【思考题】

1. 描述你所熟悉的一家制造企业和一家服务企业的生产运作活动，通过分析比较，用自己的话给生产运作下定义。

2. 分析比较大量大批、成批、单件小批生产运作类型的特点，并举例说明为什么要对生产运作系统进行分类。

3. 如何理解生产运作管理的概念？

4. 何谓市场资格标准和赢得订货标准？结合实例分析如何以此指导实际工作。

5. 你认为企业竞争优势的关键要素应该包括哪些方面？为什么？

6. 谈谈你对生产运作管理的地位以及通过生产运作管理获取企业竞争优势的认识。

7. 你认为新环境对生产运作管理有哪些影响？怎样才能搞好生产运作管理？

第二章　生产运作战略

第一节　生产运作战略的制定

一、生产运作战略的概念

(一)企业战略与战略管理

这是一个战略制胜的时代。著名未来学家托夫勒(Alvin Toffler)明确指出:"对没有战略的企业来说,就像是在险恶气候中飞行的飞机,始终在气流中颠簸,在暴风雨中沉浮,最后很可能迷失方向,即使飞机不坠毁,也不无耗尽燃料之虞。"因此,面对竞争日趋激烈和复杂多变的经营环境,人们更加关注企业的未来命运,从而越来越重视用战略管理的思想和方法,从总体、长远角度妥善处理错综复杂的关系和问题,规划企业的未来,以促进企业的长期稳定发展。

企业战略是企业如何运行的指导思想,是对处于不断变化竞争环境之中企业的过去运行情况及未来将准备如何运行的一种总体描述。企业战略管理则是设计、选择、实施和控制企业战略,从而实现企业长远发展目标的过程,包括战略形成、战略实施、战略评价与控制三个阶段。它以企业经营中的根本性决策为焦点,主要讨论企业在市场、技术、组织和财务等领域中所涉及的与企业生死存亡命运紧密相关的全体决定与行动集合,这包括:企业的业务是什么以及应该是什么?如何确定各业务目标的优先顺序?为实现设定的业务目标,企业应采取什么措施?

(二)生产运作战略的概念

为有效地实施企业战略，就生产运作管理而言，必须对生产运作系统的许多重大问题作出决策。例如，应选择什么样的生产运作目标？应针对标准化产品还是顾客定做的特殊产品？厂址靠近目标市场还是原材料产地？应选择多大的生产运作规模？是建一个大厂还是几个小厂？采用什么性质的工艺技术和设备？建立怎样的质量标准？怎样进行生产运作成本和库存控制？等等。所有这些，都属于生产运作战略应该加以认真研究解决的问题。

所谓生产运作战略，是企业根据目标市场和产品特点构造其生产运作系统时所遵循的指导思想，以及在这种指导思想下的一系列决策规划、内容和程序。作为一系列决策的积累，生产运作战略是对如何开展企业生产运作活动所进行的具有全局性的谋划，是用以指导企业的生产运作活动的行动纲领。它所形成的是关于生产运作系统如何成为企业立足于市场、获得竞争优势、追求不断发展的有力支持和保证的战略性计划。

生产运作战略具有以下基本特征：①从属性。②贡献性，强调通过构造卓越的生产运作系统来为企业的长期稳定发展提供扎实的基础保障。③一致性，与企业整体要求相一致，生产运作系统内部构成要素协调匹配。④可操作性。

企业的战略体系一般分为三个层次：公司级战略、部门级战略和职能级战略。生产运作战略属于职能级战略，和企业战略呈一种相互依存、相互制约的关系。通过生产运作战略等职能级战略，可以对企业战略进行分解，导出企业战略的途径和政策，将企业总体战略思想和目标加以精确化、具体化，规范人们的决策和行为标准，指导各方面的活动。同时，可以促进企业战略思想在企业上下左右的良好沟通，为相互之间协调一致的配合创造条件。

二、制定生产运作战略应考虑的关键要素

(一)企业战略

生产运作战略必须支持企业战略和企业使命。例如,当采用成本领先战略时,生产运作系统往往减少产品品种和工艺的多样化,批量集中生产运作某一产品或某一工艺阶段,灵活性较差;当采用产品差异化战略时,生产运作系统的产品创新、技术领导、质量管理等方面能力增强,灵活性好,但在成本方面能力有所削弱。

(二)市场需求

市场需求直接决定着企业的产品的 6 个方面的要求,决定着 MQC 和 OWC 的具体内容,据此可明确生产运作系统功能目标的具体要求,为制定生产运作战略提供重要依据。

(三)生产运作类型

生产运作类型作为生产运作系统结构的具体表现形式,决定了生产运作系统的功能目标。如图 2-1 所示,产品—工艺矩阵(Product-Process Matrix,简称 PPM)方法系统地研究了生产运作类型的特征及其与生产运作系统功能目标的关系,对选择合理的生产运作类型具有重要的启迪和指导意义。

1. 单一对应性

它是指一种生产运作类型只能与一组特定的功能相对应,每种类型的生产运作系统都具有其他类型系统无法替代的、独特的功能特性。这意味着任一种生产运作系统只能满足有限的功能需求。这与经典生产管理认为一种生产运作系统可以通过不断改善来无限满足功能需求的增长的看法是很不相同的。

2. 功能相悖性

它是指每种生产运作类型在六项功能目标方面都表现出某种相悖的功能关系,即呈现出对立、互斥趋势,某项功能目标的改善常伴随着另外功能目标的劣化。所以,应根据重要的功能目标要求

来选择具有对应功能优势的系统与之相匹配。

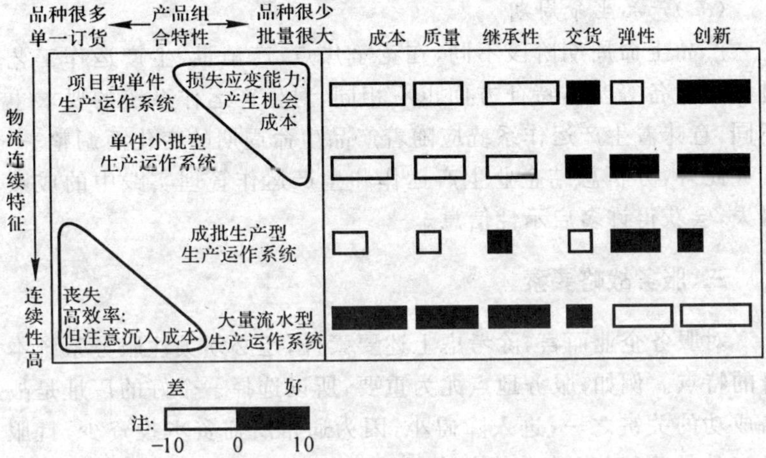

图 2-1　生产运作系统的结构—功能目标关系示意图

3. 极端优势性

较之位于中间的系统而言，对角线两端的系统表现出了更强的功能相悖特性，因此也具有更鲜明的竞争优势。这种抛弃“中庸之道”、以某些功能目标的“大劣”为代价换来其他功能目标的“大优”的选择，更具有针对性，突出了自己的“拳头优势”，可能在竞争中更易获得成功。

(四)技术因素

制定生产运作战略的一项重要内容就是进行技术选择，除了一般性分析技术进步对企业可能产生的影响外，更要重视具体研究技术选择标准。生产运作技术由生产运作工艺技术和生产运作工艺设备两个部分组成。生产运作工艺技术是指生产运作产品的方法，包括加工路线、方法、诀窍、工艺参数、质量标准等。选择生产运作技术应当注意几个方面：①和生产运作系统功能目标之间的匹配性；②条件限制，如原材料来源、资金来源、企业素质的支持程度，是否符合有关环保规定等；③和技术发展趋势的协调性。

（五）产品生命周期

产品生命周期阶段不同，在竞争焦点、产销量、生产运作工艺过程和设备等基本特征方面也不相同，对生产运作系统的要求也不同，意味着生产运作系统应随着产品生命周期的变化而调整。

此外，分析总结企业生产运作和生产运作管理实践中的成败得失，会获得许多启示性信息。

三、服务战略要素

对服务企业而言，除考虑上述要素外，还必须关注服务系统本身的特点。例如，服务地点尤为重要，所以选择一个好的厂址是战略成功的关键之一；进入障碍小，因为通常所需资本投资少，且服务产品是非特权的，难以申请专利保护，难以建立优势技术；在以人为基础的服务企业中，关键人员的作用比设备更重要，企业的生存和发展始终会因关键人员可能出走而面临很大风险；提高服务柔性是获取竞争优势的关键，因为服务的个性化因素较为突出，而且其所需成本难以计量，使得价格合理性的基础不明确，降低了价格竞争的效果。

四、生产运作战略的决策过程

（一）生产运作战略的决策过程

如图 2-2 所示，以生产运作战略的竞争优势理论为指导，生产运作战略的核心决策过程由两部分组成。

第一，生产运作系统功能目标决策。根据用户的需求特性和企业的竞争战略来定义产品的功能，再进一步转换为生产运作系统的功能目标。实际上，生产运作系统的功能目标决策可转化为识别、定义产品的功能特性以及 MQC 和 OWC 内容的问题。

第二，生产运作系统结构的决策。根据 PPM 揭示的系统功能

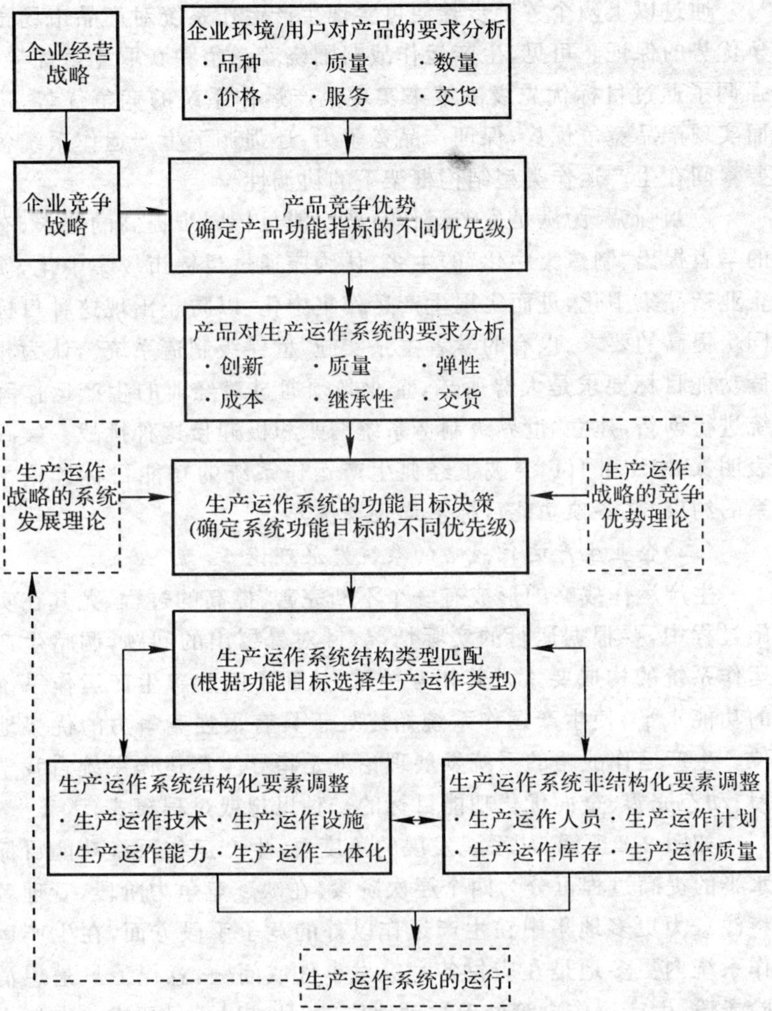

图 2-2 生产运作战略的决策过程

目标和生产运作系统类型的关系特性，进行生产运作类型的“匹配”。

通过以上两个关键步骤便可实现生产运作系统对产品市场竞争优势的保证。可见，生产运作战略围绕着竞争和获取竞争优势，强调了通过目标优先级决策来实现生产运作系统的竞争优势，进而实现产品竞争优势，保证产品竞争力；还强调了生产运作系统各要素间在生产运作类型结构框架下的协调性。

应当强调，为满足生产运作系统功能目标同步提高的要求，有的学者提出"制造集中化"的主张，认为应通过目标市场集中化，使企业产品集中化，进而实现生产运作集中化，以防止出现这种目标同步提高的要求。也有的学者主张实施"世界级制造系统"，认为相悖功能目标要求是大势所趋，企业必须通过对经典的生产运作系统进行创新，建立"世界级制造系统"，来积极迎接这种挑战。实践表明，CIMS 和 JIT 突破了经典生产运作系统的功能目标悖论关系的约束，在各项功能目标上均表现优异。

（二）企业生产运作战略的系统发展理论

生产运作战略的形成有一个不断完善、提高的过程，尤其在实施过程中，要根据运行的实际情况，针对暴露出的问题，调整生产运作系统的构成要素及其相互关系，从而不断改善生产运作系统的功能水平，使生产运作系统始终处于具有很强竞争力的优势地位。生产运作战略的系统发展理论就是指导生产运作系统自我学习、动态完善、全面优化功能目标的一种思想或过程模式。

如图 2-3 所示，从系统发展的角度看，生产运作系统功能目标水平的提高过程可分为四个层次阶段。在缺乏竞争力阶段，管理者将注意力更多地集中在生产运作以外的竞争手段方面，在生产运作系统内更多地是在应付各种突发事件或问题，意识上只是想消除矛盾，生产运作决策处于被动地位，产品难以满足要求。在形成竞争对峙阶段，尽管管理者仍未将生产运作系统视为企业的重要资源，但为了消除系统中的矛盾和隐患，希望系统能够达到本行业的平均水平，意味着产品基本能够达到 MQC 水平。在赢得竞争优势阶段，管理者对生产运作系统的认识有了巨大转变，认为它能够对竞争优势的形成提供巨大的支持和保证。此时，生产运作系统的构造已纳入生产运作战略的指导之下，其结构和机制都被产品的竞争战略所驱动，产品达到OWC水平，具有竞争优势。在世界级制造系统阶段，企业部门竞争战略的制定在很大程度上要依赖于生产运作系统，生产运作系统的优异性能使其成为企业产品竞争的关键资源。此时，不仅产品在世界范围内具有很强的竞争力，深受用户信赖与推崇，而且生产运作系统具有很强的创新能力，在运行中自我学习、动态完善，不断消除功能目标悖论的制约，实现生产运作系统功能目标的全面优化，始终保持突出的竞争优势。

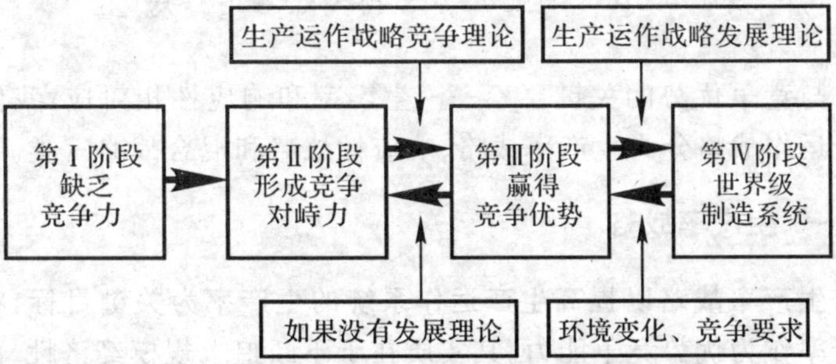

图 2-3　生产运作系统的发展、演进过程

在整个发展过程中，赢得竞争优势阶段是一个不稳定的状态，企业如果安于现状，已建立起的优势会很快消失殆尽，生产运作系统也出现倒退。为防止这种情况的发生，企业应以系统发展理论为指导，向世界级制造系统阶段发展。

系统发展理论作为一种思想或过程模式，是以方法、技术、管理和思想的集成为理论体系重点。尽管其本身并没有太多全新的内容，很多方法、技术、甚至管理思想在大量著作中都曾经有过论述，但系统发展理论强调的是在创立世界级制造系统这一新的目标和在实现系统的动态自我改善这一新的概念下综合利用它们。该理论认为,生产运作系统是企业竞争的重要资源,企业要想长期赢得竞争优势,必须将保持有效的生产运作系统结构和提高生产运作系统运行效率有机地统一起来,提高生产运作系统的效益(做正确的事)和效率(正确地做事)。因此,企业应当在生产运作系统运行过程中有意或强制揭露存在的问题、缺陷,并积极加以解决,使生产运作系统得到动态改善,不断突破功能目标悖论关系的约束。相反,容忍、默认系统缺陷存在将会对企业长远利益造成损害。为此,企业必须树立追求尽善尽美、永不满足的思变观念。

第二节 生产运作战略的类型

与竞争优势的关键要素——生产率和响应性相对应,我们将生产运作战略分为生产率战略、响应性战略和混合战略三类。

一、生产率战略

生产率战略以提高生产运作系统的生产率为关键目标,将高生产率作为优势竞争能力。其实质在于不断追求规模经济性,故对应于大量大批生产运作系统。这意味着通过采用高效率的专用设备和工艺装备,并按对象专业化原则进行布置,以生产线和流水线的形式组织生产运作,以提高工作地的专业化程度,保证生产运作效率。由于只有当加工的产品具有大量、稳定的需求时,大量大批生产运作系统才能有效地发挥作用,因此,选择位于成长期、市场预测前景比较乐观、且标准化程度较高的产品,或者努力创造条件,使产品在较长时期有大量、稳定的需求,对实施该战略非常必要。

生产率战略的一种典型形式是生产运作集中,指企业针对特定的较窄范围的目标市场,集中生产运作某一种产品或产品的某一部分，以减少品种和工艺的多样化。这样，可以使企业的工艺技术、设备、辅助支持系统等更加有针对性地为有限的生产运作目标服务，提高效率和质量，降低成本。美国著名生产运作管理专家Wickham Skinner 提出的“集中工厂”理论，也强调了这种思想。集中工厂也称“厂中之厂”(Plant Within Plant)，是指在传统工厂生产运作系统中划分出一部分设备、工序和人员，进行集中配置和管理，专门生产运作针对特殊细分市场的相对狭窄的产品组合。一般地，如果企业的产品具有竞争对手难以模仿的独到功能，或者企业拥有生产产品的专利技术或技术诀窍，或者企业拥有生产产品的特殊物质资源的专有权，都将大大削弱企业面临的竞争强度，降低企业采用集中战略的风险。

二、响应性战略

响应性战略以提高生产运作系统的响应能力为关键目标，将快速响应作为优势竞争能力。其实质在于追求特色和差异，一般对应于单件小批生产运作系统。这意味着通过采用通用设备和工艺装备，并按工艺专业化原则进行设备布置，以适应用户要求不同的产品的生产运作。在这里，提高单件小批生产运作系统适应外部环境变化的能力，是问题的关键所在。具体可考虑以下途径：

(1)实行产品多样化。产品多样化必须以企业卓越的市场研究能力和强大的研究开发、引进创新能力为基础条件，从而可以紧随、甚至超前于市场的变化，不断进行产品创新。当然，产品多样化也应有企业自身的特色，以用户首肯为评价标准，不能片面地为了多样化而多样化。

(2)建立与用户密切接触和沟通的机制。

(3)选择较高的生产运作能力和库存水平，以适应不同产量需求变化，做到按时、快速交货。

三、混合战略

混合战略的目标是同时提高生产运作系统的生产率和响应性，追求在生产率和响应性上具有全面超越竞争对手的优势。其所对应的生产运作系统为世界级制造系统，CIMS、JIT 为其代表。

世界级制造系统是个相对的概念，满足下列属性：①是本行业中，至少在某一方面，属于最强有力的竞争者，能比其他对手具有更迅速的增长和更丰厚的利润；②其产品无论在性能、功能或竞争优势、受信赖程度等方面都具有一流水平，并能够对市场的条件变化作出最灵敏、有效的反应；③能够吸引、保持、并造就本行业中最杰出的人员，因此能够吸收、应用并创造新的生产运作与管理技术，乃至观念、思想。世界级制造系统的核心是顾客和质量，并通过绩效评定、制造战略、生产运作技术、组织系统、人力资源、管理方法和制造能力等七个要素的动态运转，实现系统的自我完善。其中，生产运作技术主要由先进制造技术(Advanced Manufacturing Technology，简称 AMT)构成。

要创建世界级制造系统，企业就必须在系统发展理论的指导下，迈向学习型组织。正如美国麻省理工学院教授圣吉(Peter M. Senge)在其名著《第五项修炼》中指出的那样，企业作为一个完整、有机的系统，需要通过学习来提高能力，特别是总体的能力——企业自己的智慧和判断、自我学习和适应。他强调企业必须具备两个本领——应变、适应的能力和有远大理想、创造未来的能力。而要达到如此境界，必须具备五项修炼的技能：①进行心灵的转换，锻炼系统思考能力，“见树又见林”；②建立个人愿景，促成“创造力张力”，追求自我超越；③改善心智模式，看清挡在自己眼前的扭曲视野的玻璃并摆脱其束缚，学会用新的眼光看世界；④建立全体员工为之奋斗、为之奉献的共同愿景；⑤开展团队学习，激发群体智慧，达成“整体搭配(Alignment)”。可见，五项修炼强调的是观念的改变，信念的改变，思维方法的改变和管理方法的改变。

案例3　领袖中的领袖[①]

获得美国《商业周刊》1995和1996年度全球最佳管理者的英特尔公司董事长格鲁夫(Andrew S. Grove)有句名言："在这个行业里，我有一个规则：要想预见今后10年会发生什么，就要回顾过去10年中发生的事情。"在过去5年中，他重新定义了英特尔公司，使之从一个芯片制造商转变为业界领袖。而今后5年里，公司面临的挑战更大，因为10倍速时代已经来临，失败和成功都将以10倍速的节奏发生。

自从1987年格鲁夫接任总裁以来，英特尔公司每年返还给投资者的回报率平均都在44%以上。1997年5月21日，格鲁夫取代高顿·摩尔成为新任董事长。

早在1975年，摩尔就已经清醒地预见到电脑芯片的性能每18个月将提高一倍。执行总裁格鲁夫过去10年所做的一切无可辩驳地印证了摩尔的这一"定律"。英特尔不断为PC制造商们提供最热门的芯片，使他们能开发出更新更强的PC电脑。英特尔的微处理器目前被装进了世界80%以上的PC机。

显然摩尔提出的并不是条物理定律，而是"一条技术和商业的定律"。现在，摩尔的这一定律仍为电脑行业中一条稳固的供求链所验证：电脑公司和软件公司(特别是微软)在开发新功能和新软件的过程中对芯片的性能提出了更高的要求，而英特尔也不断研制出性能更高的芯片来满足他们。目前芯片市场走势良好，利润可高达60%。英特尔把赚来的钱用来修建新的电脑芯片制造厂(这种工厂目前每座耗资约20亿美元)，借此为下一轮角逐积蓄能量。

---

① 根据"乔斯，《谁是最好的管理者》，经济管理出版社，1999年9月"改编。

“这种趋势近几年不会改变,但不一定长久”,分管英特尔微处理器产品的总经理虞有澄说道:“这种势头最终会停下来。如果人们对高性能芯片不再感兴趣,那么我们在新一轮竞争中将无钱可赚。”

格鲁夫直到几年前才完全意识到这一点。他认为把英特尔的发展寄希望于别人会主动创造需求来购买英特尔的微处理器无异于自杀。为使英特尔立于不败之地,格鲁夫果断调整了经营策略。他要改变英特尔给人的相当保守的形象,使这个芯片巨人不再仅仅扮演一个配件供应商的角色,而是成为整个电脑世界的梦幻领袖。从这时起,格鲁夫宣布:英特尔将自己创造需求。他解释说:“如果电脑不能用来做更多的事,以后几年我们生产的芯片将无人问津。因此,我们得自己‘创造’用户来使用我们的微处理器。依靠我们的辛勤努力、投资及不断调整经营策略,我们能促成市场需求的增长,这样我们才能赚钱。这一点已铭刻在我们每一个人心灵深处。”

筑巢引凤

过去5年,格鲁夫实施了一系列看似与芯片制造毫不相关的计划。很多时间他都花在与好莱坞的贵族名流们闲聊上,同时,暗地投资赞助一批不知名的小公司,隐密地开发互联网上“三维交互式虚拟世界”等项目。他甚至掏钱帮斯达巴克思(Star Bucks)公司建立用户电视会议网。现在,这一切的目的都变得十分明确,为确保英特尔在今后5年继续保持良好的发展前景,他绞尽脑汁想把PC机变成我们生活中最离不开的家用电器。格鲁夫的梦想是:我们每一个人都能用PC看电视、在互联网玩大型复杂的游戏、用电脑编辑保存家人的照片、管理家电以及通过视频与家人、朋友、同事保持经常联系。如果格鲁夫梦想成真,英特尔的未来会更加充满希望,否则,英特尔的发展战略就会全盘崩塌。

对英特尔来说,有一件事是其他竞争者无法比拟的,那就是它能数以百万计地生产一种档次的微处理器，尽管与此同时它还在不断改进它的芯片设计。更重要的是，它是惟一能够不断增建巨型工厂来满足芯片生产需要的商家。1996年英特尔在研究与发展计划中投入了50个亿。每9个月它就会让一座新的芯片生产厂或装配厂拔地而起，每座工厂都等于给英特尔的未来多压了20亿美元的筹码。克莱格·贝利特，这位1997年1月13日才被提名的总裁候选人解释说："我们总是提前两年修建需要的工厂。在我们知道要用它们来生产产品前，在我们知道这门行业会继续发展前，我们就已经在修建这些工厂了。"格鲁夫也说："我们的工厂是梦想的原野，我们修建它们，并期待人们会走进来。"

格鲁夫这样做并不是由于对技术至上的未来缺乏明确的方向。实际上，对英特尔来说，目前还没发现明显的技术性威胁，困扰着格鲁夫的最大的长期威胁就是市场需求增长太慢。英特尔每推出一种新型的微处理器时，第一批出厂的芯片，每块售价大约在1000美元左右，他们支持当时最先进的PC机和服务器。购买者大多是些急不可待的电脑迷。随着产量的增加，英特尔逐渐把价位降到大约200美元，那时这种微处理器就会成为大众市场的热门产品，这种价格既能让好几百万的产品销售一空，又能确保巨额利润的回报。英特尔这样做的原因之一是因为它需要稳定PC市场以便盈利，另外也知道200美元的价格终究无法维持太久。其他竞争对手迟早会在技术上赶上来，并会以低于英特尔的价格倾销他们的产品。当然英特尔那时也会降价，不过它肯定已经开发出了另外一种新型芯片，并在新一轮竞争中继续获取高额利润。有人指出，"正如汽车制造商总想我们每三年买一部新车一样，英特尔一直把淘汰旧产品列入经营计划的考虑范围中。"

拖着电脑业向前走

1990年左右，格鲁夫开始推动英特尔从电脑行业的追随者变成领导者。在推出486芯片后英特尔开始迎头赶上，但一个潜在的威胁阻碍新一代芯片——奔腾(Pentium)的正常发售，那就是：微处理器速度的提高已超过了电脑其他部件发展的进度。那时的总线(电脑内部传送电子信号的网络通道)只能以远远慢于奔腾设计指标的速度处理资料。用户也许会买一台功能强大的奔腾个人电脑，但会对结果大失所望。

在那以前，总线几乎都是由IBM或其他PC电脑公司设计制造。英特尔的一个部门曾计划设计新型的外部设备互连总线(PCI)，但当时格鲁夫认为英特尔不该插手总线制造，并曾与一位支持这种做法的董事发生过激烈争执，不过最后被说服了。现在，PCI总线已成为个人电脑使用的标准总线。

关于总线的决定表明格鲁夫已进入了一个被他称为“逐渐领悟电脑真谛”的阶段。1991年在Comdex公司他就被他称为“万恶之源”的一种电脑作了简短发言。他向人们展示了一台配有PCI总线和特殊芯片的PC电脑笔记本是如何通过无线网络接收电子邮件和图形资料的。那时，这的确是一个了不起的突破。Dell，IBM以及其他电脑公司对这个奇妙的东西赞不绝口，并当场派代表上台与格鲁夫洽谈。那场展示会取得了空前成功，连格鲁夫对自己公司所表现出来的巨大感召力都感到惊讶。他意识到英特尔的这种领袖形象将会成为竞争中制胜的关键。从这以后，英特尔开始涉足电脑设计领域，从而推动了整个行业的竞争。

1993年，英特尔开始生产主板，这激起了康柏和其他向英特尔订购芯片的PC厂商的愤怒，但他们却无力阻止这个巨人的脚步。现在英特尔又进入网络业，开始生产网卡，两天内就使这一领域的老大3Com公司的市场价值跌去20亿美元。英特尔的动机很简单：离开了快速而便宜的网络，人们不会愿意购买英特尔提供的更加快速的微处理器。英特尔的一位副总裁称，英特尔就是要提供更多的带宽，以便客户能够更好地利用PC机快速的处理能力。

英特尔最近演示了带有 MMX(Multimedia Extension,多媒体扩展)功能的 400 兆赫的 Pentium Pro 芯片,这是一项了不起的成就,但如果你在下载一个环球网主页时,老得无休无止地等待,你有什么必要去买一个这样快的芯片呢?一些厂商致力于制造将环球网主页更快地传递到用户手中的设备,其中一个重要厂家是 Cisco 公司。它生产的高端路由器价格达10万美元,而英特尔网络部生产的网卡只有 99 美元。有什么东西会阻止英特尔从网卡转向路由器生产呢?后者毕竟获利要高得多。不妨记住当英特尔大举进入主板生产时所发出的道歉:我们这样做只是为了解决奔腾芯片装入大众化电脑时所遇到的瓶颈问题。

英特尔的长期战略是,把更多的图像和多媒体应用植入 PC 机中,以使其处理器忙起来。"几年后,每一台计算机都将是多媒体化和网络化的,"格鲁夫宣称,"没有这些东西的计算机就好像没有内存的计算机一样毫无意义。"为此,格鲁夫在俄勒冈州的希尔斯伯罗建立了英特尔体系结构实验室,从事培育大市场的工作。其项目包括生产更快地在网络上传递图像的软件、开发 Internet 电话以及 Internet 可视电话,等等。格鲁夫还使英特尔变成了一家风险投资公司,拥有 50 余家公司的股票。他甚至还进入了诸如系统集成和数字成像这样的领域,就连英特尔的对手也不得不佩服。芯片厂家超微(AMD)的首席执行官杰里·桑德斯说:"英特尔所做的任何事情都刺激了对运算能力的市场需求,因而都是好事,整个工业被它拖着向前走。"

大多数 PC 厂商赞扬英特尔的创新努力。然而它们也担心这台庞大的利润机器会蚕食自身本来就已很小的市场份额。如果英特尔更加咄咄逼人的话,局势就会进一步紧张。但格鲁夫认为英特尔别无选择。"我也担心我们的手是不是伸得太长了,但我们有非常简单的原因要成为一股推动力。我们建造了大型的工厂,必须让它们开工。如果你没有什么选择的话,什么也吓不倒你。"

只有偏执狂才能生存

主动进攻——这其实也就是格鲁夫一生奋斗的写照。

他 1936 年出生于布达佩斯的一个犹太人家庭，年幼时经历过纳粹的残暴统治。1956 年他和一群难民乘船逃离祖国，最后辗转到达纽约。当时，他不会讲一句英语，口袋里只有 20 美元。然而 3 年以后，格鲁夫不仅自学了英语，而且靠当侍者支付自己的学费，以第一名的成绩从纽约州立大学毕业，获得化学工程学位。又过了 3 年，他在加州大学伯克利分校获得了博士学位，并在 1967 年出版《物理学与半导体设备技术》，即使在今天，这本书也被视作半导体工程专业的入门书。

离开伯克利后，格鲁夫加入了摩尔和诺伊斯创办的世界上第一家半导体公司——仙童公司。1968 年，诺伊斯和摩尔决定自行创业，创办英特尔公司。当时格鲁夫在仙童公司担任实验室副总监，由于表现出色，深具潜力，他被摩尔大力举荐，进入英特尔担任研究和开发部门的总监。1976 年，他成为首席运营官。1979 年，他发动了一场一年内从摩托罗拉手中抢到 2000 家新客户的战役，结果英特尔不仅实现了这一目标，而且还超额了 500 家，其中一家是 IBM。

英特尔曾把自己定位为一个存储器公司，但在这时日本的存储器厂家登台了。他们最重要的武器是使用户能以惊人的低价购买到高质量的产品。这种削价战很快使英特尔面临一种危险：被挤出自己一手开发的市场。公司连续 6 个季度出现亏损，产业界都怀疑英特尔是否能生存下去。英特尔管理层围绕是否放弃存储器业务展开了激烈争论。争论越是继续，英特尔的经济损失就越大。

1985 年的一天，格鲁夫在办公室里意气消沉地与董事长兼首席执行官摩尔谈论公司的困境，那时英特尔已经在漫无目的的徘徊中度过了一年。格鲁夫问摩尔："如果我们下了台，另选一名新总裁,你认为他会采取什么行动?”摩尔犹豫了一下,答道:“他会放弃存储器的生意。”格鲁夫目不转睛地望着摩尔,说:“你我为什么不走出这扇门,然后自己动手?”

这个决心很难下。在所有人的心目中,英特尔就等于存储器。怎么可以放弃自己的身份?如果没有了存储器业务,英特尔还称得上是一家公司吗?但格鲁夫说做就做,他力排众议,顶住层层压力,坚决砍掉了存储器生产,而把微处理器作为新的生产重点。

英特尔从此不再是半导体存储器公司。在探求公司的新身份时,它意识到微处理器是其一切劳动的核心所在,于是自称为“微型计算机公司”。到了1992年,微处理器的巨大成功使英特尔成为世界上最大的半导体企业,甚至超过了当年曾在存储器业务上打败它的日本公司。

这是一次对英特尔具有重大意义的转变,这样的转变被格鲁夫称为“战略转折点”。1996年,身兼斯坦福大学商学院教授的格鲁夫出版了一部新书《只有偏执狂才能生存》,其中很大一部分内容都是在谈战略转折点问题。格鲁夫写道:“我常笃信‘只有偏执狂才能生存’这句格言。初出此言是在何时,我已记不清了,但如今事实仍是:只要涉及企业管理,我就相信偏执万岁。企业繁荣之中孕育着毁灭自身的种子,你越是成功,垂涎三尺的人就越多,他们一块块地窃取你的生意,直至最后一无所有。我认为,作为一名管理者,最重要的职责就是常常提防他人的袭击,并把这种防范意识传播给手下的工作人员。”

“我所不惜冒偏执之名而整天疑虑的事情有很多。我担心产品会出岔,也担心在时机未成熟的时候就介绍产品。我怕工厂运转不灵,也怕工厂数目太多。我担心用人的正确与否,也担心员工的士气低落。当然,我还担心竞争对手。我担心有人正在算计如何比我们做得多快好省,从而把我们的客户抢走。”

“但是这些疑虑,与我对所谓‘战略转折点’的感受相比,就不值一提了。战略转折点就是企业的根基所即将发生变化的那一时刻。这个变化可能意味着企业有机会上升到新的高度，但它也同样有可能标志着没落的开端。”

格鲁夫说，所有的企业都根据一套不成文的规则来经营，这些规则有时却会变化——常常是翻天覆地的变化。然而，没有事前的明显迹象为这种变化敲响警钟。因此，能够识别风向的转变，并及时采取正确的行动以避免沉船，对于一个企业的未来是至关重要的。这样的变化被格鲁夫称为10倍速因素，意为该因素在短期内势力增至原来的10倍。

面临10倍速变化的时候要想管理企业简直难于上青天。从前的管理手段无一奏效，管理者失去了对企业的控制，而且不知如何重新控制它。最终，在工业上将达到一个新的平衡。一些企业强盛起来，另外一些衰败下去。不是所有的人都能安全地到达彼岸，那些无法幸存的人将面临与从前迥然不同的生活。

正是为此，格鲁夫说：“穿越战略转折点为我们设下的死亡之谷，是一个企业组织必须历经的最大磨难。”

“在雾中驾驶时，跟着前面的车的尾灯灯光行路会容易很多。‘尾灯’战略的危险在于，一旦赶上并超过了前面的车，就没有尾灯可以导航，失去了找到新方向的信心与能力。”在格鲁夫的眼里，做一个追随者是没有前途的。“早早行动的公司正是将来能够影响工业结构、制定游戏规则的公司，只有早早行动，才有希望争取未来的胜利。”

【案例讨论题】

1. 指出英特尔公司的经营战略和生产战略？

2. 指出英特尔公司的生产能力战略？

3. 该案例的哪些方面对你有深刻启示？

【思考题】

1. 如何理解生产运作战略的概念？

2.描述你熟悉的一家企业的生产运作战略,并分析说明如何受到市场需求因素的影响。

3.何谓产品—工艺矩阵?对实际工作有何指导意义?

4.如何理解生产运作战略的系统发展理论?为什么制定生产运作战略必须以该理论为指导?

5.你认为企业怎样才能有效地实施响应性战略。

6.某大学校园周围开设了多个银行储蓄网点,竞争非常激烈。假如你是某银行的当事人,试结合前两章的学习,从生产运作管理的角度分析应该从哪些方面入手来提升竞争力?

第三章　产品/服务计划

第一节　产品计划

一、产品计划的概念

(一)产品计划的概念

所谓产品计划，是指对企业应当生产和提供什么产品进行定义的活动。它是一个不断深化的循环过程，包含产品的引入、改型、终止等所有活动。产品计划回答了企业面向选择好的目标市场应当提供什么样的产品的问题：是生产提供标准型产品还是特殊要求的用户定做产品？产品应具备哪些特性？各项产品功能指标的优先级如何？是否应该扩大或压缩产品品种？等等。

产品计划是和企业战略密切联系在一起的，企业战略是产品计划的指导大纲。从企业战略的企业使命、战略目标和战略方案的内容看，明确了企业的性质、任务、发展方向和发展模式等重要问题，这包括：企业的用户是谁？企业的业务应该是什么？企业的业务目标是什么？如何确定业务目标的优先顺序？企业应采取什么措施来实现目标。因此，企业战略实际上直接限定了产品计划的选择范围。例如，同样是计算机公司，有的生产专门的计算机零部件系列，也有的设计开发和生产专门软件，还有的生产集计算机和办公软件于一体的计算机办公管理系统，就是因为企业战略不同。显然，价格往往是家用计算机的关键因素；而面向银行、证券交易所的计算机的功能单一，关键因素往往是可靠性；面向国防、航天航空工业的计算机则要求运算速度非常快，存储能力特别强，可靠性特别高。

（二）产品计划的影响因素

除企业战略外，产品计划还应认真考虑以下影响因素：

1. 市场需求

通过市场研究，挖掘用户真正的需求，可以为产品计划提供科学依据。正如管理大师德鲁克指出的那样，同样是一双鞋子，其价值对于十几岁的姑娘来说在于高级款式，鞋子必须“时髦”，价格只是次要因素，而耐用性则根本无关紧要；但几年后姑娘变成了年轻的妈妈，其价值就变成了耐用性、价格、舒适和合脚等，高级款式反而很次要了。美国通用汽车公司卡迪拉克汽车事业部的掌门人德雷斯沃也说过，卡迪拉克汽车是同钻石和貂皮大衣在竞争，买主购买的不是一种“运输工具”而是“地位”。

2. 产品生命周期

用户在产品生命周期的不同阶段对产品的需求是不同的，产品功能指标的具体内容和产品的销量、利润也随之变化，也影响着企业如何进行产品改型和产品进入与退出市场的时机选择。

3. 企业内部条件

产品计划不能脱离企业的内部条件。首先应当充分发挥企业的财力、人力、物质、技术和管理等内部资源优势。其次，认真考虑企业的历史与文化，不仅弄清企业适合发展哪些产品，而且更要弄清不适合发展哪些产品。

4. 产品的经济效果

分析掌握每种产品的生产运作成本、盈亏平衡点价格水平、销售收入利润率、对企业整体经济效果的影响等重要资料，并在此基础上选择使企业长期获利最大的产品组合。

二、产品生命周期

（一）产品生命命周期的概念及各阶段特征

产品生命周期是指新产品研制成功以后，从投入市场开始到被市场淘汰为止所经历的全部时间过程，反映了产品的经济价值在市场上的变化情况。一般可根据销售额和盈利情况，将产品生命周期分为以下四个阶段：

1. 投入期

投入期是新产品试制成功后刚进入市场、销售量较小的时期。在该阶段，消费者因不了解而对产品持怀疑态度；产品设计还没有完全定型，存在着不合理、不完善的地方；生产运作工艺不完善，效率不高；生产运作批量小，废品率高，质量不稳定，生产运作成本高，往往亏损，且生产企业数量少。因此，企业要重视完善产品的设计，提高产品的质量，降低生产运作成本；大力进行广告宣传，制定合理价格，采取合理的促销策略，努力提高销售量；尽力缩短这一阶段的持续时间。该阶段应把完善产品功能、提高产品质量作为获取竞争优势的突破口。

2. 成长期

成长期是产品开始大量投放市场的时期。在该阶段，用户对新产品已经熟悉，销售量急剧增加；产品设计基本定型，工艺不断完善，市场需求量扩大，具备组织批量生产运作的条件；工人熟练程度提高，质量稳定，废品率降低，生产运作成本大幅度下降，企业利润迅速增长；竞争者看到有利可图，纷纷进入市场，模仿已成功的产品设计制造出许多同类产品。在成长期，企业要进一步改善产品的性能，提高产品的质量，增加产品产量，在占领原有市场的基础上不断开拓新的市场。同时，加强广告宣传，重视技术服务，努力创造优质名牌产品，建立企业信誉。该阶段应把进一步提高产品质量、降低产品成本作为获取竞争优势的突破口。

3.成熟期

成熟期是销售量最大并呈稳定状态的时期,即销售量最多的时期。在该阶段,由于产品已经定型,市场已趋饱和,而竞争厂家有增无减,导致市场竞争异常激烈,价格和服务成为竞争焦点。因此,企业要努力降低产品成本,提高服务质量,加速产品交货,同时要注意进行产品变型、改进和创新,以延长产品生命周期,开拓新的市场。

4.衰退期

衰退期是销售量迅速减少、产品陈旧老化的阶段。产品在市场上一蹶不振,面临被新产品取代的结局。此时,企业面临的抉择有两种:一是寻求老产品的新功能,重新创造其生命周期;二是立即淘汰,以防带来更大的经济亏损,丧失新的发展机会,导致企业的市场占有率下降。

(二)企业进入、退出市场的时间模式

从系统的观点看,企业的发展史也就是产品更新换代的历史。要保证企业稳定地发展,必须选择合适的进入和退出市场的时机,一般划分为三种代表性模式:

1.投入期进入、衰退期退出模式

这是一种最自然的模式,企业在产品投入期开始产品的生产运作和销售,直到产品生命周期到达结束的衰退期才停止产品的生产运作和销售。该模式要求生产运作系统在整个过程中,应逐渐地从灵活性好的单件小批生产运作系统向低成本的大量大批生产运作系统发展,这将是对企业的一个严重挑战,因为两者在很多方面完全不同。

2.投入期进入、成熟期退出模式

在该模式中,企业在产品投入期开始产品的生产运作和销售,到达成熟期后,一旦边际利润下降就停止产品的生产运作和销售,并转向其他的新产品。和上一个模式比较，不需变革企业生产运作系统，自始至终维持灵活性好的单件小批生产运作系统。尤为适用于需求量较少、用户有特殊需求的小规模产品创新型企业。

3. 成长期进入、衰退期退出模式

在该模式中，新产品由领先的创新型企业引入市场后，只有当产品销售迅速增长、且被证实具有良好的市场前景的情况下，企业才开始产品的生产运作和销售。大型企业较多采用这种模式，一般其生产运作系统开始时就采用适合大规模生产运作的自动化高效生产设备装置，以提高生产运作效率，降低生产运作成本，确立争夺市场份额的价格优势。

三、新产品的研究与开发

所谓新产品，是指在产品结构、技术性能、材质等方面（或仅一方面）具有先进性或独创性、或优于老产品的产品。按新产品所具备的新质程度，可将新产品分为全新产品、改进新产品、换代新产品和本企业新产品四类。

（一）新产品开发过程

如图 3-1 所示。其中，产品正式生产运作前各阶段工作大多都属于产品计划工作内容范畴。图中的各项工作不是单方向展开，而是相互交织在一起，应按照系统观点协调相互间关系。

1. 确定需求

确定需求的实质是形成新产品的构思创意，这是新产品孕育、诞生的开始。它主要来源于两个方面：一是企业内部，包括研究开发、市场营销和高层管理等部门；另一是企业外部，包括用户、竞争对手、经销商、供应商、政府机关和科技咨询部门等，特别是用户。大量实证研究表明，从市场需求出发所形成的新产品构思创意，较之技术导向而言，更能发现和利用市场机会，真正掌握用户的需要和产品应具备的特性，从而更易获得成功。

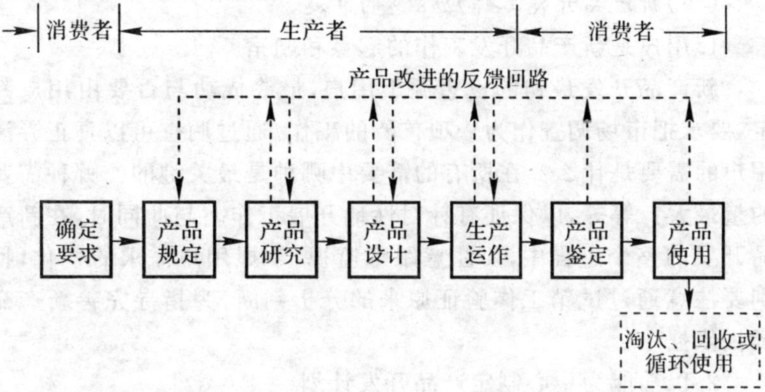

图 3-1　新产品开发过程示意图

2.产品规定

产品规定是对形成的众多构思创意进行评价和筛选，并明确拟定开发产品应具备的基本功能和特性。评价和筛选是非常重要的决策，应尽量避免发生误舍和误用的决策失误。对保留的产品构思创意，应进一步描述出其主要结构形式、主要参数、目标成本等基本特征。

3.产品研究

产品研究的目的在于进一步检查新产品构思创意技术和商业上的可行性，形成产品设计方案。一般来说，每项构思创意都存在几个开发方案，借助于设计的样品原型，既可以检验和分析产品的结构和性能，又可以审查其工艺上存在的问题，指出其技术上的可行性，进而借助市场检验，弄清用户对新产品的具体看法，明确进一步应改进的方面。

4.产品设计

产品设计的任务是完成产品生产所需的全套图纸、工艺文件，意味着将产品的构思创意详细、准确地反映到图纸和文件上。

（二）新产品开发工作应注意的问题

1.用户是新产品开发工作的起点和归宿

新产品开发最初的设想源于用户，最终成功与否要由用户判定，要求把市场调查作为一项首要的工作。通过调查可以真正弄清用户的需要是什么？在所有的需要中哪种是最关键的？哪种需要的量最大？等等，以保证有针对性地开展工作。与此同时，在新产品开发的整个过程中，要注意跟踪监视，掌握用户需求的变化，特别要注意通过试销工作验证原来的分析判断，为指导完善新产品提供依据。

2.以功能为中心制定产品开发计划

新产品开发是围绕实现一定的功能展开的。在进行市场研究弄清用户的确切需求后，就可以分析企业目前产品所提供的实际功能和客观需求之间的差距，进而编制出旨在克服上述不足的产品开发计划，并沿着功能这条主线展开工作。如产品研究是围绕实现功能而对主要技术问题进行思考；产品设计围绕产品整体功能和零部件应具备的功能而对有关技术参数进行分析和选择；组织生产运作也要据此进行工艺准备、材料采购等一系列工作，等等。

3.努力降低产品总成本

追求产品的总成本最低，是新产品具有竞争优势的一个重要前提。在传统的观念中，企业仅仅考虑制造成本而忽视使用成本，并且认为制造成本由生产运作过程所决定。这是一种片面的观点。实际上，产品成本责任的绝大部分（有研究报告指出超过80%）取决于设计开发和生产运作部门，而制造部门的成本责任的绝大部分是由设计阶段所决定的。因此，应将降低产品总成本的努力贯穿于新产品开发的整个过程中，并协调统一好制造成本和使用成本的关系。

4.形成新产品开发的良性循环

5.积极开展创造性思维

借助智力激励法、综摄法等有效的创造技法,指导人们进行发散思考,以获取有价值的构思创意。

第二节　新产品设计

一、新产品设计的程序和内容

1. 方案设计阶段

这一阶段主要是明确包括市场需求和生产运作条件在内的设计思想和技术原理,正确地进行选型,确定新产品的基本结构和基本参数。如对一般的机械产品而言,应包括总体方案设计和外观造型设计、产品的参数及技术性能指标计算、产品的简略总图、传动系统略图、原理结构图等。方案设计完成后,应进行初步的技术经济评价,由有关部门共同审查,以发现设计中的不足之处,加以改进,提高新产品设计质量。

2. 技术设计阶段

这一阶段的主要任务是确定产品的具体结构和型式,以确保产品结构的合理性、工艺性和经济性;同时将方案设计中已经确定的基本结构和主要参数具体化,进一步确定产品的技术经济指标。具体内容包括:绘制产品总图、部件装配图、主要零件图、传动系统图和冷却系统图;提供详细的设计说明书,包括各种计算数据和技术经济指标;制定产品技术规格以及产品制造、验收和交货的技术文件,产品的附件、备件、特殊材料明细表等等。应该强调,技术设计阶段是产品基本定型的阶段,对产品的质量以及工艺、生产运作有着决定性作用,所以在进行产品设计时,设计部门应和工艺部门密切配合。

3. 工作图设计阶段

这一阶段的主要任务是绘制新产品试制、生产运作所需的全套图纸，提供有关生产运作工艺上所需的全部技术文件，为产品的制造和装配提供确切的依据。具体内容包括：绘制全部零件的工作图；绘制全部部件装配图、包装图和安装图；编写零件一览表、产品说明书和使用、维护、保养规程等等。

二、价值工程在新产品设计中的应用

（一）价值工程的基本原理

所谓价值工程，是在功能分析的基础上，致力于以最低的总成本可靠地实现用户所需功能的有组织的创造性活动。

价值工程可用公式表达为：

$$V=\frac{F}{C} \tag{3-1}$$

式中，V 表示价值，F 表示功能，C 表示成本。

这一定义概括了以下几方面的内容：

1.“可靠地实现用户所需功能”是最根本的要求

早在 1947 年，美国的麦尔斯就提出了“人们需要的不是产品本身，而是产品的功能”的格言，这就是价值工程的核心指导思想。功能是对人的需要的某种满足，是产品存在的前提条件，既附属于产品，但又不等同于产品。企业生产运作的本质就是提供用户所需的功能。

2.“以最低的总成本可靠地实现用户所需的功能”是目的

所谓产品总成本，不仅包括产品的制造成本，而且包括产品使用过程中所支付的各种费用，即使用成本。价值工程的目的就在于协调制造成本和使用成本，优化总成本，使单位总成本所能提供的功能最大化，尽力提高产品的价值。

3.“功能分析”是关键

价值工程紧紧围绕用户购买产品的实质意图，依靠功能分析实现优化目的。它不仅考虑用户所需功能与产品功能在类别和程度上所存在的差异，而且还分析实现功能所采取的各种不同手段的效果情况，以期有效地降低产品成本。

4."有组织的创造性活动"是具体形式

价值工程是一种创造性的活动，要求在思维的过程中勇于打破旧框框，站在新的制高点进行分析和创新，从而不断地开发满足用户需求的新产品和采用先进的技术手段。价值工程又是一种有组织的活动，要求充分发挥集体的智慧，集思广益，按照科学的分析程序和方法进行工作。

围绕提高产品价值，根据公式 $V=F/C$，可以明确新产品开发的具体方向或途径：①成本不变，功能提高，如新产品的艺术化和成套化；②成本下降，功能不变，如新产品的微型化；③成本有所提高，功能大幅度提高，如新产品的多能化；④成本大幅度降低，功能略有下降，如新产品的低值易耗化；⑤成本下降，功能提高，如科技新成果在新产品中的应用。

（二）价值工程在新产品设计中的应用

价值工程包括 4 个基本阶段和 16 个详细步骤，见表 3-1，显然，其所涉及的问题也是进行新产品开发时必须回答的问题。无论在新产品开发过程中的哪一个阶段，都可以应用价值工程进行系统地评价和改进。

当选定改进的对象后，就可以由专业技术人员、质量分析人员、经济评价人员、系统分析人员等组成价值工程工作小组，制定具体的工作计划，根据价值工程原理进行分析和改进。当然，前提是占有充分的信息资料。

1. 功能定义

功能定义就是用简洁的语言把产品及其所包括的零部件的功能表达出来，即回答"它是干什么的"问题。一般采用一个动词加一个名词这样的动宾搭配结构短语来表示。例如，手表和平口虎钳的功能可以分别定义为"指示时间"与"形成压力"。由于价值工程以功能分析为核心，而功能定义是指导人们的思想从实体产品走向抽象功能、从表面走向本质的桥梁，因此，要求尽可能简明、抽象。这样将有助于深刻认识问题，开阔思路，形成更多、更好的创新方案，提高价值工程的效果。

表 3-1　价值工程的工作程序

价值工程活动程序		对应的问题
基本阶段	详细步骤	
准备阶段	1. 选定项目	1. 它是什么？
	2. 建立工作小组 3. 制定工作计划	2. 拟由谁、花多长时间和费用对它进行分析？
分析阶段	4. 收集情报 5. 功能定义 6. 功能整理	3. 它是干什么用的？
	7. 功能成本分析	4. 它的成本是多少？
	8. 功能评价 9. 确定改进对象范围	5. 它的价值是多少？
创造、评价阶段	10. 创造	6. 有其他方法实现这一功能吗？
	11. 初步评价 12. 具体化及调查验证	7. 新方案的成本是多少？
	13. 详细评价 14. 制定改进方案	8. 新方案能满足功能要求吗？
实施阶段	15. 审批、实施与检查 16. 成果鉴定	9. 新方案产生了多大的经济效益？

2. 功能整理

功能整理就是按照用户对功能的要求，明确已定义的功能类别和性质以及相互间的关系。

关于功能分类，除了按性质可分为使用功能和品位功能、按重要性可分为基本功能和辅助功能外，还可以：①按作用分为必要功能和不必要功能，两者的区别在于用户是否需要和承认。如现在电话机的脉冲拨号功能就属于不必要功能。②按满足用户需要的程度分为合适的功能和过剩的功能。如某些宾馆过高或过低的空调温度就属于过剩功能。在功能分类的基础上，就可以对照用户要求，区别重点功能，找出过剩的和不必要的功能，加强尚未满足用户需求的不足功能。

功能间的相互关系有两种：一种是上、下位功能关系，即目的功能与手段功能的关系；另一种是并列功能关系，指从属于同一个上位功能的下位功能相互之间的关系。可通过功能系统图来揭示产品的所有功能相互间的关系，如图 3-2 所示。

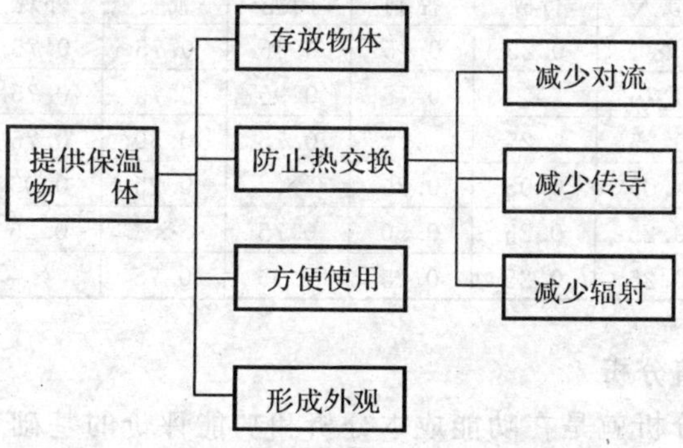

图 3-2　保温瓶的功能系统图

3. 功能成本分析

功能成本分析就是明确已定义的各功能的功能成本值，即价值工程基本公式中的 C。这可以通过计算各功能的目前实际成本或估计产品构思、设计时观念上分配给各功能的成本来得到。一般先借助成本会计分析零部件成本，然后根据零部件和功能的关系，将零部件成本转化为功能成本。

4. 功能评价

功能评价就是对功能系统图中各功能进行定量估计，从而给出功能值，解决价值工程基本公式中 F 的数量表示问题。具体可采用如下两种方式来确定功能值：

(1)金额形式。取现实条件下同行中实现该功能的目标成本或可能达到的最低成本为其功能值。由于科技进步的作用，该数值会随着时间的推移而改变。

(2)评分形式。站在用户的角度对各功能重要度进行主观打分评判，并用得到的评分值表示功能值。常用评分法有：直接评分法、倍数确定法、0～1 强制确定法、0～4 强制确定法等。表 3-2 为多比例两两对比评分法示例。

表 3-2　自行车多比例两两对比评分表

功能	载人	行驶	控制	挡泥	载货	外观	$F_{i分}$
载人	×	0.25	0.75	0.95	0.75	0.75	3.45
行驶	0.75	×	0.75	0.95	0.75	0.75	3.95
控制	0.25	0.25	×	0.75	0.50	0.75	2.50
挡泥	0.05	0.05	0.25	×	0.25	0.05	0.65
载货	0.25	0.25	0.50	0.75	×	0.25	2.00
外观	0.25	0.25	0.25	0.95	0.75	×	2.45

5. 价值分析

价值分析就是在功能成本分析和功能评价的基础上，通过对功能价值进行评价，确定改进的范围及顺序。

(1)功能值为金额形式的价值分析

设第 i 项功能的价值为 V_i，功能值为 $F_{i金}$，功能成本为 C_i，根据公式 $V_i = F_{i金}/C_i$ 可直接得出如下结论：当 $V_i \approx 1$ 时，说明该功能成本和目标成本基本相等，已经接近优化极限，不必改进；当 $V_i <$ 1 时，说明该功能成本高于目标成本，意味着存在改进的可能，应该降低成本；当 $V_i > 1$ 时，说明该功能成本低于目标成本，意味着存在偷工减料现象，用户需求未得到完全满足，应该增加该功能的投入，完善该功能。显然，在各种情况下的合理成本改变幅度为：

$$\Delta C_i = C_i - F_{i金} \tag{3-2}$$

当 ΔC_i 为正值时表示应降低成本，ΔC_i 为负值时表示应增加投入。显然，$|\Delta C_i|$ 越大，优化效果越明显，因此，功能改进应该按 $|\Delta C_i|$ 从大到小的顺序进行。

(2) 功能值为评分值形式的价值分析

设产品包括 n 项功能，第 i 项功能值为 $F_{i分}$，定义功能系数 FI_i、成本系数 CI_i、价值系数 VI_i：

$$FI_i = \frac{F_{i分}}{\sum_{j=1}^{n} F_{j分}} \tag{3-3}$$

$$CI_i = \frac{C_i}{\sum_{j=1}^{n} C_j} \tag{3-4}$$

$$VI_i = \frac{FI_i}{CI_i} \tag{3-5}$$

若能确定产品的目标成本 TC，则可按下式计算出各功能金额形式功能值，然后按功能值为金额形式的价值分析进行分析。

$$F_{i金} = FI_i \times TC \tag{3-6}$$

也可根据功能系数和成本系数的经济含义进行直接分析：当价值系数 $VI_i \approx 1$ 时，说明功能成本大小和其重要程度基本匹配；$VI_i < 1$ 时，表明功能的重要程度较低而功能成本较高，即所花成本高于其重要程度所决定的水平，应降低成本；$VI_i > 1$ 时，表明所花成本低于其重要程度所决定的水平，应增加投入，以确保用户所需功能得到很好满足。实践证明，此时很难根据 VI_i 偏离 1 的程度来决定改进顺序。

6. 创新与方案评价

根据价值分析得到的信息，通过创新拟订出各种改进方案，并进行技术、经济和综合评价，选择最优方案。

【例 3-1】 某产品多比例两两对比评分结果及功能成本如表 3-3 所示，若产品的总目标成本为 20 元，试进行价值分析。

表 3-3 评分表

功能	A	B	C	D
A	×	0.90	0.85	0.95
B	0.10	×	0.40	0.70
C	0.15	0.60	×	0.85
D	0.05	0.30	0.15	×
功能成本(元)	10.00	5.00	7.20	2.40

解:首先,计算各功能的评分值及功能系数;其次,结合产品的总目标成本 20 元,根据式(3-6)计算各功能金额形式的功能值;然后,计算各功能价值;最后,根据式(3-2)计算各功能改进幅度。上述计算结果见表 3-4。故结论是各功能均应降低成本,改进顺序为 $C\rightarrow A, B\rightarrow D$。

表 3-4 价值分析计算表

功能	A	B	C	D	总和
$F_{i分}$	2.70	1.20	1.60	0.50	6.00
FI_i	0.450	0.200	0.267	0.083	1.00
$F_{i金}$	9.00	4.00	5.34	1.66	20.00
V_i	0.9	0.8	0.74	0.69	/
ΔC_i	1.00	1.00	1.86	0.74	4.60

三、并行工程

1986 年,美国国防部防御分析研究所在著名的 R-338 报告中,首次提出了并行工程(Concurrent Engineering,简称 CE)的概念,并将其解释为对产品及其下游的生产运作和支持过程进行并行一体化设计的系统方法,提出了如下的定义:“并行工程是集成地、并行地设计产品及其相关的各种过程(包括制造过程和支持过程)的系统方法。这种方法要求产品开发人员从设计一开始就考虑产品整个生命周期中从概念形成到产品报废处理的所有因素,包括质量、成本、进度计划和用户的要求。”

并行工程是对传统的产品开发模式和组织管理方式的创新与变革。长期以来，产品开发采用的是“串行”、“顺序”的方法，即严格按照“市场分析—产品设计—工艺设计—采购—制造—检测—装配—销售—维修”的顺序顺次开展各项工作，并且每项工作由相应职能部门的人员独立完成后，再将结果传递到下一个部门，由下一个部门开始实施下一项工作。相应地，在组织管理上沿用了按职能建立组织结构的方式。显而易见，这种传统模式由于参与产品开发的有关部门和人员之间缺乏沟通，在各项工作之间人为地形成许多“隔墙”，造成大量的重复性工作和返工修改工作，不仅拖长了产品开发周期，影响上市时间，而且也不利于保证产品质量和成本。这种弊端在当今时代的竞争环境下，就显得愈发严重。

并行工程则是通过建立跨部门的多学科人员组成的产品开发小组，形成一个团队，大家团结一道完成产品开发工作。在这个过程中，大家围绕“统一产品概念”一起并行协同工作，分别从各自的学科、工作职责角度思考问题，实现了产品开发的上下游工作的并行交叉思维或设计，并相互及时地交流信息和看法，以便及早发现和暴露问题，并共同努力加以解决。消除“隔墙”有助于缩短产品开发周期，加快产品上市时间，改善产品质量和成本指标。

根据并行工程的定义，可以将其特征概括为以下几个方面：

1. 面向设计过程

并行工程是一个关于设计过程的方法，指在设计中要全面考虑产品及其下游过程的各种问题，而不是要求在设计产品的同时就进行产品生产。换言之，并行工程只是针对设计过程，虽然要从思维、设计层面分析制造、销售等方面的问题，但并非包含这些过程。

2. 突出并行理念与方法

“并行”二字体现了并行工程的核心。突出并行，就是要应用并行的理念与方法处理设计过程中的各种关系，安排各项工作，争取做到并行交叉，尽早开始。但必须注意的是，这样做并不是也不可能违反产品开发过程必要的逻辑顺序和规律，不能取消或超过任何一个完整过程中的必经的阶段。因此，为了科学安排并行活动，必须对各种活动充分细分，认真研究活动相互间的逻辑关系，评价信息不完备的风险影响。

3.强调系统集成思想

这主要体现在三个方面：一是设计过程各阶段的集成，二是设计组织与人员的集成，三是管理与技术的集成。并行工程强调依靠团队所有人员的智慧和共同努力，利用 DFX 技术（面向制造设计 DFM、面向装配设计 DFA、面向检测设计 DFT）和 CAX 技术（计算机辅助设计 CAD、计算机辅助制造 CAM、计算机辅助工艺过程设计 CAPP、计算机辅助工程 CAE），妥善处理设计的“可制造性”、“可生产性”、“可使用性”、“可维护性”等有关方面，追求设计的一次成功，实现整体优化。

四、新产品设计的模块化方法

模块化设计方法是以企业的标准件、通用件和过去生产过的零部件为基础，用组合方式或称为堆积木方式来设计新产品。或者是在试验研究的基础上，设计出一系列可互换的模块，然后根据需要选用不同的模块与其他部件组合成不同的新产品。在机电产品设计中，这种方法应用很普遍。

采用这种方法的前提是必须使零部件标准化、通用化，并加强对这些零部件的管理工作。应事先规定每个标准件和通用件的特征及其使用范围，在进行新产品设计时，可运用优选法来选择适当的标准化和通用化零部件。一般拟定几个产品组合方案，通过技术经济效果分析或采用价值工程分析方法，选择最优组合方案。该方法最容易引入 CAD，实现产品设计自动化。

第三节 工艺过程设计

一、工艺过程设计的要求

(一)工艺过程设计的要求

劳动者按照产品设计图纸,利用劳动工具对各种原材料、半成品进行加工或处理使之成为产成品的生产运作程序和方法的总体安排,称为工艺过程。它是工艺路线和工艺方法的总和,前者解决原材料、半成品按照什么路线、经过哪些工序转变为产成品的问题;后者解决用什么生产运作手段和操作方法实现各工序的功能的问题。因此,工艺过程作为成品加工制作的总纲,原则上决定了生产运作的路线和所用方法及设备。

研究表明,虽然产品设计是工艺过程设计的依据,但是如果能够在产品设计时就密切结合工艺过程进行考察,将会有助于更大幅度地降低产品成本。在多数情况下,不是设计不出来好的产品,而是生产运作不出来或生产运作成本过高,足见工艺过程对企业生产运作的经济性乃至经济效益的重要影响。工艺过程选择与评价的目的就是从多个可行的方案中选择技术上先进、经济上合理的最优工艺过程,确保用最有效、最可靠、最经济的方法生产出符合社会和用户需求的产品,提高企业的经济效益。

工艺过程设计原则上应满足以下要求:①优先采用先进的工艺,改善生产运作过程;②从企业实际情况出发,既要符合当前生产运作的实际情况,又要考虑今后的发展;③控制工艺路线倒流;④突出经济性,选择工艺经济性好的方案;⑤注意人—机协调。

(二)工艺过程设计的程序

如图 3-3 所示,工艺过程设计可分成以下几个环节来进行:

(1)产品分析。从产品的装配图入手,明确产品的零部件组成及其相互关系,明确零部件何时、何地、以何种方式结合到整个产

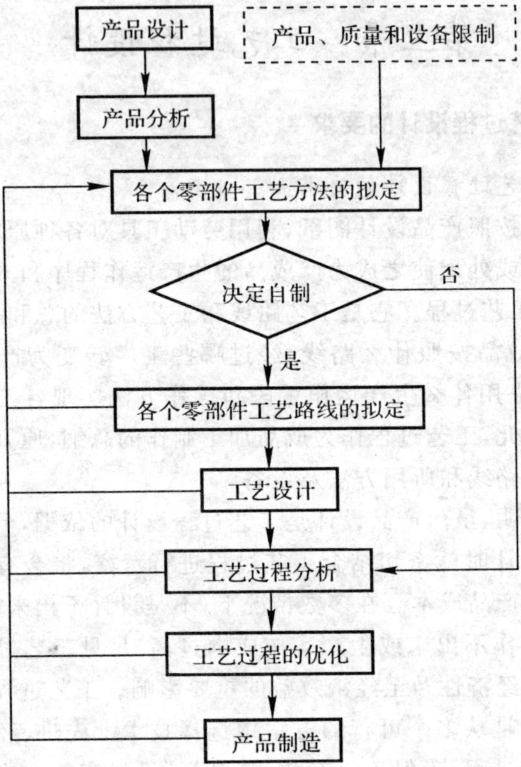

图 3-3 工艺过程设计程序

品中去。与此同时要做好工艺性分析与审查工作，对零部件几何形状是否合理、加工是否方便、精度是否合适、所用材料能否替代、能否改用标准件或通用件等方面进行认真考虑，并在此基础上对产品设计进行修改。

(2)各个零部件工艺方法的拟定。根据零部件的产量和产品设计中规定的尺寸、公差、材料等具体要求，选择拟采用的工艺方法。

(3)零部件自行生产运作分析。对本企业的生产运作能力进行调查分析，明确有哪些零部件目前尚不具备生产运作条件或生产运作成本过高，比较本企业创造条件自行生产运作和外协、外购供应的经济性及其他方面影响，正确决定自行生产哪些零部件，通过外协、外购途径解决哪些零部件。

(4)各个零部件工艺路线的拟定。分析零部件的不同工艺路线并进行优化选择，将有关工作归结为工序。

(5)工序设计。规定工序的加工对象、所用设备名称及型号、工艺装备、加工质量要求、工时定额、所包括的工作内容及操作程序、注意事项等。工序设计的结果是形成工序卡和工艺守则。

(6)工艺过程分析。考虑进行产品生产运作的所有活动，包括从准备原材料开始到加工完成进行装配整个过程的全部工作。其中有些工作系直接生产运作活动，有些工作如运输、库存等系间接生产运作活动。在工艺过程分析中可借助网络计划技术或计算机辅助设计来确定产品工艺路线，适当安排各工序的先后顺序。

(7)工艺过程的优化。对工艺过程进行系统评价，考虑企业具体条件的影响，应用正交试验、价值工程等方法进一步修改和完善工艺过程。在此基础上可编制工艺规程。工艺规程是指导工人操作的技术文件，也是生产运作过程组织的主要技术依据，包括过程卡、工艺卡和工序卡。过程卡包括零件名称及编号、加工路线、经过的车间、工段、工序、使用的设备和主要工艺装备、加工内容、材料消耗定额等内容；工艺卡包括零部件在某车间内经过的工序、使用的设备和工艺装备、加工内容、工时定额、工艺参数等内容；工序卡比工艺卡详尽，规定着每道工序的详细操作方法、技术要求、注意事项等内容。

二、工艺过程的选择与分析

评价工艺过程的标准，无非是在满足技术和生产运作要求的条件下，使得产品的生产运作时间最短、成本最低、经济效益最大。因此，完全可以采用网络计划技术进行工艺路线的选择与评价，采用技术经济评价方法与指标进行工艺过程的经济性选择与分析，如投资回收期、净现值、内部收益率、效益—费用比率等。由于满足相同技术要求的不同工艺过程在收益指标上差别很小，且收益指标涉及因素多，计算比较复杂，实际工作中常采用成本指标进行工艺过程的经济评价，并据此决定工艺过程的取舍。因此，可将工艺过程的经济评价分成以下两个阶段来进行：

(一)工艺成本分析

工艺成本是指实现工艺过程或个别工序的费用总额。工艺成本中的各项费用可按照它们同产量的关系分为可变费用和不变费用两大类：可变费用随产量增加成正比例增长，包括原材料、工资、通用设备和工装消耗等。不变费用是同产量无关的费用，无论产量大小，其数额基本不变，如专用设备与工装折旧费及维护费。据此，年度工艺成本可按下式计算：

$$C_t = Q \times D + B \tag{3-7}$$

式中，C_t 表示年度工艺成本(元 / 年)，Q 表示产品年产量(件 / 年)，D 表示单位产品的可变费用(元 / 件)，B 表示年度不变费用总额(元 / 年)。

只要将年度工艺成本除以年产量，就可以进一步求得单位产品工艺成本 C：

$$C = D + \frac{B}{Q} \tag{3-8}$$

可见，在年产量很小时，固定费用 B 对单位产品工艺成本 C 的影响很大；在年产量很大时，固定费用 B 对单位产品工艺成本 C 的影响很小。这表明，在单件小批生产运作条件下，应避免采用专用设备和工装，以免增大不变费用，提高成本；在大批大量生产运作条件下，则应尽量采用专用设备和工装，以降低单位产品的可变费用，降低成本。

(二) 不同工艺过程方案的对比分析

考虑最简单的情况，设两个不同的工艺过程方案的投资相同，则对应于同样的产量，以年度工艺成本最小的方案为最优方案，即位于工艺成本曲线图下方的曲线所对应的方案为最优方案。

设两个工艺方案的年度工艺成本分别为：

$$\begin{aligned} C_1 &= Q \times D_1 + B_1 \\ C_2 &= Q \times D_2 + B_2 \end{aligned} \quad (B_2 > B_1,\ D_2 < D_1) \tag{3-9}$$

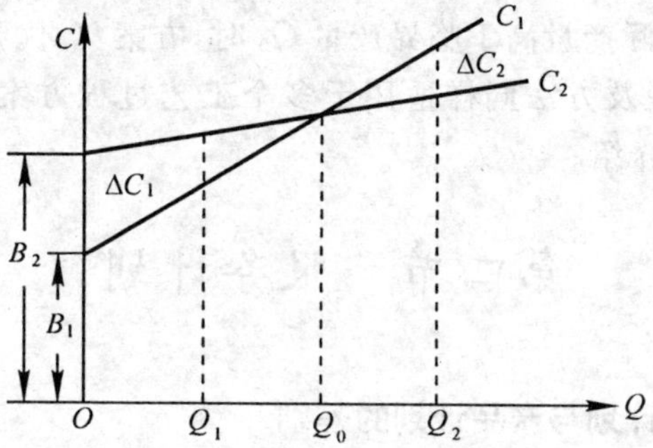

图 3-4　工艺方案的比较

则可得到图 3-4 所示的两条成本直线。当产量为 Q_0 时，两条直线相交，此时，C_1 和 C_2 相等，即：

$$Q_0 \times D_1 + B_1 = Q_0 \times D_2 + B_2 \tag{3-10}$$

从而可得：

$$Q_0 = \frac{B_2 - B_1}{D_1 - D_2} \tag{3-11}$$

其中，Q_0 就称为两个工艺方案的临界产量。

显然，当实际产量低于临界产量 Q_0 时，方案 Ⅱ 的年度工艺成本高于方案 Ⅰ 的年度工艺成本，应选择方案 Ⅰ；当实际产量高于临界产量 Q_0 时，方案 Ⅰ 的年度工艺成本高于方案 Ⅱ 的年度工艺成本，应选择方案 Ⅱ。

在一般情况下，考虑到先进的工艺过程方案单位产品的可变费用低而总投资较高，先进性差的工艺过程方案单位产品的可变费用高而总投资较低，因此，进行方案对比分析时还必须考虑追加投资的影响。设方案Ⅰ和Ⅱ的投资分别为 P_1 和 P_2，且 $P_2 > P_1$，若标准投资回收期为 T_n，则临界产量的修正计算公式为：

$$Q_0 = \frac{T_n(B_2 - B_1) + (P_2 - P_1)}{T_n(D_1 - D_2)} \tag{3-12}$$

当实际产量低于临界产量 Q_0 时，低投资方案Ⅰ优于高投资方案Ⅱ；当实际产量高于临界产量 Q_0 时，方案Ⅱ优于方案Ⅰ。

以上原理及方法同样适用于多个工艺过程方案的选择与分析，不再展开介绍。

第四节　服务计划

一、服务计划与产品计划的差别

(一)服务的分类

从生产运作管理的角度看，服务计划与产品计划的差别，主要是源于服务性运作与顾客接触程度较高。接触程度可通过顾客直接接触服务系统的时间占提供服务的全部时间的比例来反映。在服务性运作中，与顾客接触是一项重要内容，甚至许多情况下服务时顾客必须在场，服务性运作离开了顾客就无法进行。显然，接触程度越高，顾客和服务系统相互间的作用越大，顾客对服务时间、性质、质量等各方面的影响也越大，服务系统的运行势必要和环境相耦合；反之，接触程度越低，服务系统受外部环境的干扰越小，越能保持相对独立运行，即“技术内核”(technical core)相对于外部环境呈现一种分离和封闭状态，从而制造性生产管理的概念就越有效。所谓技术内核，其含义是区别于与顾客打交道的工作，指与服务人员的专业技术技能相联系、具有可操作性的“硬”服务工作。从这种认识出发，可以根据接触程度将服务分为以下三类：

(1)纯服务。它指接触程度很高的服务。如旅馆、医院、娱乐场、公共交通等服务系统的服务。

(2)混合服务。它指接触程度中等的服务。如律师事务所、会计事务所、停车场、维修店、搬家公司等服务系统的服务。

(3)准制造型服务。它指接触程度很低的服务。如照片冲洗店、广告公司、批发商、邮购、邮政等服务系统的服务。

需要指出,特定企业的不同部门提供的服务类型不一定完全相同,而且可能差异很大。例如,商业银行的基层储蓄所、信用卡申领点主要提供纯服务,分、支行主要提供混合服务,而银行的计算机系统维护、信用卡账目处理等则属于准制造型服务。

(二)服务计划与产品计划的差别

尽管服务性企业(组织)在决定其应向市场提供什么样的服务时,一般也应顺次经由产品思想产生、筛选、初步设计、最终设计、服务过程及方法选择、其他相关决策等工作环节,但上述服务系统与顾客接触程度高的特性使得服务计划与产品计划存在一定差别:

(1)服务过程具有较大的不确定性。由于顾客直接卷入服务过程,且顾客偏好存在多样性和多变性,每位顾客均按自己特有的方式行事,因而在服务开始之前许多因素都差不多是一种未知数:除了需求量的不确定外,更重要的是服务内容和规格的不确定。这就要求服务过程必须具有较强的响应性。

(2)服务不像实物产品那样具有非常明确的特征,往往是许多属性的集合体,构成"服务包"。用户对服务的需求,既包括明确的物质利益,也包括一系列隐含的心理上的获益。所以企业应清楚地说明服务的各个方面,并努力抓住每个机会来证明其提供优质服务的承诺和技能。

(3)服务者的公关能力是影响服务的一个重要因素。服务的最终质量不仅取决于服务设施所处环境、服务装置的特性、服务者的服务技术技能等因素，而且取决于顾客自身的心理感受。由于服务过程中服务者和顾客相互关系的客观存在，实质上已构成服务的一个有机部分，因此，这种关系的程度和属性将直接影响对服务的评价。由此可见，面向加强和改善服务者与顾客之间沟通、促进双方建立良好关系的服务者公关素质要求，是服务计划的一项重要内容。

(4)选择服务等于选择提供服务的具体方法。顾客直接卷入服务过程，顾客得到服务与服务过程提供服务几乎是同时发生，这意味着服务和服务方法常常处于一体化的状态。

(5)服务计划的顺序是非正规的，且极少开展服务试验。服务计划决策相对简单，用于产品思想筛选、研制、试验、商品化等工作上的时间也短得多，带有较大的灵活性。这是因为服务通常以劳动者为主，设备和材料的作用不像在制造性生产活动中那样重要。例如，服务企业可通过以下方式来改变服务：①增加或减少服务项目，包括附加服务项目；②改变顾客参与服务过程的程度；③改变服务时间；④改变服务程序；⑤改变服务过程的气氛；⑥采用统一的还是按用户要求变化的服务方式等。

二、服务计划

(一)服务系统设计的一般原理

服务的类型不同，服务系统设计时对问题的解答也有所差异。例如，在选择服务设施地点时，纯服务企业应尽量接近顾客，而准制造型服务企业通常只关注供应、运输、劳动力等因素；进行服务设施布置时，前者必须重点考虑顾客的心理、生理需要和期望，而后者多注意生产运作效率；在产品设计方面，前者必须考虑环境因素的影响，而后者则不然；在服务过程设计方面，前者有一些阶段的工作直接受顾客影响，而后者的主要阶段的工作没有顾客参与；在制定生产运作计划时，前者必须与顾客的日程和时间安排相协调，否则将失去顾客，而后者只关心服务的最终完成时间，服务过程有一定缓冲余地；在对服务人员的服务技能的要求上，前者不仅要求服务专业技能到位，而且要求具备良好的与人打交道的能力，能够深刻地感悟顾客的心理活动和需求，进而恰如其分地作出响应，甚至以合适的方式引导顾客的需求，而后者更关注服务专业技能；在质量标准方面，前者比较灵活，因顾客而异，后者可以客观地度量，相对比较固定；在服务时间定额方面，前者取决于顾客，比较宽松，后者有较明确和严格的规定；在进行服务系统的服务能力配置时，为避免失去顾客，前者必须以需求高峰为标准，后者可以平均需求为标准，等等。显然，接触程度越高，就越应该考虑服务本身的特殊性的影响。

对接触程度高的服务而言，服务产品设计与服务过程选择常常是一体化的，因此，服务产品设计在很大程度上可归结为一线服务人员的服务程序。该服务程序不仅包括各项具体的服务项目清单，而且包括如何与顾客进行交流、交付服务、收钱及找赎等的行为标准或指导；不仅提供一般情况下的服务工作顺序，而且提供适应不同情况的可变动的工作顺序，并明确哪些工作可同时进行。为了对内提供科学指导，使服务系统保持良好的运行状态，同时对外促使用户很好地认识、理解和评价服务产品，服务程序应尽可能全面、详细。例如，对酒店服务而言，服务程序中涉及的项目一般有：订座或咨询电话接听；车辆停放和照管；顾客迎送；衣物寄存；座位导引；就餐环境（如餐厅、餐桌、餐具、音乐等）布置；菜肴制作；顾客就餐过程中的服务（如上菜、添加饮料、更换盘碟等）；洗手间服务，等等。显然，好的服务程序会对服务行为的每个环节加以明确和规范，指导服务人员礼貌、热情、亲切和稳定、准确、高效率地提供服务，使顾客满意。

毫无疑问，进行服务系统设计时，认真倾听顾客的意见是非常重要的。事实上，由于许多服务和日常生活密切相关，使得顾客有机会经常参与服务实践，从而对许多服务产品的属性有着较深刻的把握，对服务过程中的每个细节也比较熟悉，因此，顾客在服务过程中的角色，既是用户，也是专家；而顾客的想法也已经将两方面的思想很好地融合在一起——不仅反映了用户的意见，而且代表了专业人员的观点。在这个意义上，“顾客就是设计者”。

(二)服务特征矩阵

如图 3-5 所示，服务特征矩阵是进行服务系统设计的一种有效分析方法。它根据服务的复杂程度和个性化程度这两维变量的不同情况，把服务分成四类，分别对应于四个象限。所谓服务的复杂程度，是指从事服务所必须的专门知识、技能和投资的程度。复杂程度高，意味着服务所需的投资较大，而且服务人员必须经过较多的专业培训才能胜任服务工作。所谓服务的个性化程度，是指服务的非标准化程度。个性化程度高，意味着服务内容具有较大的可变性，不同的顾客、甚至不同时间的同一个顾客对服务的要求可能存在很大差异。

服务的复杂程度

个性化程度		高	低
	高	Ⅰ 医疗、配眼镜 民航专机 汽车修理 家电 律师	Ⅱ 理发、照相 住房装修 出租车 高档饭馆 搬家服务
	低	Ⅲ 广播、电视 交响乐演出 民航班机 移动电话 学校	Ⅳ 快餐、点心 公共汽车 行李寄存 服装干洗 清扫垃圾

图 3-5 服务特征矩阵

服务特征矩阵为服务系统设计提供了原则性的选择。例如，第Ⅰ象限的服务以解决问题和咨询活动为主，选择的服务人员必须善于感受条件的差异，具备良好的识别与判断能力，并通过企业外部的专业培训来获得服务所必须的知识与技能；第Ⅱ象限的服务复杂程度低，服务人员可通过企业内部培训掌握必要的服务知识和技能，但由于服务的个性化程度高，势必要求服务人员具备较广泛的技能，以便能更灵活地响应顾客的要求；第Ⅲ象限的服务通常以巨大的设施和设备投资为特征，服务人员必须通过大量专业培训才能胜任工作，但由于服务的个性化程度低，企业应善于理解顾客的需要并提供合适的服务项目组合，以吸引大量的顾客，实现规模经济；第Ⅳ象限的服务，应努力向标准化的方向发展，培训服务人员按标准化的服务程序进行操作，保证服务质量始终处于可靠、稳定状态。

（三）提高服务效率的服务系统设计策略

与顾客接触对服务过程造成干扰，是影响服务效率的主要症结所在。由此出发，为了提高服务效率，服务系统设计的根本出发点就是降低与顾客接触的程度。以下三种具体策略都体现了这一思想。

1.标准化服务策略

这一策略通过提供标准化的服务来限制顾客的选择范围，减少顾客提出特殊要求的机会，从而有效地解决顾客参与对服务过程造成的影响。典型代表是麦当劳公司(McDonald)。麦当劳对服务业的过程设计进行了根本性的变革，把快餐食品的供应作为一种制造业来处理，而不是作为服务业来对待。无论世界上什么地方的麦当劳快餐店，都是遵循“质量、服务、清洁、价值”的企业精神，严格按照统一规定的标准化操作方法，快捷地向顾客提供具有统一重量和质量的几种有限花色的标准化食品。这就很好地克服了服务业本身所固有的因服务人员从属于顾客而产生的许多问题，因为在这里注意力集中在物的上面而不是人的方面,“方向是瞄准如何有效地生产,而不是服侍顾客”。

2.技术内核分离策略

在服务过程中,有些工作不可避免地要和顾客接触,但也有很多工作没有必要和顾客接触。技术内核分离策略就是在分解服务过程、划分需要和不需要顾客参与两类服务活动的基础上,对不需要顾客参与的服务活动,即技术内核加以分离和封闭,使技术内核保持相对独立运行。有些企业把服务工作分为前台和后台,就是技术内核分离策略的具体应用。其中,前台倾向于与顾客打交道并提供友好、温馨的环境氛围,后台主要是按照企业内部的运作和管理要求从事各项工作。例如,旅馆中的旅客登记、出纳和大堂行李搬运等属于前台,设施维修、旅馆用具清洁和消毒、锅炉、物品采购等属于后台;图书馆中的借书、还书、提供咨询等属于前台,图书采购、编目、上架、资料装订等属于后台。采用这种策略,除了有提高服务效率的优点外,还有许多其他优点,如可将后台地址选在地价较低的地区,使后台同时为几个前台提供服务支持,在后台的能力配置、设施安排和服务人员选择方面更充分地利用效率原则等。

3.服务人员替代策略

服务人员替代策略也称自动化服务策略,是指用自动化服务设备或其他合适的方式来替代服务人员完成服务工作,以简化服务过程中人与人之间关系,提高服务效率。该策略可用于很多方面,如银行的自动柜员机,商店的自动售货机,放置在单位大厅或入口处的提供咨询的触摸屏电脑,用印刷好的说明材料代替售货员向顾客介绍和宣传产品,等等。由于自动化服务设备提供的是相对比较统一、固定的服务,不仅可提高服务效率,而且可以保证服务质量的稳定。

最后还应该指出,有一种观点和减少顾客参与的思想完全对立,认为尽管顾客参与会降低服务效率,但顾客参与服务活动有助于其全面认识服务，且心理上会产生自我价值实现的满足感，实质上也是一种服务促销活动，势必会增大服务的销售和获利机会。因此，企业应努力创造条件，尽可能吸引顾客参与服务过程并在其中发挥重要作用。超市、自助餐、卡拉OK等服务就体现了这种观点。仔细研究可以发现，上述服务人员替代策略虽然减少了服务人员与顾客之间的接触，但顾客对服务过程的参与并没有减少，反而是增加了，在某种意义上也反映了这一思想。

案例4 有些人是这样看待我们

设计师俯身在桌上，
奇异的东西在他脑中蕴藏，
他边擦着晃动的脑袋边嘟哝：
“我怎样才能把这东西弄得难以加工？
如果这个部件在这里画得笔直，
我肯定这东西会加工得很出色，
它会易于车削和钻孔，
它决不会使机械师头痛。
我最好在那里弄成一个直角，
再来看看这些小子怎样急得直跺脚。
现在我来设计那个安放盖子的洞，
把它放在这里他们将难以钻孔。
现在这零件将无法加工，我敢打赌，
因为它既放不进闸瓦，又放不进卡盘，
它既不能钻，又不能磨，
这个设计，真是第一流。”
他又看了一下，欢呼道：

“最后——胜利是属于我的，

它甚至连铸造也不能够。”

【案例讨论题】

读了该诗后，你有什么感想？

案例5　最好的零部件设计是无零部件①

组装NCR集团新型2760电子现金出纳机的速度是很快的。事实上，Williaim R. 斯普尔格闭住眼睛也能在不到两分钟内完成。为实现这种简便的装配，NCR的高级制造工程师斯普尔格坚持认为，应设计不用螺钉、螺栓便可将零部件组装在一起的销售网点终端。

整个终端仅包括15个供应商生产的零部件。它比公司以前的低档的2160型终端减少了65%的供应商和85%的零部件，而且仅用原来装配时间的25%便可组装完毕，安装和维护也像一阵风一样。斯普尔格说：“这完全归因于我们简化了下游的业务活动，包括现场服务。”

“面向制造设计”(Design for Manufacture，简称DFM)，是一种新的技术方法。NCR产品是目前因该方法受益的最佳实例之一。其他热衷DFM的企业有福特、通用汽车、IBM、摩托罗拉和惠而浦公司。从1981年起，从主要家用电器到喷气飞机发动机齿轮箱，通用电器公司在100多个开发项目中应用了DFM。通用电器公司估计，从成本节约或从市场份额增长中，它利用这一概念净赚了2亿美金。

---

① 理查德.B.蔡斯等著，宋国防等译，《生产与运作管理——制造与服务》，第8版，北京：机械工业出版社，1999

螺钉与螺母

Geoffrey Boothroyd 是 DFM 的支持者之一，他是 Rhode 大学工业与制造工程教授，也是 Boothroyd Dewhurst 公司的联合创始人。该公司开发了几个计算机程序，用于分析装配简易性设计。

Boothroyd 认为最大的收益来自于节约了螺钉和其他紧固件。在供应商发票上，虽然每个螺钉、螺母仅几便士，共占一个典型产品原材料成本的 5%。但加上所有相关成本，如安装螺钉并紧固零部件的时间和使用那些普通部件的代价，能占到总装配成本的 75%。“紧固件是第一个需要剔除的东西”，他说。

斯普尔格通过计算发现，若 NCR 的 2760 产品设计中包括螺钉，则它的生命周期的总成本会是每个螺钉 125000 美元。他说：“小零件如螺钉的巨大影响，主要是使间接费用的支出增加。”他认为这是可理解的，因为新产品开发项目“会受到多种因素的影响，甚至可能使项目搁浅，所以准时的超额预算要好于滞后的准确预算。

但 NCR 在既定时间内将其简化的终端推向市场，并且没有忽略任何微小细节。产品在开始开发的 24 个月后正式推向市场。设计从一开始便是一种无纸的、跨部门的工作，产品只是存在于计算机中的模型，直到团队所有成员（工程设计人员、制造人员、购买人员、顾客服务人员和关键供货商）都满意为止。

同时开发的还有印刷线路板、塑料壳的铸模和其他零部件，可消除设计者将产品“隔墙”扔给制造者，制造者再考虑如何生产而造成的时间滞后。斯普尔格说，“利用并行工程拆掉设计和制造间的围墙是一个突破。”

在设计过程中应用计算机辅助设计软件，团队可在计算机屏幕上设计出每个部件的三维模型。软件也用于分析最终产品和零部件的性能和可靠性。接着，在计算机工作站屏幕上装配仿真的零部件，确保它们能恰当组装，在设计进程中，定期用 Boothroyd Dewhurst 的 DFM 软件检查。这将部件数由最初的 28 个减至 15 个，促进了设计的改进。

无实体模型

当团队内每个人都竖起拇指时，每个零部件的数据直接电传到不同供应商的计算机辅助制造系统中，NCR 设计者相信，所有一切都会像预计那样运转，他们再也不用自己很麻烦地来做实体模型了。

DFM 能成为对付国外竞争对手的强有力的武器。几年前，IBM 采用 Boothroyd Dewhurst 软件分析最早出现在日本的点阵打印机时，发现它可生产得更好些。通过 DFM 加以改进后，它的部件减少了 65%，装配时间削减了 90%。Boothroyd 教授坚持说："几乎所有在日本制造的产品都可用 DFM 加以改进——而且是大幅度的改进。"

【案例讨论题】

1. 你认为有哪些方面值得学习和借鉴？

2. 怎样才能保证 DFM 的成功？

案例6　某酒店客房清洁作业规程节选

一、客房清洁程序

1. 工作车准备

(1)清洁工作车，并按固定位置备齐布件、客用物品、清洁用具和《客房清洁报表》及《客房用品每日消耗情况表》。

(2)将工作车推到要打扫的房间门旁，挡住房门的一半，紧靠墙面，但不得撞在墙上或把车停在走廊中央。

2. 清洁客房次序

一般情况下应按下列顺序操作，若用房比较紧张，次序可稍作变动。

(1)挂“请速打扫”牌子的房间。

(2)VIP 房。

(3)上日空房。

(4)客人不在的房间。

(5)客人离店的房间。

(6)清洁客人在房内的房间，必须征得客人的同意。

3. 进房程序

(1)轻轻地按门铃三次，每次一下，并报自己身份：“服务员，可以进来吗”。

(2)用钥匙开门。

(3)房门开启三分之一时，再报一下自己身份：“服务员，可以进来吗”。如房内有客人应答，在征得客人同意后方可进房。

(4)然后将房门敞开，进房清洁。

4. 巡视检查

进房以后，先将窗帘拉开，打开窗户，并巡视一下房内的各种设备设施是否完好无损。

(1)打开所有照明灯具。检查是否完好有效。

(2)检查和调节空调到适当温度。

(3)巡视门、窗、窗帘、墙面、天花板、地毯以及各种家具是否完好，若有损伤，及时报告领班报修，并在客房清洁报表设备状况栏内做好记录。

(4)清洁客人离店的房间，必须仔细检查有否遗留物品，若有发现，应立即上报并做好记录。

(5)检查小酒吧：

a. 若发现客人已使用过小酒吧的酒水和食品，并已填了账单，应及时将账单转交给楼面客房服务员，并领回和补齐用去的酒水、食品和账单。

b. 如若客人使用了小酒吧的酒水和食品，未填账单，应代为客人填写，并签上自己的姓名，然后将账单转交给楼面客房服务员，并领回和补齐用去的酒水、食品和账单。

c. 随手把小酒吧的冰箱和物品清洁干净。

5. 清洁程序

(1)清洁垃圾：

a. 将房内的纸屑、果皮等垃圾放入废纸筒的塑料袋内。

b. 清洁烟具，将烟缸内熄灭后的烟蒂、烟灰也倒入废纸筒的塑料袋内。

c. 将装有垃圾的塑料袋放在工作车上的垃圾袋内。

d. 随手换回新的塑料袋，擦净废纸筒，并在筒内放好新的塑料袋。

(2)清理脏布件：

a. 将客人放在床、椅等处的衣服用衣架挂好，吊入衣橱内。

b. 把床上的床罩、毛毯放在椅子或沙发上。

c. 换下床上的床单、被单、枕套，连同浴室内需要调换的四套巾（浴巾、面巾、小方巾和脚巾）一起，记清数目后，放入工作车的布件袋内，发现有破损的布件和毛巾，分开存放。

d. 同时取出有客衣的洗衣袋，及时交楼面客房服务员检查、登记和交洗。

e. 从工作车上带进干净的布件。

f. 换下的脏布件待客房清洁工作结束后，进行分类和清点，然后报告领班，领班填写《布件洗涤单》，然后打电话通知布件房，由布件房收发员前来收调各类布件。

(3)铺床：

a. 铺床单。正面朝上，格线居中，两边匀贴，床垫四角拉平包严。注意，铺床时，不要用手梳理自己头发，防止头发掉入床单。

b. 铺被单。反面朝上，褶线与床单中线相叠，上端铺到床头顶端，下垂两侧匀称。注意铺床时，发现有破损的或未洗干净的床单和被单，要及时更换。

c. 铺毛毯：

①毛毯上端距床头25厘米，两侧下垂部分均等。

②将床头长出毛毯的25厘米被单折回，作为被横头。

③稍用力把下垂两侧的毛毯，连同被单塞入床垫下面包紧。

d. 套枕套。将枕芯塞入枕套，四角对准整平、拍松，发现破损或污渍要及时更换。

e. 放枕头。将两只枕头放在床头正中，正面朝上，单人床枕套口对向床头多功能拒，双人床枕套口互对。

f. 铺床罩。……

【案例讨论题】

读了该规程后，你有什么感想？

【思考题】

1. 如何理解产品计划的概念？结合实际分析一家企业的产品计划。

2. 分析说明产品生命周期如何影响企业的产品计划。

3. 分析讨论新产品开发的过程，结合实际说明企业应该怎样做好新产品开发与设计工作。

4. 叙述价值工程的基本原理，分析说明价值工程是否体现了“面向顾客设计”和“面向制造设计”的思想。

5. 分析比较并行工程与传统方法的区别以及实施并行工程应注意的问题。

6. 列出你所熟悉的两种新产品设计方法，并举例说明。

7. 分析工艺过程设计的主要影响因素。

8. 结合实际分析一个服务企业(如商店或书店、邮局、公共汽车、银行等)的服务计划应涉及哪些方面。

9.“一个服务企业可以将以顾客为中心和高效率很好地统一起来”的说法是否成立？试解释和举例说明你的观点。

10. 某种保温瓶的有关资料如下，试根据以下两种情况，分别进行价值分析：

(1)设产品的总目标成本为42元；

(2)根据价值系数进行直接分析。

功能 F	功能评分	目前成本(元)
保持水温 F_1	15	18.3
支持瓶胆 F_2	6	5.4
增加美观 F_3	10	6.3
使用方便 F_4	2	2.85
保护瓶胆 F_5	6	5.1
便于清洁 F_6	1	1.35

第四章 生产运作能力决策

第一节 生产运作能力的概念

一、生产运作能力的定义和种类

(一)生产运作能力的概念

生产运作能力是指企业的生产运作系统在一定时期(年、季、月、天)内,在先进合理的生产运作技术组织条件下,经过综合平衡后所能生产运作的一定种类产品的最大数量。它包括几层意思:

首先,它是按照直接参与生产运作活动的固定资产进行计算。现代生产运作大量采用机器设备,客观上决定了生产运作能力主要受固定资产因素的影响。但必须注意,对服务企业而言,服务能力不仅取决于服务设施和设备的能力,还取决于服务人员的能力。

其次,它是指一定的生产运作技术组织条件下生产运作产品的能力。所谓生产运作技术组织条件,是指产品的品种、结构、技术要求和制造劳动量;所使用的机器设备、工具、生产运作面积、制造工艺、原材料、职工的技术业务水平和熟练程度;所采用的劳动组织和生产运作组织等。显然,不同的生产运作技术组织条件会带来不同的结果。另外,"一定的生产运作技术组织条件"还包含"正常状态"的要求,即劳动工具、劳动对象、劳动力等影响因素应该满足正常生产运作的要求,意味着机器设备和工艺装备齐全和完好,原材料、燃料、动力等正常供应,劳动力数量和技术水平达到规定标准,从而生产运作系统保持正常运行状态。

其三，它是指一定时期内所生产运作的产品数量。年、季、月、旬、日、轮班、小时等都可以作为计算能力的时间单位，但通常以年度为单位，以便于与年度生产运作计划相比较，也便于同类企业之间的比较。有些服务企业常常按日和轮班时间单位计算服务能力。

其四，它是指综合生产运作能力，即由企业产品生产运作过程的各个环节的生产运作能力综合平衡所确定。

(二)生产运作能力的种类

根据用途及核算时所依据的条件，一般分为以下三类：

(1)设计能力。设计能力是指企业在基本建设时，设计任务书和文件中所规定的生产运作能力。它是按照工厂设计中规定的企业产品方案、技术装备和各种数据确定的，是新建、改建或扩建后的企业应该达到的最大年产量。

(2)查定能力。这是在没有设计能力，或者虽然有设计能力但企业的产品方案、协作关系和生产运作技术组织条件已经发生了很大变化，原有设计能力不能反映实际情况时，由企业重新调查核定的生产运作能力。

(3)计划能力。计划能力是指企业在计划年度内实际可能达到的生产运作能力。它是根据企业现有的生产运作条件，并考虑到企业在计划年度内能够实现的各种技术组织措施效果来计算的，反映了企业的现实生产运作能力。

这三种生产运作能力有着不同的用途。在确定企业的生产运作规模、编制企业长期计划、安排企业的基本建设计划以及进行重大的技术改造时，应以设计能力和查定能力为依据。在编制企业年度生产运作计划、确定企业的生产运作指标时，应以计划能力为依据。

(三)生产运作能力的计量单位

因为以价值或定额劳动消耗表示的产量不能提供关于生产运作一定产品的可能性的准确概念，企业生产运作能力都是以实物指标作为计量单位。一般地，大量生产运作采用具体产品数表示，如化肥厂年产××万吨合成氨，汽车厂年产××万辆汽车；大批生产运作采用代表产品数表示，将所有具体产品都换算为代表产品；中、小批量生产运作采用假定产品数表示。假定产品或伪产品，是一种实际上并不存在的、按各种具体产品产量比重构成的假想产品。

二、决定生产运作能力的基本因素

企业生产运作能力的大小取决于各种因素，如产品品种的多少和数量构成，产品结构的复杂程度，质量要求，零部件标准化、通用化水平，设备的数量、性能及成套性，工艺装备系数，工艺方法，有效生产运作面积，工厂及各生产运作环节的专业化协作水平，生产运作组织和劳动组织形式，职工的技术熟练程度和劳动积极性等。从计算的角度分析，影响其大小的主要因素有三个：固定资产（机器设备、生产运作面积）的数量、固定资产的工作时间和固定资产的生产运作效率。

（一）固定资产的数量

机器设备是固定资产中主要组成部分，直接决定生产运作能力的大小。计算生产运作能力时的机器设备数量，是指企业计划期内所拥有的全部能够用于生产运作的机器设备数，包括正在运行、正在修理和安装或准备修理和安装的机器设备，因生产运作任务不足或其他不正常原因暂时停用的机器设备。对已经判定不能修复、决定报废的机器设备，不配套的机器设备，留作备用的机器设备和封存待调的机器设备，都不能列入计算范围。另外，辅助车间（如工具、机械修理车间）所拥有的机器设备，不能参与企业基本生产运作能力的计算，只能用于计算辅助车间的生产运作能力。

一般地，生产运作面积的数量，对于铸造车间、铆焊车间、装配车间的生产运作能力具有重要意义。生产运作面积包括作业面积，设备占用面积，在制品、原材料堆放面积，运输路线所占用的面积。同时，辅助面积应与生产运作面积相适应。

（二）固定资产的工作时间

固定资产的工作时间可分为制度工作时间和有效工作时间。制度工作时间是指在规定的工作制度下，固定资产可工作（或利用）的时间数。日历天数减去节假日数即为全年制度工作天数，和每天制度工作小时数相乘，即得到全年制度工作小时数。有效工作时间是指在制度工作时间中，扣除设备修理停歇时间后的工作时间数，即

$$\text{设备年有效工作时间}=\text{设备年制度工作时间}\times\left(1-\text{设备修理停工率}\right)$$

计算生产运作面积的生产运作能力时，采用制度工作时间；计算设备的生产运作能力时，采用有效工作时间。

（三）固定资产的生产运作效率

固定资产生产运作效率的高低可通过生产率定额来反映。具体有两种表示方式：①产量定额，指单位设备（生产运作面积）在单位时间内的产量标准；②时间定额，指制造单位产品的设备台时消耗（生产运作面积占用时间）标准。此两种定额呈互为倒数关系。它在一定程度上综合反映了有关因素对生产运作能力的影响，最易变化且变化幅度较大，是最基本、最关键的方面。

第二节　生产运作能力决策

一、生产运作能力决策概述

无论是设计还是更新企业的生产运作系统，管理者必须对企业生产运作能力这一战略性问题作出决策，包括企业合理的生产运作能力规模应该多大？企业是否应该扩大生产运作能力规模？如

果扩大的话，应该基于多长的时间跨度？生产运作能力规模扩大多少？什么时候扩大？如何扩大？等等。这些决策实际上就是对未来时期的企业生产运作能力规模及其支持措施进行系统安排。

按照时间长短，生产运作能力决策可分为长期和短期决策两个层次：前者主要是从企业适应未来较长时期社会和市场对产品需求的长期发展需要出发进行企业生产运作能力建设，涉及的基本上是新设施、新设备等固定资产投资决策问题；后者是从企业短期生产运作计划的需要出发进行生产运作能力调整，涉及的主要是如何改变劳动力人数、存货水平、加班时间等因素来完成生产运作任务的决策。短期决策从根本上受制于长期决策，只能在长期决策所确定的企业生产运作能力规模的基础上进行有限范围的调整。本章主要围绕长期决策问题进行分析。

生产运作能力决策对企业的生产经营和发展具有深远的战略影响，表现在：①选择合理的企业生产运作能力规模，构建确保企业盈利和发展前景的物质基础，有效防止规模过大或过小所造成的损害。②合理协调生产运作系统各环节的生产运作能力，有效避免因各环节生产运作能力相互之间存在较大差异而造成的先天不足，提高生产运作能力的利用率和成本竞争力。③指导进行科学的企业生产运作能力建设和调整，针对瓶颈这种关键环节开展工作，事半功倍。

二、生产运作能力决策与规模经济、学习效应

(一)规模经济

规模经济，是指单位产品（或产出）的生产运作成本随生产运作规模的变动而变动的特性。它揭示了单位产品成本和产品生产运作规模之间的变化关系，具体包括规模报酬不变、规模报酬递增（即具有规模经济性）以及规模报酬递减（即规模的不经济性）。

之所以存在规模经济性，主要原因有：①劳动分工的专门化；

②资本设备的专门化；③生产要素的不可分割性；④客观世界存在的几何关系使得大设备的单位能力的建设费用较低；⑤固定成本分摊比例下降；⑥可以建立高效的管理制度与组织、存货不必按规模同比例扩大、实行节省费用的大批量物资采购等其他因素。但规模经济研究同时表明，生产运作规模的扩大不可能无限制地持续下去，生产运作规模并非越大越经济。究其原因，生产运作规模扩大到一定程度后，先进技术的支持费用将急剧膨胀，特别是企业内部管理的复杂性和难度成倍增加，面临严重的问题。

综上所述，随着生产运作规模的扩大，产品单位成本开始时随之下降，但到达一定程度后，就会转为上升，如图 4-1 所示。可见，与产品单位成本最低点 C_{min} 相对应的生产运作规模 S 就是最佳经济规模。由于在该点附近的一个较宽范围（S_1，S_2）内，产品单位成本的变动较小，故实务中的经济规模，往往不是指一个绝对的点，而是指一定的区域范围。

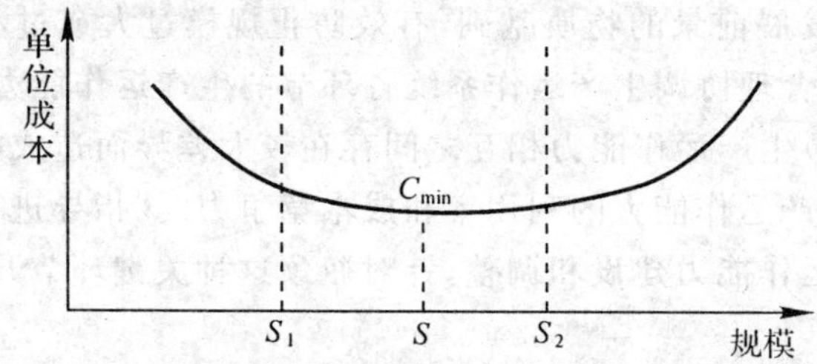

图 4-1　规模经济示意图

确认企业规模经济性的大小，无疑会对生产运作规模决策提供重要帮助。一般地，因为制造性生产需要大量的资本设备投资，较之劳动密集型的服务而言，规模经济效应更突出，适宜选择较大的生产运作规模。例如，汽车、电力、家用电器、计算机芯片、冶金、石油化工等制造行业，被认为存在着明显的规模经济性，故企业往往通过追求不断扩大生产运作规模来获得竞争优势。

（二）学习效应

学习效应反映了企业因生产运作过程中的不断学习所产生的单位产品（或产出）所需投入（一般用加工时间、成本表示）随累积产量增加而下降的结果。具体可分为四个方面：①工人的学习提高了工作熟练程度；②管理者的学习改进了管理方法和手段；③工程师的学习改善了生产运作工艺技术和过程；④供应商的学习使得与企业的关系日益协调顺畅。

分析学习效应时，一种常用且简便有效的方法是学习曲线(Learning Curve)法。学习曲线揭示了单位产品所需的投入与累积产量之间的关系。更确切地讲，学习曲线描述了单位产品的加工时间或成本随累积产量的增大而呈下降趋势的特征，如图 4-2 所示。大量实践研究表明，学习曲线呈指数曲线模式，一般公式为：

$$y(x)=kx^n \qquad (4\text{-}1)$$

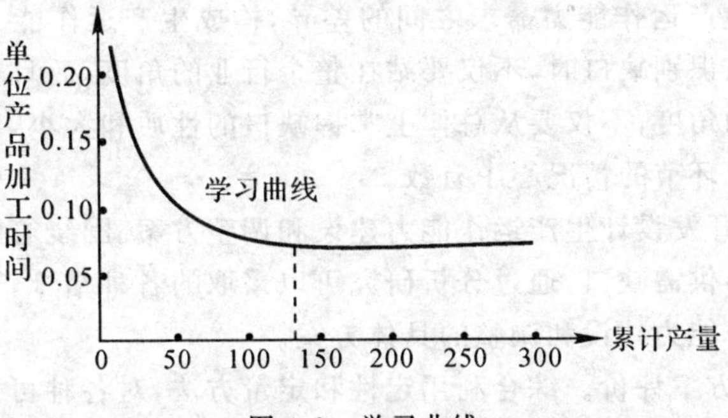

图 4-2 学习曲线

式中，x 为累计产量数；$y(x)$为生产第 x 个累计产量时的单位产品成本或加工时间；k 为生产第一个产品的单位产品成本或加工时间；$n=\ln\phi/\ln 2$，为学习指数；ϕ 为学习率，表示每当累计产量翻番时，单位产品成本或加工时间下降的幅度。学习率越小，意味着学习效应越显著，累计产量数量的变化对单位产品成本或加工时间的影响越大。

学习效应指导企业生产运作能力决策的一般原则是：学习效应越显著，扩大企业生产运作规模就越有利，因为可以加速提高产品的累计产量，缩短学习过程，尽早发挥效果；反之，适宜选择较小的生产运作规模。一般地，电子元件工业等高新技术行业和生产运作过程较复杂的行业，学习效应比较明显。

三、生产运作能力决策的程序

(1)估测未来的生产运作能力需求。适应市场需求的变化趋势是生产运作能力决策的一项基本原则。总结我国前几年出现的电冰箱生产企业遍地开花、许多重复引进的西服生产线濒临瘫痪状态、伴随 VCD 热出现的生产严重过剩等不正常现象，一个深刻的教训就是，生产运作能力决策必须符合未来的市场需求变化趋势。

(2)识别生产运作能力供需缺口。实际的生产运作能力规模和规划的生产运作能力需求之间的差异，构成生产运作能力的供需缺口。在识别缺口时，不仅要站在整个行业的角度，而且更要站在本企业的角度；不仅要从总体上掌握缺口的性质和大小，还必须对系统每个环节的情况心中有数。

(3)开发设计生产运作能力建设和调整方案。围绕着弥补生产运作能力供需缺口，通过分析研究可以采取的各种措施，开发设计生产运作能力建设和调整的具体方案。

(4)方案评价。综合利用定性和定量方法，对各种可供选择的方案进行系统评价，为最终决策提供科学依据。

第三节　生产运作能力战略

一、生产运作能力战略

(一)生产运作能力余力战略

100％减去生产运作能力负荷率的差值，被定义为生产运作能力余力。它主要用来说明生产运作系统留有的生产运作能力余地，直接揭示生产运作能力的弹性程度。显而易见，生产运作能力余力和生产运作能力的利用程度，实质上反映了同一个问题的两个方面。

生产运作能力负荷率越接近100%，即生产运作能力余力越接近0，说明生产运作能力的利用越充分。但从另外一方面看，如果生产运作能力平均负荷率总是非常接近100%，则极有可能是应该增加生产运作能力、或者将加大失去定单的机会、或者劳动生产率下降的信号。无疑，拥有一定的生产运作能力余力以满足市场需求和提高生产运作能力的利用程度是一对矛盾。围绕着解决这一矛盾，企业可根据不同的指导思想，选择高、中、低等不同水平的生产运作能力余力，形成不同的生产运作能力余力战略。

企业应该选择高、中、低生产运作能力余力战略中的哪一种比较合理呢？参考美国的统计数据，1948—1982年生产运作能力余力的平均值约为18%，其中，1966年最低，为9%；1982年最高，达30%；而最近几年有所下降，约为17%。具体决策时，应认真研究以下几个方面因素的综合影响：

(1)企业战略。若企业追求迅速交货的竞争优势，只有保持较高的余力才能做到快速响应，所以选择高余力战略比较合理。若企业追求低成本、低价格的竞争优势，只有保持较低的余力才能有效地防止生产运作能力闲置的浪费，所以选择低余力战略比较合理。

(2)市场需求的不确定性。这种不确定性有两层意思：一是不同时间的需求量的变动，当不确定性较大时，存在着明显的需求高峰和低谷的差异；另一是总的产品需求量比较稳定的情况下，对各种具体产品需求的不确定性，表现为产品组合上的差异。显然，为了很好地满足用户的需求，市场需求的不确定性越大，越需要生产运作能力保持较高的弹性，适宜采用高余力战略；反之，适宜采用低余力战略。

(3)企业的技术经济特点。资本密集型企业和劳动密集型企业具有不同的技术经济特点，直接影响着企业竞争的关键属性和市场需求的不确定性。例如，属于劳动密集型的百货商场，其节假日客流量远比平时为多，即便是在一天中也存在明显的客流高峰时间，而且不管怎样，顾客都非常重视“交货期”，等候超过几分钟时就感到难以忍受；相对而言，属于资本密集型的工程机械制造企业的产品需求比较稳定，不超过两个月的交货期被认为达到了优秀水平。再如，在资本密集型企业中，投资报酬率与生产运作能力余力密切相关，国外统计调查资料指出，生产运作能力余力高达30%以上的企业，投资报酬率平均仅为7%左右；随着余力降到15%～30%之间，投资报酬率平均上升到11%左右；当余力进一步下降到15%以下时，投资报酬率平均可高达17%左右。然而，在劳动密集型企业中这种关系却不明显。这说明降低余力是资本密集型企业降低成本的关键之一，但对劳动密集型企业而言作用可能并不突出。因此，资本密集型企业以低余力战略为主，劳动密集型企业以高余力战略为主。

(4)资源供应状况。当供应缺乏保证时，意味着生产经营环境的不稳定，选择高余力战略可使生产运作系统具有一定的缓冲余地，保证用户的需求在任何情况下都能得到满足。反之，生产运作系统不能正常运行的可能性大大减少，高余力也就失去了存在的价值。

(二)生产运作能力扩大的时机与规模战略

生产运作能力扩大的时机与规模密切相关，表现为生产运作能力扩大的规模一般随生产运作能力扩大的时间间隔的延长而增大。企业在选择生产运作能力扩大的时机与规模时，存在三种战略：扩张主义者和等看两种极端战略及处于两者之间的跟随战略。

1. 扩张主义者战略

如图 4-3(a)所示，扩张主义者战略实质上是以一种超前于生产运作能力需求的方式来扩大生产运作能力，而且扩大生产运作能力的时间间隔较长，次数较少，但每次扩大规模较大。这种战略一般会导致高生产运作能力余力的结果。以下因素支持企业采用这种战略：

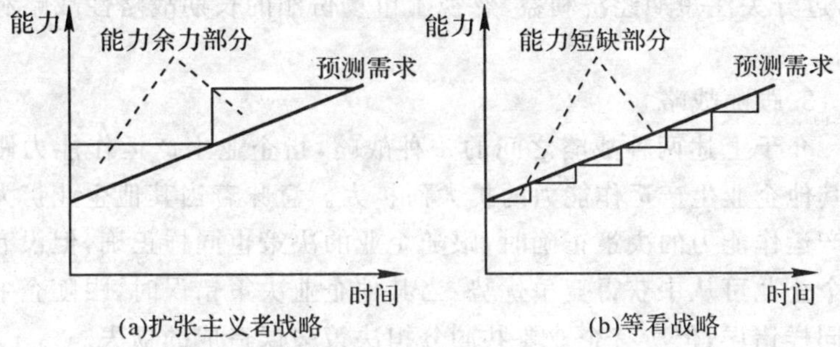

图 4-3　生产运作能力扩大的时机与规模战略

(1)规模经济和学习效应特别明显时，企业可通过这种战略有效地降低成本，在产品价格和交货期上获得突出的竞争优势。

(2)企业将扩张主义者战略作为先发制人、抢先占领市场的一种手段。企业通过低价和快速交货的竞争优势抢先开拓和占领市场，有利于在许多方面形成领先优势，对其他竞争对手进入市场设置障碍。当然，这种战略同时面临着可能因竞争对手的对抗行动、供过于求而造成的生产运作能力过剩和产品积压的风险。所以，评价、确认企业有足够的竞争实力是成功地实施这种战略的基础。

2. 等看战略

如图 4-3(b)所示，和扩张主义者战略相反，等看战略实质上是以一种滞后于市场需求的方式扩大生产运作能力，而且扩大生产运作能力的时间间隔较短，次数较多，规模较小。这种战略一般总是会导致存在一定的生产运作能力需求缺口，需要依靠加班、雇佣临时工、工作转包等短期调整措施来弥补。采用这一战略时，扩大生产运作能力的技术方案往往优先考虑对现有的设施和装置进行技术改造，而不是建设新的设施和装置。其突出优点是有效地消除了生产运作能力的闲置，提高了生产运作能力的利用率，大大降低了因技术变革而可能造成的生产设备过时的风险，防止出现非预期的竞争性对抗行为。但是，这种战略也被一些人批评为过于保守，过分关注短期经济利益，忽视了市场份额的长期战略性战略利益。

3. 跟随战略

介于上述两种战略之间的一种战略，指企业生产运作能力跟随其他企业生产运作能力的扩大而扩大。意味着当其他企业扩大生产运作能力的决策正确时，跟随企业的决策也同样正确，但没有一个企业可从中获得竞争优势；当其他企业决策错误时，跟随企业也同样错误，但所有企业要共同分担决策失误造成的损失。

二、服务能力战略

(一)服务能力战略的一般描述

服务企业的生产运作能力，通常称之为服务能力。服务能力战略，实际上研究的就是服务企业的生产运作能力战略的选择。

从服务的产出不能存储、服务过程密切影响服务质量、服务需求不确定性较大、服务过程多属于劳动密集型性质等特点出发，较普遍的观点认为，按照需求高峰或高出平均需求一定幅度的水平配置服务能力更为有利。因为这样既可以充分捕捉和利用生意机会，又能有效防止因服务能力紧张而严重影响服务产出质量、造成顾客流失的问题，争取尽可能大的竞争和战略利益。这意味着服务企业采用高生产运作能力余力战略和扩张主义者战略比较合适。

(二)服务需求均衡战略

在进行企业的长期生产运作能力决策时，人们习惯于仅仅从生产运作能力被动地满足市场需求的单一角度考虑问题，这实际上是一个误区。市场需求同样存在着一个适应生产运作能力的问题，企业应该增加对采取主动措施改变或影响市场需求的各种选择及效果的分析。这种双向思考和综合分析思想，会大大改善企业的生产运作能力决策。特别是对服务企业而言，由于服务需求的极不均衡性，提高服务能力的利用率和满足市场需求这对固有矛盾非常突出，因此，从战略高度认真研究均衡服务需求的措施，对搞好服务能力决策显得尤为重要。

常见的服务需求均衡战略有以下几种：

(1)维持一个固定的服务时刻表。适用于个性化程度低，但复杂性程度高的服务。例如，民用航班、长途汽车、铁路和轮船业务都是采用固定的服务时刻表，明确事先计划好的发运时间和在途时间，并公开发布，供顾客选择。同时，根据出票情况可以通过加挂车厢、增加临时班次来调整运输能力，也可以调整服务时刻表，以使其实际运载率维持在一定的水平之上。

(2)采用预约制度。适用于个性化程度较高的大多数服务。例如，国外的牙科和心理医生采用预约方式接待患者，既能够充分利用自己的时间，避免候诊室里滞留过多病人，保持良好的环境，又能节约病人的时间。可见，这种制度通过双方约定，允许对顾客提出的服务需求作出提前或推迟响应。

(3)推迟交付。通过推迟交付改变服务需求，可使不同时间的服务负荷趋于一致。修理业是推迟交付的典型例子。从顾客提出修理要求到将修好的物品交付顾客的这段时间，就是推迟交付的时间，其长短不但取决于修理工作的复杂程度，更取决于排队等候服务的顾客的数量。应该强调的是，尽管推迟交付可以均衡服务需求，但超出一定限度会严重影响服务质量，所以要注意通过加班、雇佣临时工、调整企业内部的工作与资源安排等措施，将推迟交付时间控制在合理的范围之内。

(4)在非需求高峰时提供经济优惠。有些服务，需求水平有明显的差异，存在突出的需求高峰。此时，企业可通过经济导向，起到刺激非高峰需求和抑制高峰需求、进而平衡需求的效果。特别是对依靠价格昂贵的设备提供的服务来说，若设备负荷较低，会使单位服务分担的设备成本过高，因此，通过提供经济优惠来扩大非高峰的需求，就显得非常重要。像电信公司的长途电话服务分时段、分节假日采用不同的收费标准制度，电力公司采用的峰荷时段电价高出谷荷时段电价好几倍的分时电价制度，都属于这种范畴。

三、生产运作能力决策的分析方法

(一)盈亏平衡分析

1. 生产运作能力规模的选择

盈亏平衡点对生产运作能力规模的选择是一个非常重要的参考标准。所谓盈亏平衡点，是指企业盈利与亏损的分界点，即通常所说的保本点。一般地，当产品的产量小于盈亏平衡点产量 Q^* 时，企业处于亏损状态；当产品的产量大于盈亏平衡点产量 Q^* 时，企业处于盈利状态，而且企业的盈利随着实际产量高出盈亏平衡点产量 Q^* 的增大而增大。显然，企业选择的生产运作能力规模必须高出盈亏平衡点产量 Q^* 一定的程度，这样才能为企业实际的产销量高出盈亏平衡点产量提供必要的空间，为企业盈利创造条件。

2. 不同生产运作能力规模方案的对比分析

生产运作能力规模选择是和生产运作系统的设计工作密切联系在一起的。为了获得理想的经济效益，生产运作系统设计需要考虑采用不同的生产运作工艺和设备的技术方案来实现不同的生产运作能力规模。一般地，当采用较先进的技术方案(如方案 A)时，所需固定资产投资较大，但会提高生产运作效率，降低材料和人工的消耗，结果是虽固定成本较高，但单位产品变动成本较低；反之，方案(如方案 B)所需固定资产投资较小，结果是虽固定成本较低，但单位产品变动成本较高。这种差异使得两种方案具有不同的盈亏特性，方案 A 的盈亏平衡点产量 Q_A^* 大于方案 B 的盈亏平衡点产量 Q_B^*。若两种方案的利润线的交点所对应的产量为 Q_0^*，则 $Q=Q_0^*$ 时，两种方案利润相同；$Q>Q_0^*$ 时，方案 A 的利润高于方案 B 的利润；$Q<Q_0^*$ 时，方案 A 的利润低于方案 B 的利润。这说明每种方案都有其各自的适用范围，产量越大，先进的生产运作系统越能显示出其优越性。

（二）决策树法

决策树法可以有效地帮助解决生产运作能力决策问题。例如，企业拟规划建厂生产新产品，由于市场需求具有很大的不确定性，故新产品上市后存在既可能销路好，也可能销路差的情况。那么，企业到底是建一座大厂好呢？还是建一座小厂好呢？或者是先建一座小厂，然后根据一段时间的实际销售情况决定是否再对工厂进行扩建好呢？每种方案都各有利弊，企业必须作出全面的分析：如果建一座大厂，当销路好时，有利于占领市场，取得较大的市场份额，获得较好的收益；但当销路差时，会造成生产运作能力的过多闲置，使工厂的收益不够理想，甚至出现亏损。如果建一座小厂，当销路差时，仍可获得一定的收益，有收回投资的保证；但当销路好时，不仅失去了获得高收益的机会，而且可能会因竞争中处于不利地位而限制企业生存与发展的空间。如果先建一座小厂，若试销期销路好时再进行扩建，看上去是一个比较稳妥的方案，但也存在一些问题，主要是在进入和占领市场方面有丧失先机的风险和缺陷，导致企业在竞争中处于被动地位，而且对同样的生产运作能力规模来说，两次投资的总和要大于建大厂的一次投资。

【例 4-1】 某企业拟建厂生产某种新产品，根据预测，新产品在未来 10 年的市场前景有两种可能：销路好和销路差，发生概率分别为 0.7 和 0.3。企业目前需要对建厂方案作出决策：是投资 500 万元建设服务期为 10 年的大厂？还是投资 200 万元建设服务期为 10 年的小厂？还是先投资 200 万元建设小厂，如果前两年销路好，再决定是否追加投资 400 万元将小厂扩建成服务期为 8 年的大厂？各方案的收益情况如表 4-1 所示。

表 4-1　各方案的收益

年收益（万元）/方案		市场前景	销路好		销路差	
		概率	0.7		0.3	
		年份	1～2	3～10	1～2	3～10
建大厂（投资 500 万元）			200	200	−30	−30
建小厂（投资 200 万元）	满两年扩建（追加投资 400 万元）		60	180	/	/
	不扩建		60	60	20	20

解：根据已知资料画出的决策树如图 4-4 所示。在此基础上，可计算各结点的期望值 S_i（图中结点上方数字），并作出决策。结论是舍弃建小厂方案，采纳建大厂的方案。关于决策树的详细介绍请参考有关文献。

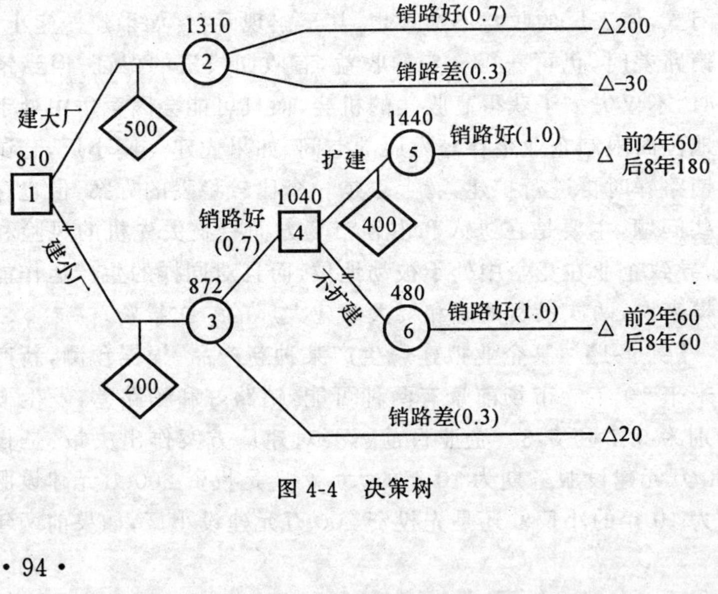

图 4-4　决策树

案例7 中国彩电全行业亏损之思痛

2001年1月4日，信息产业部有关人士向媒体证实，2000年我国彩电业首次出现全行业亏损。

20年来一直红红火火的彩电业何以落到全行业亏损的境地？业内人士认为，主要原因一是缺少核心技术，二是价格战。中国的彩电业是靠引进、消化、吸收国外技术成长起来的。在模拟技术时代，国产彩电与洋品牌彩电在技术上并无太大的差距，但是，当数字时代到来时，我们的彩电制造商拿不出高额的技术创新研发费用，国产彩电只是在数字概念上搞了些花拳绣腿，难免在竞争中处于劣势。洋品牌彩电向高空间含量、高附加值方向快速发展，2000年洋品牌彩电在中国的市场份额从10%上升到30%。

为什么我们的彩电制造商拿不出高额的研发费用？据说是价格战导致利润大幅度下滑。自1989年“长虹”首次降价以来，大规模彩电价格战有6次，小规模价格战不计其数。

为什么10年来中国彩电业一直都在打价格战？答案是非常明白的：供需关系失衡。目前，中国有87家彩电制造商，年生产能力5000万台，2000年仅销售3500万台。

且不说生产能力过剩，不能使成本保持在合理的区间而导致经济效益降低，就说为了争夺市场份额吧，哪家企业都不得不“浴血奋战”。供需关系的严重失衡，必然导致价格的变化；为了保住或扩大市场份额，降价是惟一的招数。

我们再探究下去。为什么中国彩电业生产能力会大量过剩？就全球而言，知名的彩电制造商也不过几十家，并且大多数已经进入我国，而我国的彩电制造商居然有87家。我们需要这么多彩电制造商吗？显然不需要。我们的市场容纳得了这么多彩电制造商吗？显然容纳不了。那为什么会出现那么多的彩电制造商呢？回答只能是两个字：失控。

家用电器产业是较早告别计划经济体制、较早实行市场化的产业。市场化的实行，给家电业的发展创造了自由广阔的空间。但我们实行市场化的水平不高，只注重开放，忽视了调控，致使供需严重失衡。

案例8 位置互换(游戏)

游戏目的

通过学生的亲身参与，引导学生深刻感悟有关的管理理论和理念。具体地，主要是从生产管理的角度，使学生加深对学习效应的认识。除此之外，游戏也可以使学生认识到管理，以及团队合作和战略联盟对保证组织正常运行，达成组织目标的重要性。

游戏内容

在空场地上将21把座椅成一排摆放，每把座椅代表一个位置。将同学分成两队，每队10人，分左右按一人一位坐在摆放好的座椅上(意味着最中间的一把座椅处于空置状态)。游戏开始后，各队队员按规则向相反一侧移动，直至坐到另一队队员原来的位置上。移动的规则是：

(1)顺次移动。对每个队而言，队员排列的前后次序始终不变(即排在后面的队员移动时不能超过排在前面的队员)。

(2)单向前进。每队只能沿一个方向前进，不允许前进后再向后退回到原来的位置。

(3)队员只有在以下两种情况下才能前进：①前方相邻位置为空位；②前方相邻一个位置为另一队队员，再前方位置为空位，即移动队员和空位之间相隔一位对方队员。

(4)完成位置互换的时间越短越好。

(5)重复游戏若干次以进行比较。

其他同学除挑选1名作为游戏的指挥外，都作为观察员认真观察游戏过程中队员的行为特征和重要事实，记录游戏完成时间。

游戏完成后，先请观察者描述有关情况，然后请指挥和队员描述自己的想法和行为，特别是行为变化情况。最后，一起分析导致游戏前后发生变化的原因，并讨论从游戏中可得到哪些启示。

【案例讨论题】

1.你从游戏中看到了哪些重要事实？分析其产生的原因。

2.你从该游戏中得到哪些启示？

【思考题】

1.你认为进行生产运作能力决策应关注哪些因素？结合实际分析指出我国企业在生产运作能力决策方面存在的误区。

2.讨论规模经济和学习效应对实际工作有何指导意义？

3.有人认为，“要发挥规模经济性，必然损害响应性”，这种说法是否正确？为什么？

4.分析评价“生产运作能力利用率越高越好”的观点。

5.生产运作能力调整有哪些战略选择？试加以分析比较。

6.你认为服务能力决策与制造性企业生产运作能力决策的最大差别是什么？

第五章　生产运作系统的空间配置

第一节　厂址选择的基本问题

一、厂址选择的类型

（一）单一工厂厂址选择

面对一个企业只有一个工厂的情况，最大特点就是单一工厂实际上处于一种独立状态。其厂址选择包括三种情况：

(1)建立新厂。建立新厂犹如“白纸作画”，限制较少，可以更多地从建设理想状态的工厂本身的角度设计厂址方案，具有相对广阔的选择空间。

(2)原址扩建。尽管不存在选址问题，但由于任何一个企业不可能在原址无限制地扩建下去，因此并不等于说不需要对工厂原址重新进行分析评价。

(3)搬迁建设。搬迁建设主要是因为原址缺乏扩展空间的客观条件限制而迫不得已为之。除此之外，也可能有其他方面的原因，如适应产品市场的迁移，克服当地原料资源逐渐枯竭的问题，降低劳动力成本和运输成本，满足环保和城市建设要求等。搬迁选址的目的明确，主要是针对造成搬迁的因素进行深入的分析，特别关注尽可能利用原来形成的基础和优势，同时有利于尽快恢复生产运作，减少搬迁费用和因搬迁出现的各种问题。

（二）多工厂厂址选择

多工厂厂址选择，实质上是从工厂网络的角度进行工厂选址。

也就是说，除了要考虑每个新厂本身内在因素的影响外，还必须研究工厂相互之间的关系及其对选址的影响，追求企业所有工厂构成的工厂网络的最优化。

在处理工厂相互之间的关系时，合理分配企业的资源和责任是其中的一个重要方面，一般借助工厂契约(plant charter)加以规定和明确。主要有以下四种战略模式：

1.产品型工厂

从满足整个市场的需要出发，只集中生产运作企业的一种或一个系列的特定产品。适用于下列产品：①生产运作过程特别需要一个好的工作环境、接近原材料产地或供应者；②外运成本较低。

2.市场区域型工厂

从满足一个特定的区域市场的需要出发(即以某个细分市场为目标市场)，生产运作企业的全部或大部分产品。这种工厂选址的基本原则就是接近目标市场，意味着当接近市场是工厂选址的关键因素时，应该优先考虑采用这种战略模式。具体情况如：①饮料、造纸、玻璃、炼油、管道等因生产笨重产品导致产品外运成本较高的行业；②快速交货和用户定做产品对获得竞争优势至关重要时。

3.生产运作过程型工厂

企业的整个生产运作过程可以按生产运作流程分成若干生产运作阶段，每个工厂只负责其中的特定阶段。除总装厂外，这种工厂专门生产运作中间产品性质的部件或半成品，供总装厂组装最终产品。与其他模式比，这种工厂有条件进行大批量生产运作，从而应用高度资本密集型的生产运作方式，发挥规模经济效应。尽管每个生产运作过程型工厂可能具有不同的工艺、不同的材料来源、不同的经营管理制度等，但相互之间客观上存在着十分紧密的联系。在汽车、石化企业中，生产运作过程型工厂较为常见。

4.通用型工厂

通用型工厂灵活性较大，既不固定生产运作某种产品，也不固定面向某一市场，往往根据市场的具体情况灵活地加以调整。因此，这种工厂的生产运作条件和工艺技术的柔性很强。小企业一般多采用这种模式，而大企业则很少采用，因为当企业发展到一定规模后，应用前面的三种模式，可以实现产品、市场或生产运作过程的聚焦生产运作，获得突出的优势。

二、厂址选择的影响因素

厂址选择的重要性无论怎样描述都不过分，因为厂址选择是否恰当，不仅显著地影响工厂的建设费用和建设周期，显著地影响企业产品的生产运作成本、价格和利润，显著地影响企业的综合竞争力，而且这种影响将持续相当长的时间。国内外大量成功和失败的事例从正反两个方面充分证明了这一点。例如，据美国对各类小企业的失败原因的调查，15%左右就是由于厂址选择不当造成的。

除了像采矿、伐木这样的特殊企业的厂址必须选择在原材料所在地外，绝大多数企业的厂址选择范围可以相当广泛，必要时可扩大到全球范围。为了获得一个合理、满意的厂址方案，必须对众多影响因素进行全面和深入的分析，主要有：

(1)劳动力条件。它包括劳动力的成本、质量(如劳动技能、劳动态度)、可获得性等方面。一般地，劳动密集型企业往往倾向于选择工资水平较低的地区建厂，自动化程度较高的企业往往选择靠近便于员工培训的区域。

(2)产品销售条件。厂址选择应尽可能地位于目标市场中心的附近，以提高响应性，方便和吸引目标顾客的购买。据有关资料，近期制造业的厂址选择实践出现了两种新趋势：一是在国外设厂，二是电子、服装等企业将日趋小型化的生产设施建在目标市场附近，一条重要原因就是为了对市场变化作出敏捷反应，实现快速交货，提高竞争力。

(3)供应条件。一方面，对原材料依赖性较强的工厂，尤其是那些生产运作过程中原材料重量消耗大的工厂，应按照“原材料指向”原则，尽可能靠近原材料产地。如火力发电厂应尽可能建在煤矿附近，造纸厂应尽可能建在森林附近等。另一方面，随着供应链管理思想的传播，厂址应尽可能选择靠近协作厂，且具有良好运输条件的地方。

(4)基础设施条件。主要是指供水、供电、供煤气、排水、“三废”处理的可靠性和方便性，以及通讯基础设施状况。特别是对那些需要大量用水的制药厂、酒厂、食品厂等，需要大量用电、用气的化工厂、钢铁厂等，水、电、气的来源保证和成本水平往往成为厂址选择考虑的首要问题。

(5)地理条件。这是一种制约厂址选择的客观因素，应避免在下列地质或地势条件不满足要求的区域选址建厂：地震中心或经常发生地震；易遭洪水及大雨淹灌；地面积水排放不畅；接近阴河或废弃矿坑；地基不能满足载荷未来工厂的厂房、建筑物、设备和设施的要求；空间面积不足或形状怪异，不满足未来工厂总平面布置和留有进一步发展余地的要求；地势或存在相当的坡度(超过5%)，或起伏不定，不够平坦，造成土地平整工作量过大；等等。

(6)气候条件。气候条件包括温度、湿度、气压、雨量、风向等。

(7)交通运输条件。拥有便利的交通运输条件，是厂址选择的一项基本原则。如钢铁、石油炼制等需要运输笨重物料的一类工厂，厂址应尽量靠近港口或铁路；涉及国际贸易的企业，厂址应尽量靠近航空港、海运港口或集装箱周转站，必要时优先选择在保税区内，以便于国际运输；一般企业的厂址应尽量靠近公路、铁路。

(8)科技依托条件。对技术密集型企业特别是高科技企业尤为关键。

(9)生活条件。生活条件包括硬件和软件两个方面，前者指住房、生活服务、体育娱乐、交通、银行、邮局等物质设施，后者指就业机会、社区文化及其开放性、人际关系、犯罪率等生活环境。

(10)环境保护条件。如严格控制在著名旅游风景区和民用水源附近建厂,居民区附近不宜建设噪音大的工厂等。

(11)地价和税收条件。

(12)政治和文化条件。它包括地方政府政策和立场,社区民众的态度,当地的政治、文化、语言、风俗等。尤其是在少数民族地区和国外建厂时,这一点必须牢记。

(13)原有工厂依托条件。

(14)扩展条件。

三、服务企业选址的关键因素

相对于制造企业而言,服务企业的选址更为重要。因为服务企业的选址很大程度上和目标市场选择工作相重合,意味着服务企业的位置一旦确定,也就等于确定了其目标市场。显然,位置的好坏在很大程度上直接决定了市场容量的大小,进而决定了企业的营业收入,最终决定了企业的生与死。

尽管评判服务企业位置的好坏涉及许多方面,但最最重要的因素是顾客获得服务的方便程度,这是由服务本身的特点所决定的。服务的便利性是服务企业竞争力的核心。因此,服务企业选址的关键是面向市场,以提高服务的便利性,促进顾客与企业的业务往来。例如,那些针对小范围市场的服务企业,如杂货店、理发店、修车铺、书报店等,常常是以居住村、居住区为目标市场,服务设施选在目标市场内、靠近居民公共活动场所的地方最为理想;那些服务于较大市场范围的企业,如大型商场、旅馆饭店、医院等,应尽量选址在位于目标市场内比较醒目,且交通便利、客流量大的地方。

四、厂址选择的程序

(1)明确厂址选择的目标。根据企业建厂的出发点或目的,明确厂址选择的目标，为确立厂址选择的指导思想和原则提供依据。

(2)收集、整理有关新工厂的数据资料。这些数据资料包括生产运作规模，占地面积，运输量，水、电、气的用量，对工程水文地质条件的要求，“三废”排放情况等，它们构成设计和规划厂址方案的约束条件。

(3)辨识厂址选择的主要影响因素。明确厂址选择的主要影响因素，围绕建厂目标和主要因素进行深入分析，建立评价厂址方案的具体标准和指标体系。

(4)选位。围绕初步选定的若干建厂地区或区域进行分析比较，确定合适的建厂地区或区域。

(5)开发厂址备选方案。对选位的地区或区域进行实地勘探和现场调查，提出若干具体建厂地点，供进一步研究。

(6)定址。应用定性和定量相结合的方法，对厂址备选方案进行科学评价，最终选定建厂地点。

第二节　厂址选择的评价方法

一、加权评分法

加权评分法在厂址选择中的应用步骤如下：

(1)把有关的影响因素列成一个清单。厂址选择的影响因素众多，只需列出主要的、使各厂址方案有明显差异的影响因素。

(2)确定每个影响因素的权重。根据每个影响因素在厂址选择中的重要程度，给出一个评价值，即权重。

(3)按照统一规定的评价标尺，制定各因素的评价标准。评价标尺一般用分数表示，规定好不同等级标度(如好、较好、一般、较差、差)的分数。评价标准是明确影响因素在不同等级标度或分数下应具备的特征，为下一步的评价打分提供指导准则。

(4)为各方案的各影响因素评分。利用掌握的资料，逐一分析各方案的各影响因素的具体表现，对照评价标准，给出评分值。

(5)汇总各方案得分，并根据得分高低，评判方案的优劣，排出取舍的先后次序。其中，各方案的得分为加权评分值。

表 5-1 是一个厂址选择的加权评分法示例。其中，方案 A 得分最高，为 80.5 分，应优先考虑；方案 C 次之；方案 B 最差。

表 5-1　不同厂址方案加权评分比较表

序号	影响因素	权重	厂址方案		
			A	B	C
1	建设费用	0.2	100	50	80
2	交通运输	0.18	70	50	90
3	原料供应	0.16	85	85	60
4	动力供应	0.14	65	40	75
5	发展余地	0.1	80	100	50
6	环境保护	0.08	50	100	75
7	协作条件	0.08	90	60	80
8	政治因素	0.06	100	80	90
总分			80.5	65.8	75.1
排序			1	3	2

应用评分法时必须注意以下几个方面的问题：①正确筛选厂址评价的影响因素；②正确辨识各影响因素的相对重要性，规定恰当的权重；③正确制定评分标准，并客观评分；④对每个影响因素和厂址方案必须达到的最低分数线要做到心中有数，从而当不满足这一条件时，企业可以选择停建新厂，或者选择重新规划厂址。

二、物料周转量分析法

(一)物料周转量分析法

在厂址选择时，许多影响厂址选择的因素与运输距离密切相关，如接近目标市场、接近原材料产地、接近协作厂等，其目的是为了缩短运输距离，减少物料周转量，降低运输成本。客观上存在的递推关系是：运输成本的高低取决于物料周转量，而物料周转量又进一步是由运输量与运输距离相乘得到。所以，在分析某个厂址的运输成本时，必须把运输量和运输距离两方面结合起来，对物料周转量这一复合指标进行深入研究。

物料周转量分析法，或称运输量—运输距离分析法，是一种在分析比较不同厂址方案的物料周转量指标的基础上进行厂址选择的方法。该方法以工厂流进和流出的总物流的物料周转量和运输成本的最小化为目标，由以下几步组成：

(1)设定坐标系，并用坐标 (X,Y) 标注出新厂物流的关联方和新厂厂址方案所在的位置。新厂物流的关联方是指其物料供应点和产品投放点，前者如原材料、燃料、协作件生产厂等，后者如目标市场等。如图 5-1 所示，A 表示备选厂址，B,C,D 和 E 表示新厂物流的关联方，括号内的坐标值明确了各自所处的位置。由于反映的是相对位置关系，故坐标系的原点和长度单位无关紧要，不会影响最终结果。

(2) 测度新厂与关联方之间的运输距离 d。实际工作中多采用计算简单的直线距离。直线距离等于两点的横坐标之差和纵坐标之差的绝对值之和。例如，A,B 间的直线距离 d_{AB} 的计算公式为：

$$d_{AB} = |X_A - X_B| + |Y_A - Y_B| \tag{5-1}$$

(3) 统计一定时期内（以能够代表工厂总体生产运作情况为宜，一般选择一年）发生在新厂与关联方之间的物流的运量 Q。

(4) 计算新厂的物料周转量 L。计算公式为：

$$L = \sum_{i=1}^{n} Q_i d_i \tag{5-2}$$

式中，Q_i 表示新厂与第 i 个关联方之间的物流的运量；d_i 表示新厂与第 i 个关联方之间的运输距离；n 表示新厂的关联方的数

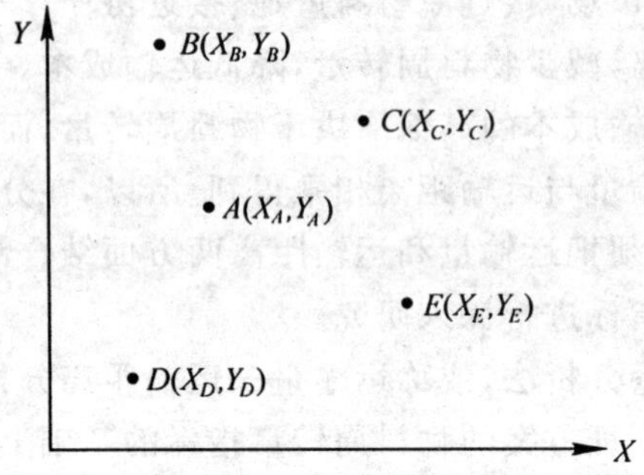

图 5-1　坐标图

目。

(5) 分析比较不同厂址方案的物料周转量，将最小值对应的方案作为首选方案。

仍以图 5-1 所示为例，设坐标的长度单位为公里，A，B，C，D，E 各点的坐标分别为(4,5)，(3,9)，(7,8)，(2,1) 和(7,3)，则根据式(5-1) 可求出 A 与 B 之间的运输距离为：

$$d_{AB} = |4-3| + |5-9| = 5(\text{公里})$$

同理，A 与 C、D、E 之间的运输距离分别为：$d_{AC}=6$ 公里，$d_{AD}=6$ 公里，$d_{AE}=5$ 公里。若 A 与 B，C，D，E 之间物流的年运量分别为 600、800、500 和 200 吨，则根据式(5-2) 可计算出将厂址设在 A 点时的年物料周转量为：

$$L_A = 600\times5 + 800\times6 + 500\times6 + 200\times5$$
$$= 11800(\text{吨公里})$$

同理可计算出其他厂址方案的物料周转量。在此基础上，可比较其大小，对各方案的优劣做出评判。

(二)“重心”法

“重心”法是物料周转量分析法的简化形式，是通过对新厂物流 所有关联方的空间位置及其运量的分析，将根据重心原理计算出的“重心” 直接作为新厂厂址。由于不需要事先设计备选厂址方案，省略了大量的分析计算工作，且按重心选定的厂址的物料周转量接近最小，故在实践中更受青睐。

重心坐标(X_0,Y_0) 的计算公式为：

$$X_0=\frac{\sum_{i=1}^{n}Q_iX_i}{\sum_{i=1}^{n}Q_i} \tag{5-3}$$

$$Y_0=\frac{\sum_{i=1}^{n}Q_iY_i}{\sum_{i=1}^{n}Q_i} \tag{5-4}$$

式中，X_i,Y_i 表示第 i 个关联方的坐标值，其他符号含义同上。

仍举上例，可求出重心 W 所在位置为：

$$X_0=\frac{600\times3+800\times7+500\times2+200\times7}{600+800+500+200}=\frac{9800}{2100}=4.7$$

$$Y_0=\frac{600\times9+800\times8+500\times1+200\times3}{600+800+500+200}=\frac{12900}{2100}=6.1$$

由式(5-1) 可知 W 和关联方 B,C,D,E 之间的距离分别为 4.6，4.2，7.8 和 5.4，则将厂址设在 W 时的物料周转量为：

$$\begin{aligned}L_W&=600\times4.6+800\times4.2+500\times7.8+200\times5.4\\&=11100(\text{吨公里})\end{aligned}$$

与将厂址设在 A 点进行比较，显见 $L_W<L_A$，即 W 厂址优于 A。

最后需要强调两点：其一，仅当生产运作费用成为影响厂址选择的十分重要因素，且运输成本在生产运作费用中占有较大比重时，上述方法才比较适用；其二，据此选择的厂址，只能当作一种初步方案建议，还需要进一步结合其他影响因素和实际条件进行综合的、深入的分析，才能作出最终决策。例如，尽管厂址设在某个地方时，物料周转量较之设在重心位置为大，但由于可以方便地利用水运，反而运输成本较低；或者该地拥有更好的劳动力条件、基础设施条件，都可能使决策结果改变。

需要指出的是，对多工厂厂址选择问题，可应用线性规划或运输模型方法加以解决。运筹学对线性规划和运输模型有系统地讲解，这里不再赘述。

第三节 工厂布置的基本问题

一、工厂布置的内容与目标

（一）工厂布置的含义

工厂布置，就是对企业内的各种物质设施进行优化设计和安排，目的在于将它们按照合理的空间方式有机地结合在一起，保证工人和设备的有效运作，提高企业的经济效益。

工厂布置是生产运作系统设计的一项综合性工作，是在厂址选定和生产运作单位确定之后，对企业的生产车间、厂房建筑、机器设备、运输设施、公用设施、办公设施等物质设施所进行的空间组织。换言之，工厂布置是对工厂全部活动所需空间作出的计划，实际上回答了以下几个相关问题：企业应该包括哪些物质设施？每种物质设施的数量应该是多少？每种物质设施应该布置多大的空间？每种物质设施应该布置在哪里？这些问题的答案，除了取决于企业生产的产品品种、数量、生产运作过程等因素外，还取决于企业对工厂布置的战略性问题的考虑，如针对目前的实际需要还是未来的发展需要，利用单层建筑还是多层建筑，选择哪种生产运作类型，突出哪种评判标准，等等。准确地把握这些问题，对搞好工厂布置是非常必要的。

综上所述，工厂布置不仅规定了各物质设施所占空间的大小及其空间相对位置，而且相应地决定了工人开展生产运作活动的具体场所，决定了企业的物料流程、运输方式和运输路线。因此，工厂布置是关系到工作环境和企业生产运作物质基础的一项重要工作，对保证企业的产品质量、缩短运输和生产运作周期、降低生产经营成本、提高生产运作系统的应变能力具有十分重要的意义。

(二)工厂布置的内容

工厂布置包括平面布置和立体布置，平面布置是主要内容。平面布置分为工厂总平面布置和车间平面布置两部分。

1. 工厂总平面布置

根据已选定的厂址和厂区地形，从整个工厂的角度对各种物质设施进行最合理的安排。其中心内容是企业的各种物质设施的布置设计，决定各生产运作单位在工厂总平面图上的相应位置和面积，决定最优工艺路线、物料流程以及厂内外运输方式和设施。

2. 车间平面布置

根据车间应承担的生产运作任务，合理确定车间内部各工段、班组、工作地等组成单位的相互位置和面积。进一步分为车间总体布置和设备(工作地)布置两个阶段。

(1)车间总体布置。这是车间平面布置的第一个阶段，任务是确定车间各组成部分的相互位置。一般说来，生产车间由六个部分组成：①进行产品和零部件加工的生产运作部分；②提供辅助生产运作的辅助部分；③存放各种物料的仓库部分；④过道部分；⑤车间管理部分；⑥满足职工更衣、休息、盥洗需要的服务部分。车间总体布置的运作与工厂总平面布置基本相同，只不过涉及的因素较少，考虑问题更具体。

(2)设备(工作地)布置。它的任务是根据生产运作工艺流程，合理确定各种生产设备的位置。在对每台设备进行具体布置时，要协调好人—机—环境之间的关系，做到既节省空间面积，又使工人的操作便捷省力、安全舒适，以提高生产运作效率。设备布置是整个工厂布置的核心和基础问题，生产运作过程的效率、柔性和经济性等重要竞争属性，都需要通过优秀的设备布置来保证。

(三)工厂布置的目标与原则

工厂布置的目标，是把工厂所有的物质设施安排成一个最佳的"生产运作方程式"或生产运作体系，实现工作地、设备、物料和工人的最佳结合，从而以最经济的方式满足生产运作要求，提高企业的经济效益。具体包括：最少的物料搬运(最短距离的运输路线和最低限度的搬运次数)；最大的灵活性；最有效的空间(面积)利用；最方便、舒适、安全的工作环境；最合理的发展余地。

为实现工厂布置的目标，具体工作必须坚持以下指导原则：

(1)符合生产运作过程的要求。厂房、设施和各种建筑物的配置，特别是生产车间和设备的配置，应当符合生产运作过程的工艺顺序，便于合理组织生产线。

(2)使物料运输距离最短。应使那些具有密切的生产运作联系和协作关系的物质设施尽量靠近，按照物流布置运输路线，尽可能避免交叉运输和重复往返运输。

(3)有效使用厂房面积。例如，充分发挥多层建筑、立体布置的优点，将平面布置和立体布置有机地结合起来，以及尽可能紧凑布置等，都是行之有效的手段。

(4)便于整体协调与管理。一方面，物质设施配备的数量应和产品产量和物料流量相适应，相互间保持合理的比例关系；另一方面，每种物质设施的位置不能孤立地确定，应考虑相互间协作的方便性，有利于进行整体管理，实现整体最优。例如，按功能将厂区、车间划分为不同的区域，像工厂的加工区、动力区、办公区、服务生活区、物料运输专用道路和厂门等，车间内的生产运作区、办公区、过道、工具与备件库、休息区等。

(5)保持灵活性，适应企业发展变化的要求。要求工厂布置必须留有一定的余地，从而可以以较少的投资和代价作相应的调整。

(6)有利于创造良好的工作环境。为保证职工的身心健康，工厂布置必须认真研究生产运作过程的安全性，配置好防火、防毒、防爆、防污染、传动防护等设施，满足工作现场的采光、照明、卫生、取暖和通风等要求，减少噪音和振动的影响，同时，要注意厂区绿化与美化，追求工厂布置的艺术美观效果。此外，工厂布置还必须重视保护生态环境，妥善考虑“三废”的处理和与周围社区环境文化的协调问题。

二、工厂布置的影响因素分析

工厂布置是全面反映生产运作系统设计各方面工作结果的一项综合性工作，影响因素众多，主要有：产品品种、数量和质量要求；生产运作过程与生产运作单位的构成；企业规模与生产运作类型；厂址与厂房建筑；企业发展规划；安全与环保要求；等等。下面仅对生产运作过程和生产运作类型两个因素进行讨论。

（一）工厂布置的对象——物质设施的确定，在很大程度上取决于企业的生产运作过程

工厂物质设施的功能和意义就在于完成一定的生产运作过程，根据“系统功能决定系统结构”的决策思路，选择物质设施时必须从企业生产运作过程的实际构成出发，做到一一对应。例如，就其中的生产运作单位而言，对应于企业的基本生产运作过程、生产运作技术准备过程、辅助生产运作过程和生产运作服务过程等几个组成部分，必然相应地设置有基本生产运作单位（如机械制造企业的毛坯车间、机械加工车间、装配车间等）、生产运作技术准备单位（如研究所、新产品试制车间、产品设计部门等）、辅助生产运作单位（如工模具车间、机修车间、动力部门等）、生产运作服务单位（如仓库、运输车队、计量与检测部门等）等。这种对应关系表明，如果企业的生产运作过程构成不同，其生产运作单位组成、所用设备等都会随之发生变化，即工厂布置将面对不同的物质设施。

导致企业生产运作过程构成不同的主要因素有：产品不同；虽

然产品相同，但采用的生产运作工艺不同；虽然产品相同，但生产运作范围不同；虽然产品相同，但产量不同，生产运作类型不同。

（二）工厂布置方案的选择与评价必须以合理组织生产运作过程的实际要求为标准

由于不同的工厂布置将使生产运作过程依赖不同的物质基础，直接改变着生产运作过程的属性，影响战略的实施效果，所以，以合理组织生产运作过程的实际要求为标准对工厂布置方案进行选择与评价，既是保证战略实施的客观要求，也反映了工厂布置和生产运作过程之间的紧密联系，便于实际操作。

为了使生产运作过程做到流程最短、时间最省、资源最有效利用、效益最佳，必须保持生产运作过程的连续性、比例性、节奏性、平行性、适应性、经济性。这“六性”特征既是衡量生产运作过程先进合理性的主要标志，也是合理组织生产运作过程的基本要求。

当然，上述基本要求只是一般意义上的总体概括，对不同的生产运作过程而言，还必须结合实际情况有所侧重，突出其中的某些方面。例如，采取低成本战略的企业，其生产运作过程特别强调连续性和比例性；实施产品领先战略的企业，其生产运作过程尤为关注适应性；而追求快速交货的企业，其生产运作过程非常重视平行性；等等。所以，在选择与评价工厂布置方案时，各项要求的权重并不是固定不变，需要结合实际情况进行调整。

（三）生产运作类型的影响

企业的生产运作类型不同，意味着生产运作系统功能目标的侧重点不同，要求采用不同的模式开展生产运作系统的设计与运行管理。因此，生产运作类型是进行工厂布置的一项重要约束条件。

例如，对服务性企业，工厂布置必须为提高顾客获得服务的便利性的目标提供支持，特别是顾客接触服务系统的特性，要求工厂布置必须把顾客的活动空间作为重要对象之一给予充分重视，并注意营造使顾客感到舒适、亲切、温馨的环境氛围。大商场安装自动电梯，书店开辟“读书角”，银行柜台前设置一米安全区等，都体现了这种思想。再如，零售商店的布置，为实现单位店堂面积或单位过道长度的利润最大化的目标，往往根据各种商品的出售速度决定其占用货架空间的大小，同时将吸引顾客的抢手商品进行分散布置，以向顾客最大限度地展示商店的商品，而将那些进销差价较大的非必需品则摆放在走廊尽头等不显眼的位置。

在流程型企业中，工艺过程是连续进行的，各生产运作环节联系紧密，且加工顺序固定不变，生产设施必须按工艺流程布置以形成流水式生产运作，没有别的选择。

比较大量大批、成批和单件小批三种生产运作类型可以发现，大量大批的突出优势在于生产运作效率高，因此既有可能，也有必要采用高效的专用生产设备，并将它们按工艺路线要求以生产线或流水线的形式排列，根据对象专业化原则进行工厂布置。单件小批的突出优势在于较强的适应产品品种变化的能力，故为了使生产运作过程保持最大限度的柔性，应采用万能的通用型生产设备，并按工艺相似性要求以机群式排列，根据工艺专业化原则进行工厂布置。成批生产运作的工厂布置，则介于大量大批和单件小批之间。

三、工厂布置的基本类型

工厂布置的基本类型，代表了处理物质设施之间相对关系的基本原则，因此，选择合适的工厂布置类型，是工厂布置的一项重要战略决策。工厂布置大致可分成以下四种基本类型：

(一)工艺专业化原则

工艺专业化原则又称工艺式布置，是指按照工艺原则进行工厂布置，即根据工艺的性质设置单位，把执行同一类功能的设施和人员组合在一起，安排在同一区域。此时，在同一单位中集中了相同类型的工艺设备和工人，来完成生产运作过程中的某一工艺阶段，实现了对不同产品和零部件的相同或相似工艺的加工。例如，纺织厂划分为纺纱车间、织布车间、印染车间；机械加工车间把各类机床分别集中组成车床工段、铣床工段、钻床工段、磨床工段等。许多服务性企业也采用工艺专业化原则，如商场分成文化用品、食品、服装、五金、家用电器、化妆品等层面和柜台；医院分成内科、外科、五官科、化验室、注射室等。这种布置形式适用于单件小批生产运作类型。

(二)对象专业化原则

对象专业化原则又称产品式布置，是指按照对象原则进行工厂布置，即根据加工的对象设置和安排单位。换言之，它把同类产品或零部件的全部或大部分工艺过程集中在一个单位内。因此，这样的单位包括了生产运作所需的各种不同类型的生产设备和不同工种的工人，且所有生产设备和工作地按加工对象的工艺路线顺序进行排列，实行封闭生产运作。封闭生产运作的意思，是指每个单位要完成对同一零部件或产品的所有各种加工。例如，汽车厂设有底盘车间、发动机车间、装配车间等；电子产品厂设有晶体管车间、集成电路车间、电容车间等。当然，对象专业化原则最典型的例子是流水生产线。这种布置形式适用于大量大批生产运作类型。

上述分析表明，工艺专业化原则和对象专业化原则分别代表了对生产运作过程的柔性和效率目标的两种极端考虑，具有明显的对应关系。两种布置类型比较如表 5-2 所示。

(三)混合式布置

工艺专业化和对象专业化原则都有各自的优缺点，也有各自的应用条件限制，所以，在实际工作中，很少采用某种单一类型，而是将两者结合起来，以博采众长，综合它们的优点，同时避免其缺点。这就是混合式布置的含义所在。例如，有些企业尽管每种产品的需求量较小，但通过零部件分解发现有一些零部件的需求量很大，这些零部件就可以按照对象专业化原则进行工厂布置，组织流水线生产，而其他需求量小的零部件则采用工艺专业化原则。

表 5-2 工艺专业化原则和对象专业化原则的比较

项目	工艺专业化原则	对象专业化原则
优点	1. 设备应用面广，利用率高； 2. 有利于工艺管理； 3. 部分设备停歇不影响正常生产运作； 4. 对产品品种变换的适应性强。	1. 加工路线短，节约运输资源； 2. 产品等待时间减少，生产运作周期短，流动资金占用少； 3. 物料流程简单，有利于保证完工周期和质量； 4. 工人素质要求专门化。
缺点	1. 加工路线长，运输费用高； 2. 生产运作周期长，流动资金占用多； 3. 物料流程复杂，不便于管理； 4. 不利于保证完工周期和质量； 5. 工人素质要求高。	1. 设备专用性强，利用率低； 2. 不利于工艺管理； 3. 生产运作过程易受影响； 4. 生产运作灵活性差。
适用范围	单件小批生产运作类型	大量大批生产运作类型

特别需要强调的是，随着企业生产运作不断引入成组技术、数控加工技术、柔性制造系统等先进生产运作和组织技术，一种称为制造单元(Manufacturing Cell 或 Cellular Manufacturing)的布置形式发展很快，越来越受到关注，被认为代表了工厂布置的一种未来发展方向。所谓制造单元布置，就是根据零件加工的相似性，把有关设备按照一定的零件族(组)的工艺要求进行集中布置，形成一个相对封闭的制造单元。因为零件在制造单元上的加工是流水式生产，但从整个工厂来说并非如此，所以，制造单元实质上是一种先进的混合式布置形式。制造单元布置融合了工艺专业化原则和对象专业化原则的优点，既能很好地适应产品品种的变化，具有较高的柔性，又能大大减少零件在加工过程中的移动距离和运输量，缩短生产运作周期。

(四)定位式布置

就是将产品或加工对象固定放置，将设备和使用的材料按加工顺序以及移动的困难程度环绕其作同心圆的布置。换言之，在整个加工过程中，产品作为圆心保持不动，设备按加工顺序移动。其适用于产品（或加工对象）难以移动、加工件数少、工序时间长、设备简单的情况，典型的如飞机、轮船、某些手工艺品的生产加工等。

第四节 工厂布置的系统分析

一、工厂布置的程序

（一）收集资料

一般应包括以下几个方面的资料：

（1）基础资料。如厂区地形、面积、自然条件、地质及水文等资料，原材料供应和产品销售情况，建厂计划书、协议书资料等。

（2）生产运作单位的配置情况。它指企业生产运作系统中的具体生产运作单位组成，即包括哪些基本生产运作单位、辅助生产运作单位、生产运作服务单位等。

（3）生产运作系统图。它是关于企业生产运作系统各组成部分之间的生产运作联系和物料流向的简图，简要地表明了企业产品的生产运作过程和各组成部分之间的联系。

（二）模型布置

工厂布置是一个反复试验、布置、修改、再布置的过程，需要借助模型布置的设计方法形成布置方案。模型布置通常有两种方式：其一，按照比例关系和形状轮廓，用工厂各组成部分的纸片或塑料模板，在工厂平面图上进行模拟布置。其优点是直观、简单、所花费用少；缺点是只有平面布置，不能解决立面布置问题。其二，把厂区地形制成沙盘，用塑料或其他合适材料把工厂各组成部分制成模型，通过在沙盘上移动模型进行布置设计。其优点是直观、方便，克服了上一种方式不足，不仅有平面布置，而且有立面布置，更便于理解方案;缺点是制作模型的费用较高。

模型布置首先必须明确两个关键问题:一个是各组成部分的面积大小。要在专业人员的帮助下不仅计算出无条件约束时各自需要的面积,而且要通过和厂区现有面积的平衡,确定应该布置的面积。另一个是各单位之间的相互关系。这种关系主要是由生产运作过程中的物流、人流、信息流等所形成,对工厂布置时决定各单位的相对位置极为重要。

模型布置的一般顺序是:首先安排主要生产车间和有特殊作业要求的车间及设施;其次,安排主要过道,要使它有足够的宽度,两端要和厂外铁路或公路相连,中间要和各车间大门相连;再次,根据各组成部分的相关程度,安排其他辅助部门和次要过道。

(三)方案选择

由各方面专业人员组成评价小组,定性和定量评价相结合,从模型设计所提出的若干初步方案中选择一个最满意的方案。

二、工厂布置的方法与模型

(一)物料流量分析法

伴随着产品的生产运作过程,生产运作系统中流动着不同形态的“流”,如物流、人流、信息流、现金流等。工厂布置必须努力使这些流的流动畅通无阻、经济合理。所谓物料流量分析法,就是从使生产运作过程中的物料流量和运输费用最小化的目标出发进行工厂布置的一种方法。

按工艺专业化原则布置,物流往往比较复杂和多变,各组成部门的相对位置是否合理,直接影响物料运输费用的高低。一般说来,只要使相互间物流量大的部门尽量靠近布置,就可能降低物料运费。因此,对各部门之间的物料流量进行分析,是寻求最优的工艺专业化原则布置方案的关键。但当按对象专业化原则布置时,物料的流动方式是固定的,比较单一,物料的流量分析就意义不大了。所以,物料流量分析法适用于按工艺专业化原则布置的情况。

(1)根据产品生产运作的工艺流程,确定物料在生产运作过程中总的流动方向,并绘制相应的物料流向图,如图 5-2 所示。该工作在已经选定好的专业化类型和工艺过程路线的基础上进行。

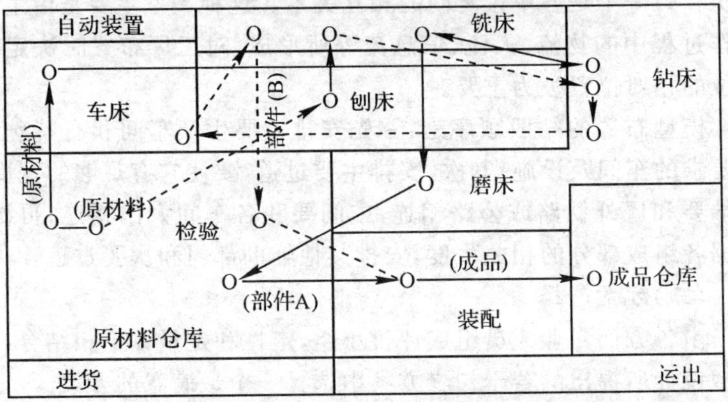

图 5-2　某生产运作过程物料流向图

(2)分析单位时间内各单位之间的物料运量,绘制物料运量表。表 5-3 是一个物料运量表的例子。还可以在此基础上,画出表示物料流量的相关线图,如图 5-3 所示,以便更清晰、直观地反映问题。

表 5-3　每日物料运量表

从车间 至车间	A	B	C	D	E	F	总计
A		6		2	2	4	14
B			6	4	3		13
C		6		6	4	4	20
D			6		2	4	12
E				1			1
F		3	4				7
总计		15	16	13	11	12	67

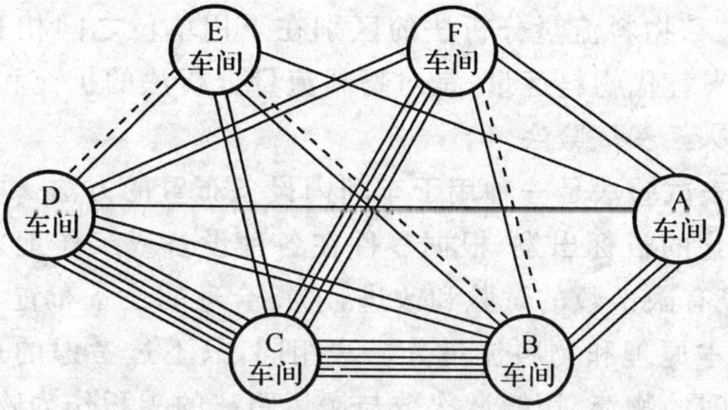

图 5-3 运量相关线图

(3)根据物料运量大的单位尽可能靠近的原则进行工厂布置。例如，由表 5-3 和图 5-3 可知，C 车间与 B，D，F 车间之间运量较大，且 C 车间是问题的中心，故工厂布置应优先考虑安排 C 车间，并尽可能将 B，D，F 车间布置的靠近 C 车间。布置可分为两个阶段：第一阶段暂时不考虑各单位的具体面积，只根据相互间的流量大小确定各单位的相对位置，得出如图 5-4 所示的工厂布置示意图；第二阶段把各单位的具体面积反映到工厂布置示意图中，结合实际的厂区平面图完成最终布置。

D	C	B
E	F	A

图 5-4 工厂布置示意图

(二)生产运作活动关系分析法

该方法根据各单位之间相互关系的密切程度进行工厂布置。因为生产运作系统中各单位之间的关系，除了物流的原因之外，还存在人流、信息流等其他流的原因，以及很多其他因素的影响。例如，在办公室工作中，搬动文件的重量通常不是主要的考虑因素，更重要的是围绕信息交换和处理的各种因素，如工作相似性、必须面对面交谈、使用同一台办公设备、使用同一个硬拷贝文件等。可见，该方法和物料流量分析法的区别在于用单位之间相互关系的密切程度来替代物料运量，是对物料流量分析法的扩充和改进。

(三)从至表试验法

从至表试验法是一种用于车间内设备布置的方法。它从物料流量最小化的目标出发，根据零件在各种设备或工作地之间移动的次数，经有限次数的试验和改进，求得合理的设备布置方案。该方法的基本原理和物料流量分析法相同，只不过考虑的是设备或工作地之间的物流，用搬运次数与搬运距离的乘积作为物料流量。这里不再展开。

案例 9 肯德基选址

综合肯德基公司的宣传资料和媒体报道，肯德基把快餐店选址作为其经营的首要因素，对快餐店选址非常重视，采用地方公司和总部两级审批制。其选址成功率几乎是百分之百，被认为是肯德基的核心竞争力之一。

肯德基的选址决策的具体步骤如下：

(一)商圈的划分与选择

1. 划分商圈

肯德基计划进入某城市，就先通过有关部门或专业调查公司收集这个地区的资料，以全面掌握其真实情况。一旦需要的资料齐全了，就开始规划商圈。

商圈规划采取的是记分的方法。例如，对该地区有几个大型商场，商场营业额多少，有无公交线路和车站，有无地铁线路和车站等因素都要考虑，对应着应该加多少分都有明确规定。这些分值标准是多年平均下来的一个较准确经验值。

通过打分可把商圈分成好几大类。以北京为例，有市级商业型(西单、王府井等)、区级商业型、定点(目标)消费型、还有社区型、社区/商务两用型、旅游型等等。

2. 选择商圈

该工作就是确定目前重点在哪个商圈开店，主要目标是哪些。在商圈选择的标准上，一方面要考虑餐馆自身的市场定位，另一方面要考虑商圈的稳定度和成熟度。尽管某个地方今后有可能成为成熟商圈，但肯德基坚持比较稳健的原则，一定要等到商圈成熟稳定后才进入。因为肯德基投入一家店要花费好几百万，要保证开一家成功一家，况且还存在机会成本的问题。

(二)聚客点的测算与选择

1. 确定商圈的最主要的聚客点

这实际上就是找出顾客最习惯、最容易聚集的地点。例如，北京西单是很成熟的商圈，但不可能西单任何位置都是聚客点，肯定有最主要的聚集客人的位置。肯德基开店的原则是：努力争取在最聚客的地方或其附近开店。

过去古语说"一步差三市"。开店地址差一步就有可能差三成的买卖。这跟人流活动的线路有关，可能有人走到某地前该拐弯，则这个地方就是客人到不了的地方，也就谈不上消费。所以，差不了一个小胡同，生意会差很多。这意味着选址时必须认真考虑人流活动线路因素的影响。

人流活动线路是怎么样的，在这个区域里，人从地铁出来后是经哪个方向走等等，肯德鸡都要派人去掐表，去测量，有一套完整的数据之后才能据此确定地址。比如，在店门前人流量的测定，是在计划开店的地点掐表记录经过的人流，测算单位时间内多少人经过该位置。除了人行道上的人流外，还要测马路中间和对面的人流量。马路中间的只算骑自行车的，开车的不算。是否算马路对面的人流量要看马路宽度，路较窄就算，路宽超过一定标准，一般就有隔离带，顾客就不可能再过来消费，就不算对面的人流量。

肯德基将采集来的数据输入专用的计算机软件，就可以测算出,在此地投资额不能超过多少,超过多少这家店就不能开。

2.分析人流活动线路是否会被竞争对手截住

因为产品极其相似,人们现在对品牌的忠诚度还没到说“我就吃肯德基,看见麦当劳就烦”的程度,所以,只要你在我眼前,我就先进你这儿消费了,不会再往前走非去到你那儿吃不可。除非这里面的人特别多,找不着座了才会往前挪挪。人流活动是有一个主要线路的,如果竞争对手的聚客点比肯德基选址更好,就会影响肯德基的经营。

3.聚客点选择影响商圈选择

聚客点的选择也影响到商圈的选择。因为一个商圈有没有主要聚客点是这个商圈成熟度的重要标志。比如北京某新兴的居民小区,居民非常多,人口素质也很高,但据调查显示,找不到该小区哪里是主要聚客点,这时就可能先不去开店,当什么时候这个社区成熟了或比较成熟了,知道其中某个地方确实是主要聚客点了才开。

为了规划好商圈,肯德基开发部门投入了巨大的努力。以北京肯德基公司而言,其开发部人员常年跑遍北京各个角落,对这个每年建筑和道路变化极大、当地人都易迷路的地方了如指掌。经常发生这种情况,北京肯德基公司接到某顾客电话,建议肯德基在他所在地方设点,开发人员一听地址就能随口说出当地的商业环境特征,是否适合开店。

【案例讨论题】

肯德基的选址工作对我们有什么启示?

案例10 1/3效应

如果有一条商业街或路边有一溜大排档有铺位出租,你想租一个铺位开店,那么,租哪段位置的铺位最好呢?

或者许多想当老板的人有这样的心理：租路口或街口当头第一间，截住顾客，先吃头啖汤，生意一定最好！

如果你这样选择，那就错了，大错特错！因为老板的心理不同于顾客的心理，老板想多赚钱而顾客却想少花钱，两者的心理恰恰是相反的。你想生意好，必须从顾客的心理去考虑。

在得出答案之前，先给你讲个小实验：某班分到两张音乐会的票，大家都想去，于是只好抽签。签做好后，班长要了个小花招，将签排成一排，让同学们先抽，以示公平，剩下最后一张才是他的。同学们一个个把签抽走，全是空白，最后，一行签仅剩下第一张和最后一张，两张都写着"有"字，可见班长并未骗人，他也得到了如其所愿的一张票。

其实班长只搞了个小小的心理战，因为大家都觉得，总的来说，抽哪个签机会都差不多，但对第一个和最后一个大家心理上就会有一点儿抗拒：不可能那么巧，两张票就会落在最前和最后！于是，在没有特别心理提示的情况下，绝大多数人都觉得从中间随手抽一张机会大些。

让我们再回到铺位选择上来，当顾客走进一条商业街时，通常不甘心在第一间店便成交，他总得走走看看，货比三家，怕自己上当。当走得差不多了，看也看过了，比也比过了，便会找一间成交，通常不是最前和最后。如果这条街是一眼看到头的，多数人也不会特意选最中间，而是两头的 1/3 处机会最大。而价格几乎一律相同的日用小摊挡，如青菜摊、凉茶摊之类情况与此相反，那是顾客越方便的摊位越好。

这里说的是一般情况，如果你经营得特好或特差，在熟客中造成了很大的声誉差距，情况就会发生变化。

【案例讨论题】

对照个人实际经历，对"1/3 效应"进行分析评价。

【思考题】

1. 厂址选择应考虑哪些影响因素？

2. 敏捷制造的思想如何影响厂址选择决策？

3. 有人指出，“服务设施地点在相当大程度上决定着服务企业的生死”，你认为这种说法有无道理？为什么？

4. 你认为应该从哪些方面评价工厂布置的好坏？

5. 叙述工厂布置的工艺专业化原则和对象专业化原则两种基本类型，并进行分析比较。

6. 走访一家大型书店或商场，对其布置进行分析讨论，并提出改进建议。

7. 某企业拟修建一座油库，为属下的三个加油站供货。已知三个加油站的坐标位置和年预测需求量如下表所示。若将油库建在(50,20)的位置，试计算物料周转量，并与将“重心”作为油库位置的周转量进行比较。

加油站	坐标(公里)	年需求量(吨)
A	30,32	500
B	38,46	600
C	44,18	400

第六章　生产运作计划与控制

第一节　生产运作计划

一、生产运作计划系统框架

计划是管理的首要职能。按照系统的思想理解，计划是一个过程，由计划的编制(Plan)、执行(Do)、检查(Check)、调整和改进(Action)四个阶段组成，即通常所说的PDCA循环。所谓计划系统，就是指计划过程包括的各项具体计划职能或工作及其相关关系的总和。图6-1描述了生产运作计划系统的一般框架，按照计划时间的长短和计划内容的性质分为三个层次：

1. 长期的战略性计划

不单独出现，主要反映在企业战略计划的有关内容上，如确立何种竞争优势，发展哪些方向的产品和什么水平的技术，达到多大的生产运作规模，建造哪些生产运作设施，如何获得所需的资源等。

2. 中期的战术性计划

主要表现为经营计划和生产运作计划。经营计划是由销售计划、生产运作计划、劳动工资计划、物资供应计划、财务计划等各项职能计划组成的统一的有机整体，也称为年度综合计划，或年度生产经营计划。生产运作计划有多种不同的叫法，如年度生产运作计划、综合生产运作计划、中期生产运作计划等，是指经营计划中由生产运作部门负责执行的那部分计划，规定了企业在计划年度所生产的产品品种、质量、数量、生产运作进度和生产运作能力的利用程度。

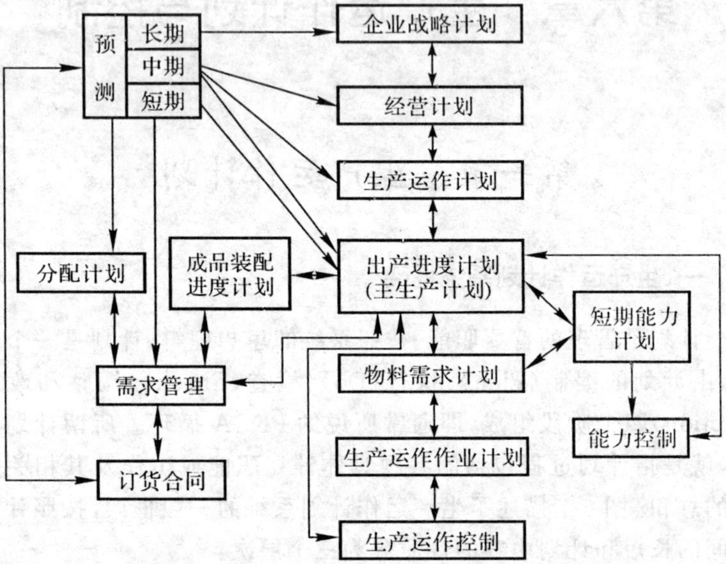

图 6-1 生产运作计划系统框架

3. 短期的作业性计划

它是对生产运作计划的具体落实，由计划执行部门负责编制，任务是正确安排日常生产运作活动的每一个细节，以保证生产运作过程的顺利运行，有效实现生产运作目标。主生产计划、物料需求计划、生产运作作业计划等都属于这个范畴。

二、生产运作计划的概念

(一)生产运作计划的内容

生产运作计划，指企业根据社会需求和自身条件而对计划期(一般为年度)生产运作目标所做的合理安排。具体包括两方面内容：一是明确规定计划期应完成的产品品种、数量、质量指标以及生产运作进度；二是综合平衡生产运作所必需的人、财、物等各种资源，进而设计合理的调配与使用这些资源的方案。

生产运作计划的主要作用是：贯彻落实企业战略计划和经营计划规定的目标，将企业战略具体化；通过社会需求和生产运作能力的综合平衡，寻求实现目标的最佳方案，提高企业的经济效益；为有效地组织生产运作过程提供依据。

（二）生产运作计划的指标体系

企业的任何计划都是由一系列计划指标所构成，表示了企业计划期内生产经营活动各侧面的规模和所要达到的目标及水平。在制造业中，生产运作计划指标体系中主要包括产品品种（品名、型号、规格、种类数等）、质量（产品平均技术性能、产品等级率、合格品率、废品率、返修率等）、产量、产值（商品产值、总产值和净产值）、出产期以及相应的劳动力、设备、费用水平等指标；在服务业中，生产运作计划指标体系中主要包括服务项目及其规模、质量水平、经济效益等。

一般地，备货型企业的生产运作计划的核心内容是确定产品品种和产量，不考虑交货期问题；流程型和大量大批生产运作企业的产品品种数少，基本不存在品种选择，主要是从提高生产运作能力利用率出发进行产量决策；单件小批生产运作属于订货型，企业只能按用户提出的产品品种、产量、质量进行生产运作，生产运作计划主要是进行产品交货期和价格决策。

（三）生产运作计划的编制

在编制生产运作计划时，企业首先必须坚持从社会与市场的需要出发，并努力从被动的“以销定产”消极响应层次向“以产促销”的积极引导层次转变，以充分挖掘和满足潜在需求的理念为指导，通过卓有成效的技术创新，不断推出超前于市场的特色新产品，最终达到引导、创造并很好地满足社会和市场需求的目的。其次，要以追求最佳经济效益为目标，对多种可行计划方案进行反复比较、选择和优化。同时，要以完成生产运作任务为中心，在正确的编制计划指导思想和科学、严谨的编制过程基础上，形成可操作性强的生产运作计划：①计划内容清楚、完整，易于执行者理解；②计划指标根据平均先进水平确定，能得到执行者的接受和认同；③计划易于检查和评价，能够起到激励作用。

三、生产运作计划的编制方法

（一）品种的优化

1. 象限法（波士顿组合矩阵法，即 BCG 法）

该方法由美国波士顿咨询集团（Boston Consulting Group）提出，借助矩阵形式进行分析。如图 6-2 所示，它将影响企业产品品种的因素归结为“市场吸引力”和“企业实力”两大类，据此对产品进行评价，确定对不同产品所应采取的策略，然后从整个企业的实际情况出发，确定最佳产品组合方案。其中，矩阵的四个象限分别代表了四类不同性质的产品——金牛、明星、问题和瘦狗产品。金牛产品是企业目前现金流入的主要来源，应努力巩固其市场地位；明星产品为企业未来发展提供丰富的增长与盈利机会，应优先考虑加强其发展；瘦狗产品阻碍着企业的发展，应果断淘汰；问题产品则应进一步分析后作出要么加强、要么放弃的选择。

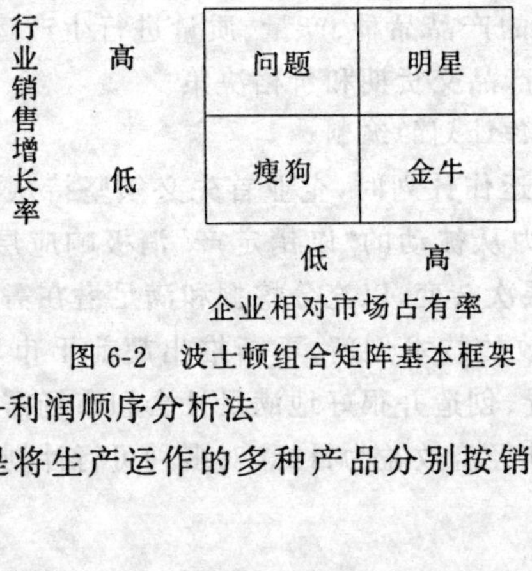

图 6-2 波士顿组合矩阵基本框架

2. 收入—利润顺序分析法

该方法是将生产运作的多种产品分别按销售收入和利润排

序，并将它们绘在销售收入与利润分析图上，如图6-3所示。

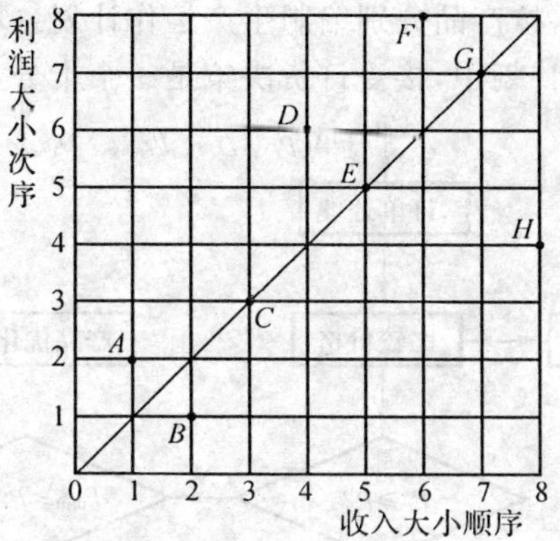

图6-3　收入利润次序图

(二)产量的优化

1.盈亏平衡分析

应用该方法可以确定盈亏平衡点产量，明确一定的生产运作技术组织条件下产品产量的最低下限，对决定计划产量有重要指导意义。

2.线性规划

以获得最大利润为目标，以人、财、物等资源限制为约束条件，通过建立线性规划模型，求解各产品的产量。当有关项目发生变化时，模型参数随之改变，产品产量的最优解也将改变，但企业利润最大化的目标不变。由于模型参数的改变表示了人、财、物等资源条件和相互关系的变化，而每种参数组合都代表着一个特定的生产运作计划方案，所以，编制生产运作计划的反复平衡和优化过程，可用线性规划模型进行模拟。

(三)订货型企业的生产运作计划的制定

订货型企业的典型方式是单件小批生产运作。由于生产运作任务是根据用户的订单来确定的，而订单的到达具有随机性，产品往往又是一次性需求，所以，企业只能先编制生产运作计划大纲，并在接到订单后，按产品分别编制生产运作计划。可见，在订货型企业的生产运作计划中，接受订货决策是一个十分重要的问题。

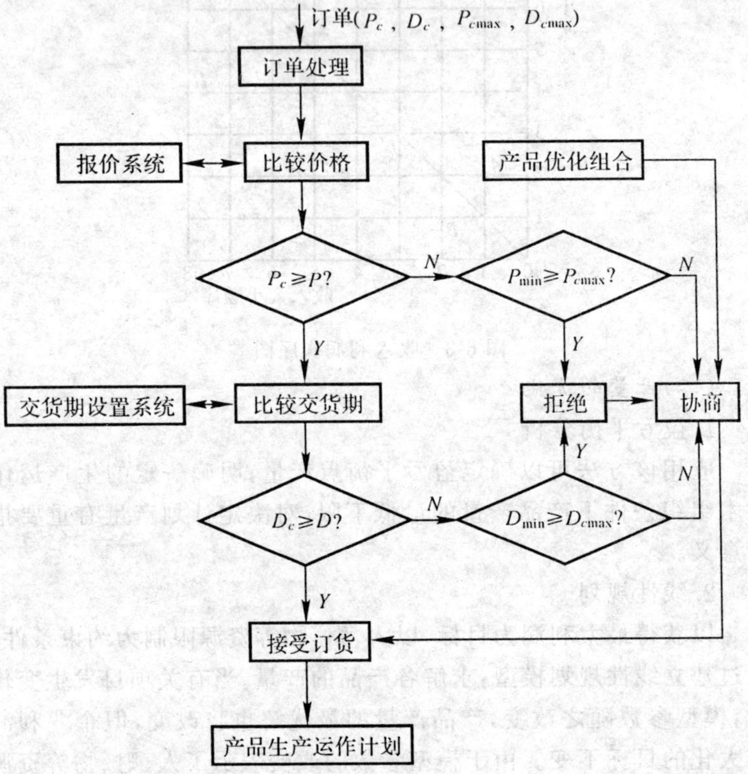

图 6-4　订货决策过程

接受订货决策，就是在用户订单到达时，作出接不接、接什么、接多少订单的决定。一般的决策过程可用图 6-4 描述，这是一个用户和企业双方要求相平衡的过程。对用户来说，订货要求除了产品型号、规格、技术要求、数量、价格 P_c 和交货时间 D_c 等，还包括用户决定是否向企业订货的临界要求，主要指可以接受的最高价格

P_{cmax}和最迟交货时间 D_{cmax}。对于企业来说，也会在分析企业条件、现有任务、产品要求、市场行情等诸多因素的基础上，明确接受订货的要求，主要包括价格和交货期。企业将通过其报价系统和交货期设置系统分别给出一个正常价格 P 和可接受的最低价格 P_{min}，一个正常条件下的交货期 D 和赶工情况下的最早交货期 D_{min}。

第二节　产品出产进度计划

一、产品出产进度计划的含义

把企业全年的生产运作任务，按品种、规格、数量具体地分配到各个季度、各个月份，就形成了产品出产进度计划。所以，它实际上是表述"生产什么、生产多少、什么时候完成生产"的计划，是对生产运作计划的具体化。一般地，在备货型企业，产品出产进度计划的对象是向市场出售的最终产品和支持出厂产品维修用的配件、总成；在订单装配型企业，产品出产进度计划的对象是进入最后装配的主要总成或模块，但还需要根据订单要求编制产成品装配进度计划。

应当说明，随着物料需求计划(MRP)这种现代管理思想的引进和迅速发展，主生产计划(Master Production Schedule，简称MPS)的叫法变得流行起来。实际上，主生产计划除了以周，而不是以月和季为计划时间单位外，其余和产品出产计划相同，故普遍认为我国企业广泛采用的产品出产计划类似于主生产计划，只不过需要在原来的基础上略作改进，将计划时间单位进一步分解到周而已。这正是现在人们越来越倾向于把两者等同起来的原因所在。在本书中，我们将两者作为同一个概念使用。

二、产品出产进度计划的编制

(一)安排产品出产进度的策略

对于市场需求平稳且需求量大的产品，产品出产进度的安排比较简单，只要将全年计划产量以平均或平均递增的方式进行分配即可。对于市场需求具有波动性的产品，如需求量随季节变化而变化的产品，产品出产进度的安排比较复杂，有以下几种策略可以选择：

(1)均衡安排出产进度。又称改变库存水平策略，指不管需求的波动性，产品在每期的出产量基本相同，保持稳定生产运作。这意味着企业将维持生产率和工人数量不变，只是通过库存来调节生产运作与需求之间的关系。在这里，库存的作用好比是水库，可以蓄水和供水，既防旱又防涝，保证水位正常。其优点是有利于充分利用人力和设备，保证产品质量，管理简单；缺点是库存及相关费用增加，不适用于某些服务性企业。

(2)匹配安排出产进度。指根据需求的变化情况安排每期的出产量，做到需要多少就出产多少。这种策略必然是和企业或者改变生产率、或者改变工人数量的短期生产运作能力调整策略结合在一起。其中，改变生产率的具体途径有工人加班、工人在需求淡季改作其他生产运作或清理服务工作、任务转包等。这种策略的优点是市场适应性好，库存及相关费用低；缺点是不利于保证产品质量，管理复杂，而且某些情况下工人的招聘和解雇困难较大，不一定可行。

(3)折衷安排出产进度。这种策略是上述两种策略的综合，在安排出产进度时兼顾了生产运作过程的稳定性和市场需求的变动性两方面的要求。应当注意的是，由于折衷程度不同，该策略实际上存在着很多选择。

(二)不同生产运作类型的产品出产计划的编制

产品出产进度计划的编制常采用反复试验法。该方法根据费用(一般涉及存储费用、人事费用)对均衡安排、匹配安排和折衷安排生产运作进度等不同计划为案反复进行评价和改进，直至获得一个令人满意的结果。由于一般情况下折衷方案的费用最少，故实践中可多设计几个折衷方案，借助计算机进行深入分析研究。尽管如此，该方法仍然比较复杂，而且还没有考虑协调企业多个产品品种相互之间关系的影响，所以，实践中往往针对不同生产运作类型的特点，根据一些简单的方法和概要原则编制产品出产计划。

1. 大量大批生产运作类型的产品出产计划的编制

由于大量大批生产运作类型的产品品种数少，产量大且稳定，是典型的备货型生产运作，故总的原则是采用改变库存水平、均衡安排生产运作的策略。这样，可以通过库存将生产运作系统和市场相隔离，保证生产运作系统的高效运行。

2. 成批生产运作类型的产品出产计划的编制

由于成批生产运作类型的产品品种较多，而且是定期或不定期的轮番生产运作，加上各种产品产量的大小和出产期限不同，因此，在安排产品出产进度时，除了考虑产量的分配方式外，更重要的是如何进行品种的合理搭配。具体安排时应注意以下几个方面：

(1)按产品的主次分类排队，在满足市场需求的前提下，对企业常年生产运作、数量较大的主导产品，采用“细水长流”的方式，尽可能均匀或均匀递增地安排出产计划。

(2)在不减少全年产品品种，保证合同交货期的前提下，尽可能减少同一时期生产运作的品种，以扩大批量，简化生产运作管理工作，提高经济效益。

(3)新产品、高大精尖产品、需用关键设备的产品，应尽量均匀分布，分期分批安排，以避免生产运作技术准备工作忙闲不均和关键设备负荷不匀。

3. 单件小批生产运作类型的产品出产计划的编制

由于产品品种多，且很少重复生产运作，主要是根据用户的需要按订单组织生产运作，故单件小批生产运作的产品出产计划相当概略。具体安排时，除了借鉴上述的成批生产运作类型产品出产计划编制中的后两点思想外，应该优先落实已经接到的订单任务，并根据均衡生产运作的原则，粗略分配各时期的生产运作任务。

第三节　生产运作作业计划的编制

一、生产运作作业计划的含义

生产运作作业计划是生产运作计划的具体执行计划，具体、详细地规定了各车间、工段、班组、以至每个工作地在较短的时间内（月、旬、周、日、轮班、小时）的生产运作任务。它不是站在企业整体的角度，而是站在企业的每个生产运作单位或工作地的角度解决“生产什么、生产多少、什么时候完成”的问题。车间月度生产运作作业计划、班组周生产运作作业计划、工作地轮班生产运作作业计划等，都是生产运作作业计划的典型例子。

生产运作作业计划是生产运作计划的继续、延伸和补充。一方面，它把生产运作任务在空间上细分到车间、工段、班组、工作地和个人，在时间上细分到月、旬、周、日、轮班、小时；在计划对象上把整台产品细分到总成、部件、零件，可操作性更强，为组织日常生产运作活动提供了依据和标准，有利于保证生产运作计划任务的顺利完成。另一方面，它的“细分”特性使得企业既有必要，也有可能在生产运作计划平衡的基础上，更加细致、具体地进行综合平衡，针对企业当前的实际情况科学安排生产运作任务，努力实现资源的合理配置，提高企业的经济效益。

生产运作作业计划工作由计划编制与作业控制两部分组成。前者主要包括制定期量标准、开展生产运作能力核算与平衡、编制各种形式的生产运作作业计划等内容;后者主要包括生产运作调度、生产运作作业统计与分析等内容。

二、期量标准的概念

(一)期量标准的概念

期量标准是生产运作作业计划工作的重要依据,因此也称生产运作作业计划标准。它是对劳动对象在生产运作过程中的运动所规定的时间和数量的标准。"期"是指时间,如制造一件产品需要多长时间,相隔多长时间出产一件产品等。"量"是指数量,如一次同时投入生产运作的制品数量,库存在制品数量等。

先进合理的期量标准,正确地反映了生产运作过程中各生产运作环节在生产运作时间和数量上的客观内在联系,据此可以正确、迅速地编制生产运作作业计划,合理组织生产运作活动,保证生产运作过程的高度连续、统一、协调和衔接,提高企业经济效益。

(二)成批生产运作的期量标准

1. 批量和生产运作间隔期

批量是指相同制品一次投入或出产的数量。也就是消耗一次准备结束时间所连续生产运作的同种制品数量。生产运作间隔期又称生产运作重复期,是指相邻两批相同制品投入或出产的时间间隔。批量与生产运作间隔期有密切的关系,可用下式表示:

$$批量=生产运作间隔期\times平均日产量 \quad (6\text{-}1)$$

批量和生产运作间隔期这两个期量标准对企业的经济效益有很大影响。增大批量,延长生产运作间隔期,会减少设备调整次数和费用,提高设备利用率,有利于生产运作组织,保证产品质量;但同时也导致延长产品生产运作周期、增加在制品数量、增加资金和生产运作面积占用的缺点。反之,减少批量,缩短生产运作间隔期,将出现和上述相反的结果。因此,合理确定批量和生产运作间隔期具有十分重要的意义。实践中常采用经济批量法确定批量,然后根据上式求出生产运作间隔期。

2.生产运作周期

生产运作周期是指从原材料投入生产运作起到最后完工为止的整个生产运作过程所经历的全部日历时间。它既可以指产品的生产运作周期,也可以指毛坯准备、机械加工、装配等某一工艺阶段的生产运作周期。生产运作周期是编制生产运作作业计划、确定产品及其零部件在各工艺阶段投入期和出产期的重要依据,并且通过分析其影响因素,可以有针对性地采取措施来压缩生产运作周期,提高经济效益。

确定生产运作周期,一般首先根据生产运作流程确定各工艺阶段的生产运作周期,然后以此为基础确定产品的生产运作周期。例如,对机械产品而言,生产运作周期构成如图 6-5 所示。其中,每个工艺阶段的生产运作周期包括:①基本工序时间;②检验时间;③运输时间;④等待工作地时间;⑤自然过程时间;⑥制度规定的停歇时间。

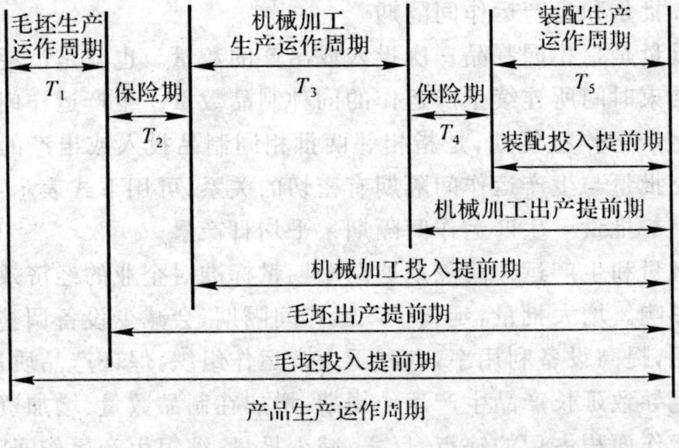

图 6-5　生产运作周期、保险期、提前期关系示意图

加工一批产品时,制品在生产运作过程中的移动方式对生产

运作周期有直接的影响。具体有三种移动方式:①顺序移动方式。指一批零部件在上道工序全部加工完毕后才转入下道工序进行加工,即零部件在各道工序之间是整批移动的。这种移动方式的组织管理工作比较简单,设备可集中使用,从而减少设备停歇和调整时间,但加工对象等待时间长,延长生产运作周期,减缓资金周转。因此,这种方式适用于批量不大、工序时间较短和加工体积小的情况。②平行移动方式。指每个零部件(或运输批量)在一道工序加工完毕后,立即转到下一道工序加工。即一批相同的零部件能同时在各道工序上平行进行加工。采用这种方式时,加工对象没有等待时间,故生产运作周期短,但运输工作量大而频繁,且在工序时间不均衡时造成许多工作地人机负荷不足。因此,该方式常用于工序单件加工时间比较协调(如接近或成整数倍)、加工对象体积较大的情况。③平行顺序移动方式。就是在各工作地连续加工的条件下组织平行生产运作,是一种兼顾生产运作的平行性和连续性的方式。具体要求是:当上道工序的加工时间大于下道工序时,只有当上道工序完工的零件数足以保证下道工序连续加工时,才将完工零件转入下道工序加工;相反,当上道工序的加工时间小于下道工序时,则应及时将加工完的零件转入下道工序加工。这种方式兼顾了前两种方式的优点,加工周期长短介于两者之间,尤其在工序单件加工时间不协调的情况下更有效。

3. 生产运作提前期

生产运作提前期有投入提前期和出产提前期之分,是指一批制品(毛坯、零件、产品)在各工艺阶段投入或出产的日期比成品出产日期提前的天数。正如图6-5所揭示的那样,生产运作提前期和生产运作周期有十分密切的联系,是以产品最后出产时间为基准,按反工艺顺序,以各工艺阶段的生产运作周期为基础确定的。

(三)大量大批生产运作的期量标准

1. 节拍

节拍是组织流水生产运作的依据，是大量大批流水生产运作期量标准中最主要的标准。所谓节拍，是指流水线上连续两件相同制品出产的时间间隔。类似地，工序节拍是指该道工序连续两件相同制品出产的时间间隔。节拍可通过计划期有效工作时间除以计划期制品产量(包括预计产量和废品量)计算得到。

当流水线节拍很小，或制品体积、重量较小，不便按件运输时，可以改为按小批运输。这时流水线上两批相同制品出产的时间间隔称为节奏，其等于节拍与运输批量的乘积。

2. 流水线标准工作指示图表

流水线标准工作指示图表是表明流水线上各工作地在正常条件下的具体工作制度和劳动组织方式的一种标准图表，是大量大批生产运作条件下编制生产运作作业计划、进行日常生产运作管理不可缺少的一个重要期量标准。当生产运作情况比较稳定时，流水线标准工作指示图表本身就可以作为流水线的轮班生产运作作业计划。

图 6-6 是连续流水线标准工作指示图表示意图，规定了每条流水线在轮班内的工作中断次数、中断时刻及每次中断时间等内容，即规定了流水线的工作程序和制度。图 6-7 为间断流水线标准工作指示图表的示意图，是按事先规定的流水线看管期(流水线上的工人依次在其所操纵设备上生产运作规定数量制品所需间隔的最大值，在看管期内，每道工序生产运作相同数量的制品)，分别对每一道工序规定工作班内的工作制度。

3. 在制品占用量定额

在制品是指从原材料投入到产成品入库的生产运作过程中尚未完工的所有零件、部件、产品的总称。在制品占用量定额是指在一定的生产运作技术组织条件下，为保证生产运作过程的正常进行所必须的在制品数量标准。具体分为两类——一类是流水线内部在制品占用量，包括正在流水线上各工作地进行加工、装配或检

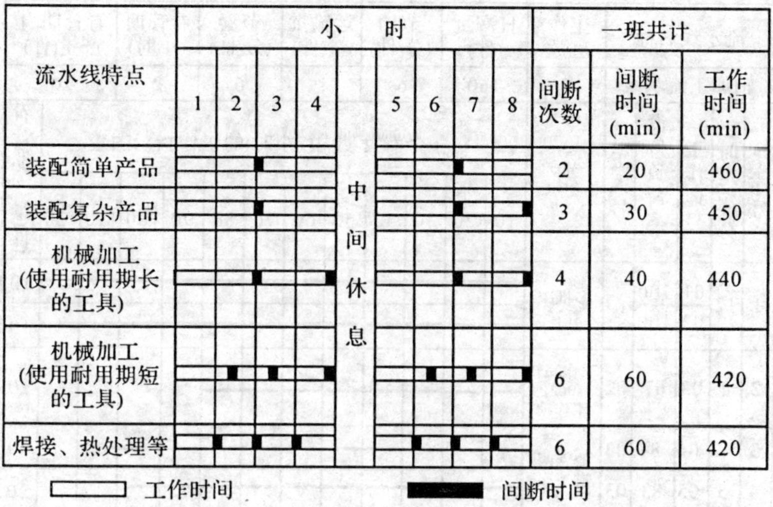

图 6-6　连续流水线标准工作指示图表的示意图

验的在制品；存在于间断流水线上，在上下相邻工序生产率不等或工作起止时间不同时为了使每个工作地能够连续完成看管期内的产量而在工序间存放的周转在制品；流水线内处于运输过程中或放置在运输工具上的运输在制品；为保证在流水线某一环节出现问题时，生产运作仍能正常进行而建立的保险在制品。另一类是流水线之间的在制品占用量，包括周转在制品、运输在制品和保险在制品。在制品占用量定额的计算方法比较复杂，这里不再展开。

(四)单件小批生产运作的期量标准

单件小批生产运作的特点是根据用户要求，按订单组织生产运作，产品品种多，每种产品的数量较少或单一，作业计划的主要问题是控制好各工艺阶段的投入、出产期限，努力缩短生产运作周期，以保证按期交货，并尽可能实现均衡生产运作，故其期量标准主要有生产运作周期、生产运作提前期、劳动量日历分配图表等。它们的制定类似于成批生产运作期量标准的制定，这里不再赘述。

流水线名称	工作班数	日产量(件)	节拍(分/件)	运输批量(件)	节奏(分/件)	看管期(小时)	看管期内产量(件)
轴加工流水线	2	160	6	1	6	2	20

工序号	工时定额(分)	工作地号	设备负荷率%	工人号	劳动组织	每一个看管期内(2小时)的工作指示图表 10	20	30	40	50	60	70	80	90	100	110	120	看管期产量(件)
1	12	01	100	01	多机床看管													10
		02	100															10
2	4	03	67	02	工作完转06号工作地													20
3	5.2	04	87	03	兼管两道工序													20
4	5	05	83	03														20
5	8	06	33	02														5
		07	100	04														15
6	5.6	08	94	05														20
7	3	09	50	06	工作完转10号工作地													20
8	3	10	50	06														20
9	6	11	100	07														20

图 6-7　间断流水线标准工作指示图表

三、生产运作作业计划的编制

(一)在制品定额法

该方法适用于大量大批型企业,思路是:根据大量大批生产运作的在制品占用量相对稳定的特性,以预先确定的在制品定额和预计的在制品实际结存量之间的差额为依据,从使计划期末在制品数量保持在规定的定额水平的要求出发,按反工艺顺序确定各环节的计划投入量和产出量,以保证各环节之间的衔接平衡。计算公式为：

$$Q_O = Q_{后I} + Q_S + (Z_S - Z_P) \tag{6-2}$$

$$Q_I = Q_O + Q_B + (Z_B - Z_R) \tag{6-3}$$

表 6-1　某汽车厂各车间投入量和产出量计算一览表

		产品名称	130 汽车	
		产品产量	10000 辆	
		零件编号	A1-001	A1-012
		零件名称	齿轮	轴
		每辆件数	1	4
装配车间	1	产出量	10000	40000
	2	计划允许的废品数	/	/
	3	在制品定额	1000	5000
	4	期初在制品预计结存量	600	3500
	5	投入量(1＋2＋3－4)	10400	41500
零件库	6	半成品外销量	/	2000
	7	库存在制品定额	800	6000
	8	期初在制品预计结存量	1000	7100
加工车间	9	产出量(5＋6＋7－8)	10200	42400
	10	计划允许的废品数	100	1400
	11	在制品定额	1800	4500
	12	期初在制品预计结存量	600	3400
	13	投入量(9＋10＋11－12)	11500	44900
毛坏库	14	半成品外销量	500	6100
	15	库存在制品定额	2000	10000
	16	期初在制品预计结存量	3000	10000
毛坯车间	17	产出量(13＋14＋15－16)	11000	51000
	18	计划允许的废品数	800	/
	19	在制品定额	400	2500
	20	期初在制品预计结存量	300	1500
	21	投入量(17＋18＋19－20)	11900	52000

式中，Q_O，Q_I 分别表示某环节的计划出产量和投入量；$Q_{后I}$表示后续环节的投入量；Q_S，Q_B 分别表示该环节半成品外销量和计划允

许的废品量；Z_S，Z_P 分别表示该环节和后续环节库存在制品定额和期初预计结存量；Z_B，Z_R 分别表示该环节内部在制品定额和期初预计结存量。表 6-1 是在制品定额法用于确定某汽车厂各车间生产运作任务的示意性例子。

（二）累计编号法

又称提前期法，是根据生产运作提前期标准，用产品累计号数确定各环节生产运作任务的一种方法，适用于成批轮番生产运作企业。当生产运作的产品按照生产运作的先后顺序用累计编号表示时，由于各环节的投入和产出相对于最后生产运作环节的成品出产具有一定的提前期，因此，同一时刻不同环节投入和产出的产品号数是不同的。只要确定了提前期标准，也就意味着确定了提前量标准，从而可以计算出计划期末各环节应达到的投入和出产累计号数及其生产运作任务。具体计算公式如下：

$$N_O = L_O + T_O \cdot q \qquad (6\text{-}4)$$

$$N_I = L_O + T_I \cdot q \qquad (6\text{-}5)$$

$$Q_O = N_O - N'_O \qquad (6\text{-}6)$$

$$Q_I = N_I - N'_I \qquad (6\text{-}7)$$

式中，N_O，N_I 分别表示某环节产出和投入累计号数；T_O，T_I 分别表示该环节的出产和投入提前期；L_O，q 分别表示最后生产运作环节（如装配车间）成品出产累计号数和平均日产量；Q_O，Q_I 分别表示该环节计划期产出量和投入量；N'_O，N'_I 分别表示该环节计划期期初的产出和投入累计号数。

应当注意，按以上公式计算出的各环节产出量和投入量仅仅是初步结果，还应根据生产运作批量进行修正，使环节的产出量和投入量与批量成整数倍关系。

【例 6-1】 某叉车厂装配车间 5 月份出产叉车应达到累计 120 号，平均日产叉车 2 台。若机械加工车间出产和投入提前期分别为 7 天和 14 天，其生产运作批量为 8 台，机械加工车间 4 月份实际已出产 80 号和投入 88 号，试编制机械加工车间 5 月份的作业计划。

解：计算得到 5 月份机械加工车间出产和投入累计号数为：

$$N_O = 120 + 7 \times 2 = 134(\text{号})$$

$$N_I - 120 + 14 \times 2 = 148(\text{号})$$

则机械加工车间的出产量为 134－80＝54(台)，投入量为 148－88＝60(台)。因生产运作批量为 8 台，故产出量和投入量应修正为 8 台的整数倍，如出产修正为 48 台，投入修正为 56 台，余下台份凑足一个批量后再进行生产运作。则 5 月份机械加工车间最终出产累计号数为 80＋48＝128 号；投入累计号数为 88＋56＝144 号。

(三)生产运作周期法

该方法适用于单件小批生产运作型企业。它根据预先制定的生产运作周期标准和订单规定的交货期限，沿反工艺顺序绘制生产运作周期图表，依次确定产品或零部件在各生产运作环节的投入和产出时间，明确各种产品的生产运作周期。在此基础上进行汇

表 6-2　某产品生产运作周期表

工艺阶段	阶段生产运作周期(天)	进度安排(天)					
		180	150	120	90	60	30
铸造	30						
毛坯库	5						
刷底漆	20						
毛坯库	5						
冷作	(60)						
加工	60						
零件库	10						
齿轮加工	(60)						
箱体件加工	60						
装配	43						
油漆	5						
包装	2						
合计	180	← 产品生产运作周期 →					

总和协调平衡，形成各种产品投入产出综合进度计划。具体形式如表 6-2 和表 6-3 所示。

表 6-3　各种产品投入产出综合进度计划表

序号	订货号	产品	订货单位	数量	完工期限	1月			2月			3月			4月		
						上	中	下	上	中	下	上	中	下	上	中	下
11	7721	A	×	10	3月末	—	—	～～	━	━	━	━	～～	…			
12	7725	B	×	8	4月末			—	—	━	━	━	━	━	━	～～	…
13	7810	C	×	1	4月中				—	～～	━	━	━	～～	…	…	
14	7814	D	×	1	4月中					—	～～	━	～～	…	…	…	

此外，对于品种繁多、价值不大、耗用为随机性的零件，如标准件、通用件等，应当采用订货点法编制生产运作作业计划。关于该方法的基本原理，第八章将作详细介绍。

四、生产运作作业排序及其应用

生产运作作业排序，顾名思义，指对于等候某个设备或工作中心加工的多项任务，应当优先安排哪项任务，也就是确定这些任务加工的先后次序。合理的生产运作作业排序对提高设备或工作中心的效率、减少在制品占用量、缩短生产运作周期、保证按期交货等都有重要作用。

（一）常用的生产运作作业排序准则

（1）先到先服务准则（first come，first served，简称 FCFS），即根据任务到达的先后次序安排加工顺序，先到先加工。这种准则应用很广泛，日常生活中最为常见。

（2）最短加工时间准则（shortest processing time，简称 SPT），即根据加工时间由短到长进行排序，优先安排加工时间最短的任务。

（3）交货期最早准则（earliest due date，简称 EDD），即按照交货期从早到晚进行排序，优先安排交货期最早的任务。

(4)最短松弛时间准则(shortest slack time,简称 SST),即根据松弛时间由短到长进行排序。松弛时间是当前时点距离交货期的剩余时间与该项任务的加工时间之差。实际上也就是在保证按期交货的前提下,当前时点距离任务开始加工时点的时间。它在一定程度上反映了任务的紧急、缓松状况。

这些准则特点不同,各有利弊,排序效果也不一样。实践中比较关注两个指标,一是通过时间,指任务在生产运作系统中的排队等候时间与加工时间之和,即任务在生产运作系统中的总停留时间,实际上就是任务的完工时间;二是延误时间,指任务完工时间超出交货期的时间,可直接用任务的通过时间减去交货期计算得到,但结果为负值时,说明任务完工时间小于交货期,延误时间规定为 0。两个指标值越小,则说明排序效果越好。

例如,假设某工作中心需完成 5 项任务,有关条件和参数如表 6-4 所示。则按照不同准则的排序结果及其有关评价指标的计算如表 6-5 所示。可见,尽管按照不同准则排序时总加工周期都一样,但通过时间和延误时间存在很大差别。比较而言,最短加工时间准则这两方面的效果最好。这一结论已经得到证实,具有普遍意义。

表 6-4 工作中心任务数据表 (单位:天)

任务 (按到达次序)	加工时间	交货期 (从现在算起)	松弛时间
A	3	5	2
B	4	8	4
C	2	7	5
D	5	6	1
E	1	4	3

(二)生产运作作业排序准则的应用

1. 一台设备面对多个加工对象的情况

为实现任务总流程时间最短,即总等待时间最短的目标,保证尽可能多的对象早日加工出来,加速资金周转,只需根据最短加工时间准则对加工对象排序即可。

2.两台设备面对多个加工对象的情况

表 6-5　不同准则的排序结果及效果比较　（单位：天）

排序准则	任务排序	加工时间	交货期	通过时间	延误时间
先到先服务准则	A	3	5	0＋3＝3	0
	B	4	8	3＋4＝7	0
	C	2	7	7＋2＝9	9－7＝2
	D	5	6	9＋5＝14	14－6＝8
	E	1	4	14＋1＝15	15－4＝11
	合计			48	21
	平均			48/5＝9.6	21/5＝4.2
最短加工时间准则	E	1	4	0＋1＝1	0
	C	2	7	1＋2＝3	0
	A	3	5	3＋3＝6	6－5＝1
	B	4	8	6＋4＝10	10－8＝2
	D	5	6	10＋5＝15	15－6＝9
	合计			35	12
	平均			35/5＝7	12/5＝2.4
交货期最早准则	E	1	4	0＋1＝1	0
	A	3	5	1＋3＝4	0
	D	5	6	4＋5＝9	9－6＝3
	C	2	7	9＋2＝11	11－7＝4
	B	4	8	11＋4＝15	15－8＝7
	合计			40	14
	平均			40/5＝8	14/5＝2.8
最短松弛时间准则	D	5	6	0＋5＝5	0
	A	3	5	5＋3＝8	8－5＝3
	E	1	4	8＋1＝9	9－4＝5
	B	4	8	9＋4＝13	13－8＝5
	C	2	7	13＋2＝15	15－7＝8
	合计			50	21
	平均			50/5＝10	21/5＝4.2

在这种情况下，加工顺序不同，总加工周期和等待时间都有很大差别。根据贝尔曼(R. Bellman)所提出的动态规划最优化原理，可以证明，最优排序方案只能在两台设备加工顺序相同的排序方案中寻找。为保证总加工周期最短，约翰逊(S. M. Johnson)通过动态规划推导出了以下的最优排序准则：

(1)找出加工对象在两台设备的加工时间中的最小值；

(2)若最小值属于第一台设备，则将该加工对象排在第1位；若隶属于第二台设备，则将该加工对象排在最后一位；

(3)对剩余的加工对象重复上述步骤，直至全部加工对象的顺序均已决定为止。

例如，有5个零部件需依次经由设备A、B进行加工，所需时间如表6-6所示。显然，若直接按照编号顺序进行加工，容易求出总加工周期为44天。若按照最优排序准则，则得到的最优排序为1→5→2→3→4，此时的总加工周期为38天，下降了13.6%。

表6-6 零件加工时间表 (单位：天)

设备 \ 零件	1	2	3	4	5
A	3	7	9	10	5
B	5	8	6	4	10

关于最一般的多台设备面对多个加工对象的情况，问题比较复杂，常采用假想设备组约翰逊扩展方法或启发式算法来求得满意解，这里不再展开讨论。

五、服务作业计划

服务作业计划的重要内容是选择一种经济合理的方案调整服务能力，使其与顾客需求相适应，以降低顾客等待时间，提高服务满意度。这和从中、长期的角度采取一定的政策和措施来改变服务能力或需求水平之间存在一定的联系和区别。

除了比较传统的根据预约情况来编制计划外，如明确服务的内容、确定服务的开始时间、安排相匹配的服务工种和人数等，还可以考虑以下策略：

（一）灵活设置工作班

许多服务需求往往不是一种均匀分布，而是存在明显的需求高峰和低谷。例如，每天上下班一段时间和坏天气时乘坐公交车的人数很多，节假日时商场的客流量最大，每天上班后刚开始的一段时间打电话的频率最高等，即处于需求高峰状态。显然，如果按照通常习惯来均匀设置工作班和规定工作时间，将会造成很差的效果。为了很好地平衡缩短顾客等待时间和提高服务能力利用率两个方面，可以采用灵活的工作班设置，即从服务能力与服务需求的变化相吻合的角度出发，根据需求情况将时间分成几段，相应地设置工作时间长度可以各不相同的高峰班、正常班、低谷班，并配备人数不等的服务人员，而且这三种工作班的工作起止时间以避免在需求高峰时进行交接班为宜。这种策略的关键是，一要认真研究服务需求曲线及其变化规律，正确划分时间段；二要科学设计服务人员的轮班，防止服务人员长时间连续在高负荷状态下工作。

服务人员轮班的设计可按以下方法进行：

(1)以一周为一个计划期，有 n 个工人，则把 n 周作为一个循环周期。

(2)在一周中，计算连续两日的人员需求量，并找出最小值。出现最小值相同时任选其一。

(3)指定一名工人在最小值对应的两天休息；将其余各日的人员需求量减掉 1 作为新的人员需求量。

(4)重复上述过程，直至安排好所有工人。

【例 6-2】 有 10 名工人，一周中从星期一到星期日的人员需求分别为 6,4,8,9,10,3,2 人，试编制排班计划。

解:因有10名工人,故以10周作为一个循环周期,每周期满后都调整工人的角色,如B替换A,C替换B,…

计算连续两日的人员需求量,得到"星期一和二"为10,"星期二和三"为12,…"星期日和一"为8。则最小需求量为"星期六和日"的5,所以,安排工人A在星期六和日休息。

将工人A工作的星期一至五的需求量减掉1得到新需求量,重复上述过程。最终结果如表6-7所示。

表6-7 工人排班计算表

星期	一	二	三	四	五	六	日
需求量0	6	4	8	9	10	3	2
需求量1	5A	3A	7A	8A	9A	3	2
需求量2	4B	2B	6B	7B	8B	3	2
需求量3	3C	1C	5C	6C	7C	3	2
需求量4	3	1	4D	5D	6D	2D	1D
需求量5	2E	0E	3E	4E	5E	2	1
需求量6	2	0	2F	3F	4F	1F	0F
需求量7	1G	0G	1G	2G	3G	1	0
需求量8	1	0	0H	1H	2H	0H	0H
需求量9	0I	0	0	0I	1I	0I	0I
需求量10	0	0	0J	0J	0J	0J	0J

注:表格栏目中带有英文字母的,表示对应的工人在该天上班;需求量x,表示对x个工人排好班后还存在的人员需求缺口。

(二)配备钟点工和多技能流动服务人员

符合以下两个条件的服务工作,可以通过配备钟点工来满足服务需求。其一,顾客不在场、不需要随时提供或满足的服务,作业计划安排比较灵活,为将工作适当集中在一起进行分批处理提供了可能性。其二,无论是从服务完成时间还是经济性要求看,通过雇佣正式员工承担这种服务工作是不合适的。例如,某些宾馆由钟点工承担公共设施,甚至客房的部分卫生工作,而将客房服务员队伍设计得比较精干。

有些服务单位，在员工人数不变的情况下，通过建立由具备多项技能的服务人员组成的流动队伍，来改善企业的综合服务能力。这支流动队伍没有固定的工作岗位，而是根据需求变化不断调整，及时流向服务能力不足的部门，起着一种“救火队”的作用。例如，在有些医院，常常保持一支流动的护理队伍，当某个科室的住院病人达到一定限度时，就从流动队伍中把护士派到该科室。显然，由于各科室的病人并不是同步升降，故这种流动方式将使医院在保持较少护士人数的同时，仍能达到满意的护理水平。

此外，组成临时生产线的服务方式(如为很多人进行体检)、自助服务方式等，也都是协调服务能力与服务需求关系的可行策略。

最后说明一点，排队论作为一种行之有效的分析工具，可以科学地分析服务需求的规律性，评价服务系统采用不同策略的服务水平和效果，为正确决策提供依据。由于排队论涉及许多数学知识，这里就不作介绍了。

第四节　生产运作作业控制

一、生产运作作业控制的概念

(一)生产运作作业控制的基本内容

所谓生产运作作业控制，就是不断监督和检查计划的执行情况，及时发现计划执行过程中已经或即将出现的偏差，分析其产生的原因，并采取有效措施纠正或预防偏差。

生产运作作业控制的基本内容可归纳为以下几个方面：

1. 作业安排

首先检查生产运作作业计划规定的各项准备工作是否已经完成，物料、工装和机器设备是否已经准备齐全，以确认生产运作过程能够正常进行。然后,开具加工单、检验单、出库单等各种传票,向各个操作人员或作业班组进行作业分配。

2.测定偏差

在进行作业过程中,按预定时间和顺序检查计划的执行情况,掌握实际结果与计划目标之间存在的偏差。

3.纠正偏差

根据偏差产生的原因及其严重程度,采取事前预防或事后调整的不同处理方法。首先要认真预测偏差的产生,事前规划消除偏差的措施,这是一种积极的选择,如发掘加工潜力、动用库存、组织外协等;其次要及时将偏差情况向生产运作管理部门反馈,以便管理人员及时调整计划,或在编制下期计划时作为重要参考依据。

4.提供情报

查证生产运作过程进行情况和完成时刻,提出报告,并将计划执行结果整理成数量、质量、成本等资料,汇总为统计分析报告,为开展生产运作进度控制、质量控制、成本控制、库存控制等提供必要的情报。

(二)生产运作调度

生产运作作业控制实际上包括了两方面的工作:一是生产运作作业统计,即对生产运作过程各阶段产品、零部件投入、流转、出产及作业完工情况等生产运作活动的动态数据进行收集、整理、汇总和分析;另一是生产运作调度,即对企业的日常生产运作活动进行直接控制和调节。两者在生产运作作业控制中扮演不同的角色,前者是生产运作作业控制的基础,为生产运作调度提供依据;而后者则是生产运作作业控制的中心工作。

做好生产运作调度工作需要强有力的组织保证,必须建立和健全生产运作调度的组织机构,不断完善其运行机制。一般地,生产运作调度工作的组织机构采用厂部、车间、工段(或班组)三级管理体制,由主管生产运作的副厂长领导。中小型企业通常在厂部生产科下设调度组，大企业设总调度室，负责全厂的生产运作调度工作。总调度室(组)配备有专职调度人员，在总调度的领导下明确分工、相互协调、紧密配合，对全厂生产运作活动进行24小时的不间断控制，及时采取措施解决生产运作过程中出现的问题。一切有关产品生产运作的布置、决定和通知下达等事项，均由值班调度统一向有关车间、职能部门发布和下达。

调度员的基本分工方式有两种：

(1)按车间分工。每个调度员负责一个或几个车间的调度工作。这意味着调度员全面掌握其负责车间的所有产品的生产运作，厂部对车间所有的调度指示，全部要由负责该车间的调度员下达。这样分工的优点是，可以避免多头指挥，有利于调度人员全面、清楚地了解负责车间的生产运作情况，从而进行准确、合理的调度；缺点是不利于解决车间相互之间横向联系的各种问题。所以，它适用于相互之间联系较少的按对象专业化原则组织的车间。

(2)按产品分工。每个调度员负责一种或几种产品的生产运作全过程的调度工作。这样分工的优点是，有利于调度人员掌握产品生产运作的全过程，有利于组织产品生产运作过程的衔接和产品零部件生产运作的成套性，缩短产品生产运作周期，保证产品生产运作任务的完成；缺点是当车间加工多种产品时，容易造成多头指挥，要求加强调度员之间的沟通与协调工作。

车间一级的调度机构，一般是将车间生产运作作业计划编制工作和调度工作结合在一起，设立计划调度组，配备专职计调员负责本车间的生产运作调度工作，保证各工段相互之间的衔接配合。

关于工段和班组的调度工作要酌情考虑，规模较大时可设专职计调员负责；规模不大时由工段长或班组长亲自承担。

为做好生产运作调度工作，企业要注意加强生产运作调度的软件和硬件建设，前者主要是指各种调度工作制度，如调度会议、调度值班、调度报告等制度；后者主要是指调度技术装备，如先进的通讯工具与网络、生产运作过程监控设备、信息记录与处理设备等。

二、生产运作进度控制

生产运作进度控制的任务是，根据预先制定的生产运作作业计划和对各种零部件的投入和出产时间、数量及配套性的检查情况，及时采取针对性措施，以保证产品准时装配出厂。

(一)生产运作预计分析

生产运作预计分析属于事前控制范畴，是在规定的计划期(如月、季、年)结束之前，根据进度统计资料所反映的计划完成程度和生产运作发展趋势，在考虑生产运作发展的有利和不利因素的基础上，对本期计划指标可能完成的程度作出预测。这样，企业可以根据预测结果，提前采取调度措施来调整未来剩余时间的产量，最终使实际产量和计划产量趋于一致。

例如，某厂某车间 6 月份计划生产甲产品 8500 件，本月上旬 8 个工作日的计划与实际产量如表 6-8 所示，全月共计 22 个制度工作日。具体分析步骤如下：

表 6-8　某车间日产量资料

日期	计划日产量(件)	实际日产量(件)	日产量计划完成(%)
1	350	200	57.1
2	350	300	85.7
3	350	400	114.3
6	400	250	62.5
7	400	300	75.0
8	400	450	112.5
9	400	500	125.0
10	400	400	100.0

第一步，计算从计划期期初开始到当前时间为止的累计实际

产量与累计计划产量的差额以及计划完成程度。该车间6月上旬的累计计划产量为3050件，而累计实际产量只有2800件，相差250件未能按计划完成。此外，上旬计划产量占全月计划产量的3050/8500＝35.88%，工作时间占全月制度工作时间的8/22＝36.36%，而实际产量只完成了全月计划的2800/8500＝32.94%。结论是上旬生产运作进度不够理想，给中下旬的生产运作带来了压力。

第二步，初步预测计划期期末生产运作计划完成的可能性。计算到计划期期末为止尚需完成的计划产量，再按平均或平均先进日(或月)产量初步预计完成计划尚需的时间和期末计划可能完成程度。对上例，要完成月计划产量，本月余下的14天应完成产量8500－2800＝5700件；而上旬实际平均日产量为2800/8＝350件/天，照此计算，本月余下的14天的预计产量为350×14＝4900件，即存在5700－4900＝800件的产量缺口，存在800/350＝2.3天的时间缺口。这样，全月预计产量为2800＋4900＝7700件，只能完成月计划的7700/8500＝90.59%。

第三步，根据所掌握的情况及生产运作发展趋势，调整初步预计数据。上例中，由于余下的14天完成产量5700件才能保证完成本月计划，意味着平均日产量要达到5700/14＝407件/天，从上旬有4天接近或超过这一日产量水平的实际生产运作情况看，企业通过努力完全有可能达到该产量水平，说明企业可以考虑调高余下时间的日产量，以保证完成计划。

(二)生产运作均衡性控制分析

按照均衡性要求，企业不仅要按时完成生产运作任务，而且每个生产运作环节和每种产品都要按日、按旬、按月完成生产运作任务。因此，要保持生产运作的均衡性，就要控制每天的实际产量，使其完成作业计划规定的指标，而不是要求每天产量完全均匀。显然，如果未能按计划要求实现均衡生产运作，将或者造成生产运作过程停工待料，或者产生一定的在制品积压，都会影响企业的经济效益。检查分析生产运作均衡性常用的方法有：

1.图表法

图表法是根据企业（或车间、班组、工作地）在各时期的计划产量、实际产量和产量计划完成百分数，绘制产量和产量计划完成百分数动态曲线图，通过计划产量和实际产量的比较、100%和产量计划完成百分数的比较来反映生产运作的均衡性。

2.均衡率法

均衡率法，就是通过计算均衡率指标来说明生产运作的均衡程度。均衡率可按照以下两种公式进行计算：

$$均衡率=\frac{日产量计划完成百分数之和（超计划时按100\%计）}{工作日数} \tag{6-8}$$

或

$$均衡率=\frac{日实际产量之和（超计划时按计划产量计）}{日计划产量之和}\times 100\% \tag{6-9}$$

计算均衡率时之所以不考虑超计划完成部分，是为了防止用超计划部分来掩盖未完成计划的现象。可见，均衡率越高越好，其最大值为1。

（三）生产运作成套性控制分析

对于加工装配式企业来说，其生产运作的产品是由许多零部件组装而成，只有保证成套出产各种零部件，才能按计划生产运作出成品。不具有成套性的零部件再多，也装不出成品来，反而还增加了在制品，造成资金积压。因此，应及时掌握和控制零部件的出产进度，分析零部件的成套性，按产品装配配套性抓好生产运作进度。实践中用成套率指标衡量生产运作成套性情况。成套率为实际成套台份数与计划成套台份数之比，数值越大越好。

生产运作成套性控制要从两方面入手：一是合理安排成套性投料；二是成套性出产控制，通常利用成套性甘特图来分析和掌握生产运作成套性情况。如图 6-8 所示，成套性甘特图实际上就是一种零部件生产运作进度与生产运作需要的对比图，中间折线表示计划期（月）装配需要的零部件数量；右边折线表示按生产运作计划应当完成的零部件数量；左边线条根据目前（本月上旬）实际完成的零部件数量画出。这样，就能清楚地表明零部件生产运作进度是否满足成套性的要求，以便及早采取措施加以改善。从图中可预计，按上旬的生产运作水平，3,5 和 6 号零件满足本月装配需要，完成计划任务；2,4,7 和 8 号零件能满足本月装配需要，但难以完成计划任务，将影响到下月的生产运作；而 1 号零件从两个方面看，都存在较大距离。所以，企业要首先要重点解决 1 号零件的生产运作，其次改善 2,4,7 和 8 号零件的生产运作。

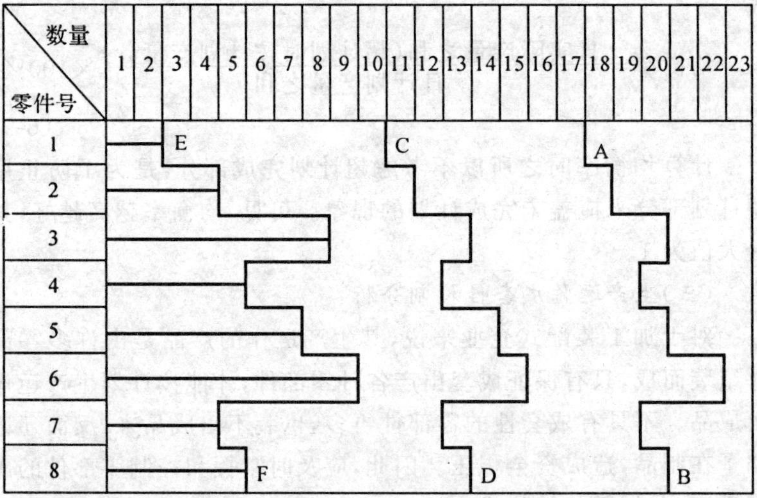

图 6-8　成套性甘特图

三、在制品控制

企业生产运作过程中各环节之间的联系，表现为在制品的供需关系。保持合理数量的在制品储备，有利于组织各环节的协调平衡生产运作，有效防止因某个环节出现问题而造成的生产运作过程中断。但在制品储备过多，将增加生产运作空间的占用，造成资金积压，掩盖生产运作中的问题和矛盾，也会给企业带来损失。

一般地，根据存放地点的不同，在制品控制工作分成两个方面：

(一)车间在制品控制

车间在制品控制取决于生产运作类型和生产运作组织形式。在大量大批生产运作条件下，在制品数量比较稳定，在生产运作中的流转有一定的顺序和规律，事先制定有标准定额，通常采取轮班生产运作作业计划，并结合统计台账来控制在制品的数量和流转。

在成批和单件小批生产运作条件下，在制品数量的稳定性较差，通常采用加工路线单或单工序工票等凭证来控制在制品流转，并通过统计台账来掌握和控制在制品变动情况。加工路线单，又称长票或跟单，是记录和掌握每批零件从投料开始，经各道工序的加工、检验，一直到入库为止的整个生产运作过程的原始凭证。单工序工票也叫短票，以工序为对象，虽在形式上与长票不同，但记录的内容基本一样。

(二)库存在制品控制

半成品库是车间之间在制品运转的枢纽。库存在制品控制的任务是：及时有效地接收、保管、配套和发送半成品；严格按照库存在制品定额监督和控制库存在制品数量；及时准确地向生产运作指挥系统提供信息，反映库存在制品变动情况。为此，库存在制品控制应努力做好三方面的工作：

(1)严格执行收、发、储存、保管制度和卡片台账报表管理制度，真正做到账、卡、物相符。

（2）建立成套性和储备定额检查制度，发现问题后，及时采取措施加以解决。

（3）建立和健全仓库管理工作制度，努力应用现代化管理方法与手段，提高工作质量。

案例11　解决移动电话营业厅服务投诉

李先生是某移动通信公司的客户经理。最近一段时间，他接连收到好几个用户的投诉，反映虽然公司采取了一系列措施来改善服务，但营业厅服务仍不尽如人意。

有位用户描述了在营业厅办理手机退网手续的全过程：第一次去营业厅时，因没有指示标志，经询问才知道经办窗口；当挤到柜台前领表、填表时，却被告知要先到缴费窗口查询当前有无欠费；查询完毕盖章后再挤到原柜台办理停机时，又被告知到下月20日后再办理退网手续。再次到营业厅时，又一次挤到营业柜台，被告知再查一次有无欠费；但到缴费窗口时，却被告知因属于存折托收，需到另一楼层查询；查询完毕无欠费后，才再回到原柜台办理了退网。办理一个简单的退机手续，用户总共去了两趟营业厅，"挤"了七个柜台（窗口），花费了很长时间。这还不包括双休日因移动通信公司休息而白跑的一趟。

李经理通过现场观察和分析，认为造成用户不满意的原因在于服务系统设计不科学，主要表现在以下几个方面：

（1）服务时间安排不尽合理。营业厅营业时间一般是从上午9点到晚7点，营业员的班次安排也与一般上班族的上班时间相同，中午12点左右，大部分营业员午间休息。这样，在中午业务最高峰时，营业人员不足，服务响应时间明显加长。

（2）服务设施布置不合理。在一字排开的营业柜台前，没有任何帮助排队的设施，在拥挤的人群面前，任何人都会不守秩序而使得场面更混乱。

(3)服务的标准化不够。用户对于业务受理需要经过哪些流程根本不清楚，往往是在不同的柜台前来来回回，更加影响了服务的效率。

【案例讨论题】

1. 结合你所掌握的情况，帮助李经理分析指出移动电话营业厅服务存在的问题和原因。

2. 如果你是李经理，你将提出怎样的建议？为什么？

案例12　阿庆嫂的后裔开茶馆

随着改革开放的不断深入，阿庆嫂的后裔小燕受形势感召，决定辞掉机关工作，亲自下海经商。小燕通过观察发现，茶馆的生意不错，并预计该市场会随着人们生活节奏日益加快和水平不断提高而得到进一步发展。考虑到还可充分利用祖宗留下的宝贵的无形资产，小燕决定租赁靠近风景区和高校文教区的房子开一间茶馆，就取名"阿庆嫂茶馆"。茶馆一开张，由于地段合适，食品新鲜，茶叶品种花样多，再加上"阿庆嫂"的影响，生意好得超出想像。受此鼓舞，小燕信心大增，决心一定要把茶馆作为自己的一项事业，不断规范和完善各项管理工作，把"阿庆嫂茶馆"经营成一个著名品牌。

不久，小燕就遇到了问题。她从来没管理过茶馆，对茶馆的运作和管理不熟悉，只能凭经验和感觉行事。就拿服务人员排班来说，是以自己原来的机关轮班方式为基础，再考虑休息天和夜间工作时间的因素，设计出机械式的服务人员轮班方案。按照这种方案，对应于茶馆上午9：00到次日凌晨2：00的营业时间，将全部14名服务人员平均分成两批，每批7人(其中6人上班，1人休息)，并平均分配工作时间，即第一批从 9：00 工作到 18：00，第二批从 18：00 工作到次日 2：00。运行一段时间后，小燕发现这种方案虽然表面上看起来很简单，但实际上存在很多问题，主要有：

(1)一方面经常有顾客抱怨服务响应太慢，而服务员则抱怨工作太忙，且每周只休息 1 天，休息时间不足法律规定；但另一方面她自己也经常看到服务员在聊天，没事可干。

(2)双休日顾客人数增加，虽然茶馆的花色品种和平时并无不同，但顾客投诉和不满意增加，说明服务质量下降，对茶馆的形象和长远发展产生负面影响。

(3)常有顾客投诉，刚到茶馆不久，服务人员就开始换班，而接班的服务人员的服务却不到位，需要顾客反复提醒和询问才能得到服务。

(4)和同行相比，茶馆的人工支出偏高。

小燕意识到，所有这些问题都是由于不合理的服务人员轮班安排造成的。为了茶馆的发展，只有重新科学设计服务人员轮班方案，才能从源头上解决这些问题。

【案例讨论题】

设计"阿庆嫂茶馆"的服务人员轮班方案，并与原方案进行比较分析(可对案例进行补充，包括各种前提假设，通过亲自调查得到的有关数据资料，如顾客人数的时间分布情况、人工工资水平等)。

【思考题】

1. 描述生产运作计划系统框架，说明应该怎样协调好相互之间的关系？

2. 什么叫生产运作计划？试列举一个制造性企业和一个服务性企业的生产运作计划实例，并进行简单的比较。

3. 分析比较安排产品出产进度的三种不同策略。

4.何谓期量标准？有什么实际意义？

5.叙述在制品定额法的基本思路。

6.你认为应该如何评价生产运作作业排序的好坏？

7.你认为编制服务作业计划与制造性企业的生产运作作业计划的出发点有什么不同？

8.叙述生产运作预计分析的基本思路。

9.某运动自行车厂月产量为220辆，全月工作日为22天，即总装车间平均日产量为10辆。试根据以下资料编制该厂各车间7月份的作业计划。

车间	批量（台）	生产提前期（天）		6月末完成的累计号数（号）	
		投入	出产	投入	出产
装配	20	5	/	720	680
机械加工	50	22	14	860	800
毛坯	80	40	32	1020	1020

第七章 现场管理

第一节 概 述

一、现场管理的概念

(一)现场

“现场”一词,就一般解释而言,是指直接从事生产、工作、试验的场所。

在企业里,就广义而言,现场涵盖了不同层面的部门和人员,每个工作场所都可称之为现场。例如,一线职工的工作场所称为生产现场,技术人员的工作场所称为研发现场,后勤人员的工作场所称为后勤或支持保障现场,销售人员的工作场所称为销售现场,顾客服务人员的工作场所称为服务现场,管理人员的工作场所称为办公现场,等等。但是,人们更多的是从狭义的角度来定义现场,即特指生产现场。在服务性企业里,现场特指与顾客接触和提供服务的场所,如饭店的大厅、餐厅、客房、接待室、登记柜台、值班柜台等,公交公司的始发车辆调度处、售票处、零钞调换处、公交车上等。在这里,我们对现场作狭义的理解。

现场作为劳动者的工作场所,静态地看,聚集了企业主要的人、财、物等资源;动态地看,记录了劳动者利用劳动工具,作用于劳动对象并生产和提供一定产品或(和)劳务的生产运作过程。所以,由人(劳动者)、机(机器设备)、料(原材料)、法(工艺与方法)、环(环境)几大要素组成的现场,又是企业利润的源泉。

(二)现场管理

现场管理,顾名思义,就是以现场为管理对象的所有管理活动的总和,即综合利用科学的管理方法,对现场的诸组成要素进行合理配置和优化组合,对现场的人流、物流和信息流实施有效管理与整合,以建立良好的生产运作秩序,确保生产运作过程的安全、文明、优质、高效。

现场管理优化是企业管理整体优化的基础。企业应该以保证质量、降低消耗和提高效率为中心,以工艺为突破口,围绕班组建设、定置管理、设备维护和作业环境等主要内容,切实改进现场管理工作,提高现场管理水平,努力建立良好的生产运作秩序,为实现生产运作管理的目的和任务、提高企业经济效益提供强有力的支持。

与其他管理相比,现场管理具有以下两个显著的特点:

(1)基层性。现场是企业各项工作贯彻执行的落脚点,而与现场工作相对应的是企业的最基层组织——班组,因此,现场管理在很大程度上就是班组管理。这意味着现场管理首先是一种执行性的管理,解决的是非常具体的各种问题,具有很强的针对性和可操作性。另外,班组作为企业组织的"细胞",是企业开展各项工作的基石,所有上级部门的工作要求经过层层分解最终都要归结落实到班组,正所谓"上面千条线,下面一根针",决定了班组工作的多方位和全面性,要求现场管理必须具有很强的整体观点和协调性。

(2)群众性。现场和现场管理工作与基层职工密切相关:一方面,各项工作必须由基层职工去掌握、去操作、去完成、去改善;另一方面,职工的能力、绩效和报酬必须通过现场工作来进行科学、客观地评价,职工的自我价值只有通过参与企业管理和工作成绩才能得以实现。这要求现场管理以人为中心,高度重视民主化管理,充分调动和发挥每个职工的积极性和创造性。另外,要把工作做实做细,做到管理精细、考核严细、把关仔细、工作抓细,在强化遵守纪律和规章制度的同时，鼓励职工开展自我控制、自我学习、自我超越的自我管理，不断提高自身素质。

在以泰罗为代表的科学管理理论中，人们所熟知的搬运铁块实验、建筑工人的砌砖动作改进等，都属于现场管理的问题。随着社会的发展和研究的深入，人们开发了很多现场管理的方法，如工作研究、TQC小组、看板管理、人机工程、5S活动、定置管理等。特别是日本所创造的经济奇迹，引起世界各界对其成功的两大法宝——基于改善理念的质量管理与5S活动的高度重视，5S活动得到推广应用，以至于5S活动成了现场管理的代名词。

二、现场管理的意义

(一)现场存在的问题

现场和现场管理是增强企业活力的源头，是全面提高企业素质和竞争力的基础。有一种说法叫"企业发展要上去，管理重心要下去"，就是指现场管理的重要性。我国企业的现场管理虽然有了很大进步，但还存在不少问题，总结起来主要有：

1. 人员仪容不整、懒散

人员的仪容代表着一个人的精神面貌和综合素质。仪容不整常常和惰性、懒散相联系，意味着存在缺乏责任心、作风散漫、纪律松弛、工作马虎等问题。这不仅有损企业的形象，影响整体士气，不利于企业塑造团结合作、奋发向上的工作环境和文化，而且不利于开展识别管理，是一种安全隐患因素。

2. 机器设备布局不合理，保养不当

机器设备布局未经科学设计，带有随意性。这将导致工作过程相互交叉影响，物料搬运距离增加，无效工作增多，在制品库存增大。对机器设备保养不当，包括思想不重视、程序不规范、方法不合理、工作不到位，会使机器设备故障增多，精度下降，效率下降，工作和产品质量难以保证，且成本增加。这些问题还会造成质量责任的不明确，影响职工的工作情绪，淡化职工的质量意识。

3. 工、夹、量具杂乱放置，呈无序状态

工、夹、量具杂乱地随机或随意放置，使用和归还制度不健全，不仅容易造成工、夹、量具的损坏和丢失，难以保证其精度和性能，而且要东翻西搬来寻找需要的东西，使人心情厌烦，增加寻找时间，影响工作秩序和进程。

4. 物料随意摆放

原材料、半成品、产成品、待修品等各种物料随意乱堆乱放，甚至占用很多工位、过道等生产运作空间，既造成现场压抑的感觉，对安全生产运作埋下了隐患，又大大增加了管理的难度，极易造成物料混乱、堆积，不便于寻找和实施有效控制，结果会越积越多，最终甚至成为无用的呆料。

5. 管理不到位，生产运作秩序混乱

缺乏一套行之有效的现场管理方法与手段，规章制度流于形式，管理者像救火队员一样疲于应付，依靠经验处理问题。以下种种现象都是现场管理不到位的具体表现：生产运作无计划、无标准、无责任，或者是有计划但总是"流产"、有标准却不执行、有分工却相互推诿，经常性的无效劳动和无故停工，低下的生产运作效率，大量的问题产品，事故频繁、灯长明和水长流等。

6. 现场环境"脏、乱、差"

(二)现场管理的意义

现场管理对全面提高职工综合素质，改善工作环境，建立良好的生产运作秩序，保证现场生产运作过程的安全、文明、优质和高效具有重要意义。实践证明，它在以下方面有明显的效果：

1. 保障质量

这是因为现场管理首先改变了人，职工修养加强，素质提高，形成了良好的做事习惯。其次，改进环境，加强设备管理，减少了意外失误，从根本上消除了产生质量问题的土壤。

2.提升效率

首先表现在各种物品摆放有序，区域清晰明了，便于寻找需要的物品，节约了大量时间，消除了安全隐患；其次，清洁、整齐、优美的自然物质环境，文明、尊重、协作的人文精神环境，自然有益于企业上下，特别是职工保持好的心情和心态，提高了工作的积极性和创造性；再者，既明确了每个岗位的职责，又加强了相互协作配合，减少了大量浪费。

3.塑造优秀的企业文化

培养的有素养的职工，有自己的目标追求，可以从日常工作中获得成就感；更有爱心与耐心，乐于合作，尊重他人。共同的目标，平等的心态，良好的环境，有利于建立团队感情，营造团队合作精神。

4.提升企业形象

整齐清洁的工作环境，会使顾客有信心，产生信赖感；由于口碑相传，会成为学习的对象。

日本企业反对管理者把自己的办公室作为工作现场，也反对只是通过各种会议或报告来了解现场情况，要求必须与现场保持密切的接触，深入到现场解决问题。为此，日本管理者奉行以下的做法，并作为现场管理的金科玉律：(1)当问题(异常)发生时，要先去现场；(2)检查现物(有关的物件)；(3)当场采取暂行处置措施；(4)发掘真正原因并将之排除；(5)标准化以防止再发生。可见日本对现场管理的重视程度，值得我们借鉴。

第二节　5S 活动

一、5S 活动的含义

5S 活动，是指以整理(Seiri)、整顿(Seiton)、清扫(Seiso)、清

洁(Seiketsu)和素养(Shitsuke)为内容的活动,因这5个词的日语中罗马拼音的第一个字母都是"S",故简称为5S活动。

(一)整理

这是现场改善的第一步。它是指将现场的所有物品区分为需要和不需要两大类,并把不需要的东西坚决清理掉。其目的是腾出空间,防止误用,塑造清爽整洁的工作环境。

进行整理时,应该注意几个问题:其一,要面向现场内摆放的任何物品,所以要对现场的所有地方进行彻底搜寻,包括上下左右、前前后后、角角落落、看得见和看不见的地方,不能遗漏。其二,要通过认真的现场调查和分析,按照现在的使用价值而不是原来的购买价值,明确区分现场需要和不需要的分类标准,指导进行具体分类。其三,在清理不需要的物品时,态度一定要坚决,不留尾巴。如破损的工夹具、报废的设备、更改后的部门牌、长期不用的材料、废包装箱等,就属于不再使用的物品,应该坚决清理掉。

(二)整顿

整顿是指把现场内的物品分门别类放置,做到整齐有序,并进行必要的标识。实际上就是对物品定量、定位。其目的是:杜绝物品乱堆乱放、物品混淆,使工作场所一目了然;消灭物品寻找困难的现象,消除找寻物品的时间和物品积压;建立整整齐齐的工作环境。

应注意的问题有:其一,物品的摆放一定要有固定的区域和位置,为此,要对现场的空间进行分析,对可供放置的场所进行规划。其二,物品的摆放地点一定要科学,不仅有利于现场环境的整洁,有利于道路通畅和生产运作安全,而且要便于物品的取用。一般原则是:将几乎每天使用的物品置于就手处,如工作区的个人工具箱;将每个月左右使用1次的普通物品置于车间内的统一固定场所,保证随时可取;将数月才使用1次的物品置于企业的仓库或工具室集中存放;将长期不用的物品置于待处理区等。其三,采用目视管理的方法，通过划线、色彩、图片等形式，将物品存放的区域、分类、物品名称、数量、责任人等信息清楚地表示出来，做到一目了然。

(三)清扫

清扫是指清除工作场所的脏污，把工作场所及工作用的设备和工具清扫干净，保持工作场所干净、亮丽。包括清扫从地面到墙面、到天花板的所有物品；对机器工具进行彻底清理、润滑，实施有效的维护保养；杜绝污染源，如水管漏水、加工的飞屑、噪音处理等；修理破损的物品。

清扫看似简单、平常，但事实上并不容易做到，不仅需要清扫彻底，而且要通过建立制度，明确责任，使清扫日常化、标准化，保持良好的环境。同时还要特别重视污染源的调查和分析，采取有效措施，杜绝污染源的危害。

(四)清洁

清洁是指为了维持前面3S的成果，把3S的工作日常化、制度化和规范化，使现场总是保持完美和最佳状态。清洁是前面3S的坚持与深入，其目的是监督和维持前面3S的成果。

清洁意味着工作要从物品的清洁转向“人的清洁”，通过改变人的观念和行为，来达成物品清洁的目标。应通过划分责任区和落实责任人，并加强定期或不定期检查，开展部门间相互评比竞赛等各种形式，强化和提高职工对3S的认识，促使职工每天坚持开展3S，做到上班3S，下班3S，时刻不忘3S。

(五)素养

素养或教养意味着自律，指每位职工养成良好的习惯作风，严格依照规章制度行事，具备爱岗敬业的良好职业道德和积极向上的进取精神。这是5S活动的核心。达不到这个境界，5S活动就不可能顺利开展，开展了也不会坚持长久。

素养的目的在于培养具有好习惯、遵守规则的好职工，营造良好的团队精神。只有通过坚持不懈的教育,寓教育于日常生活中,才能使职工养成好习惯,如遵守出勤时间,保持良好的工作状态(不随意谈天说笑、离开工作岗位、看小说、吃零食等),服装整齐,有礼貌,爱护公物等。事实证明,逐步增加奖赏、领导者接受质疑、鼓励顾客参与、推行合理化建议及奖赏制度、设立一个模范样板、培育合作气氛与文化等,都对素养的培养非常有益。

需要指出的是,欧美企业也有"5S 作战"或"5C 作战"的说法,整体和每一项的意思与 5S 活动非常类似。5S 作战是指分类(Sort)、定位(Straighten)、刷洗(Scrub)、制度化(Systematize)和标准化(Standardize)。5C 作战是指清除(Clear out)、安置(Configure)、清洁与检查(Clean & Check)、遵守(Conform)、习惯与实践(Custom & Practice)。这里就不再展开论述了。

二、5S 活动的实施方法

(一)红牌作战

所谓红牌作战,就是在有问题之处贴上红牌子来揭示问题的一种工作方法。一方面,红牌子包括与解决问题有关的一些项目,如责任部门、存在的问题、解决问题的对策、希望完成的时间、实际完成时间、验收结果等,可直接作为一种管理和控制文件;另一方面,红色标志非常醒目和刺激,能一目了然地告诉人们问题及其所在,促使责任部门尽快地解决问题,并尽量减少得到红牌的机会。

红牌作战时,凡是存在问题,凡是需要改进,就应该毫不犹豫地贴上红牌。但需要注意的是,贴红牌的对象不是人,而是物和事。另外,态度一定要严肃,贴红牌时要像魔鬼一样严厉。如果对是否贴红牌出现犹豫,就可以判断还未达到最佳目标,说明还存在问题,应该进一步改善,所以要坚决贴上红牌。

(二)检核表法

检核表,顾名思义,就是通过一系列的系统化问题来反映各种检查项目状况的表格。所谓检核表法，就是对照检核表中的每个检查项目和问题，逐一进行检查和评价，并分析找出存在的问题和原因，加以改进。检核表实质上就是检查的指南，使得检查成为系统化和规范化的工作，防止遗漏检查项目和问题，分析问题更客观和科学，而且问题明确，回答清楚，具有很强的可操作性。表 7-1 就是检核表局部的示例。

表 7-1　检核表示例

场所	检查项目	检查问题	记录
车间	通道	是否划线(整顿)	
		有没有无用的物品堆放(整理)	
		通道能否顺利通行(整顿)	
		地面是否平整(清扫)	
		地面是否干净(清扫)	
办公室	办公现场	办公现场有无无用物品	
		使用频率低的物品是否放置储存处	
		经常使用的物品是否摆放在办公现场	
		物品摆放是否有合理规划，容易寻找	
		物品摆放是否整齐	
		抽屉、柜筒、文件类物品是否做有标识	
		办公现场是否清洁	
		办公设施是否干净	

三、办公室 5S 活动的实施

(一)资料整理

将文件柜中所有资料分门别类进行整理，所有文件夹标示编号、名称、责任人、保管期限、定位号。

(二)文件柜标示

文件柜标示分两个层面开展工作：一是将办公室所有文件柜明确责任人，并加以标示。一般地，同一文件柜应放置同类内容性质或工作上联系密切的文件资料。二是对文件柜内部区域进行划分，分别用来放置不同子类的文件资料，并加以标示。

（三）桌面文件资料整理

通过划线或文件资料放置架等有形物质设施，在桌面上划分出"已处理文件"和"待处理文件"两个区域，明确加以标示，并将桌面上摆放的所有文件资料据此归类和放置。

（四）抽屉整理

明确私人物品集中放置区。整理抽屉中的物品，按一定规则进行放置，并加以固定，防止拉动抽屉时造成物品乱动。

第三节　定置管理

一、定置管理的概念

（一）定义

定置管理起源于日本，由日本青木能率（工业工程）研究所的青木龟男先生始创，并被日本企业管理专家清水千里先生所发展。它是对生产现场中的人、物、场所三者在生产活动中的相互关系进行科学地分析研究，使之达到最佳结合状态的一种科学管理方法。它以物在场所的科学定置为前提，以实现人和物的有效结合为目的，通过对生产运作现场的整理和整顿，改进生产运作过程的运行机制，使生产运作过程文明化、科学化、规范化和制度化，实现高效、优质、安全的生产运作。

定置管理既是5S活动的一项基本内容和一种有效的方法，又是5S活动的进一步深入和发展。

（二）基本术语

（1）放置与定置：放置是指物品的随意摆放；定置是指有目的、有计划、有信息媒介、有货物标志的标准化存放。

（2）ABC三状态：场所、人进行作业、人与物结合等都存在

ABC 三种状态。其中,A 状态是一种满足需要的理想状态,意味着各方面都符合有关规定;B 状态是一种满足局部需要的问题状态,意味着有些方面达不到规定要求,需要加以改进;C 状态是一种不满足需要的不合格状态,意味着很多方面达不到规定要求,必须彻底改造或消除。

(3)人、物、场所的结合过程:包括三步——物要存放于场所,即物与场所相结合;人找到该场所,即人与场所相结合;人取得物,即人、物、场所结合在一起。

(4)连接人与物的信息媒介物:信息媒介如何连接人、物、场所的相互关系,可通过表 7-2 说明。可见,第一媒介物回答了“该物在何处”,第二媒介物回答了“该物在哪里”;第三媒介物回答了“这儿就是该处”;第四媒介物告诉“此物就是该物”。

表 7-2　连接人与物的信息媒体

事例	第一媒介	第二媒介	第三媒介	第四媒介
找人	通讯录	地图	路标	门牌
仓库找物	位置台账	定置图	货架	现物
图书馆找书	卡片	分布图(找房间)	书架	管理书

(5)物的存在价值:物要发挥作用,就必须实现与人的结合,为此所付出的代价称为人与物的结合成本,包括存物成本和取物成本。物的存在价值就是物的原来价值扣减结合成本后的结果。例如,某人每小时薪金为 10 元,花了 1 小时才寻到价值为 10 元的工具,那么该工具的存在价值 $V=10-10=0$(元)。定位放置在增加存放成本的同时,可以大大减少取出成本,使结合成本最小化。

(6)位置系统:指对场所进行分类,并明确物和场所的结合形式。具体地,场所可分成三类:①宁空也不能放其他物的固定位置;②安放随意但信息要全(可放任何物品)的自由位置;③临时存放、限时转移的临时位置。物和场所的结合形式可分为一物一所、一物多所和多物一所三种形式。

(三)研究对象

1. 场所定置

场所定置的许多方面可参见第五章,这里仅作简要的说明:

(1)厂区环境定置。包括选择合适的工厂地理位置,合理安排办公场所、生产场所和职工的生活场所,确定各部门的地理位置。

(2)车间定置。总体考虑设备、光线、走道、水电、服务等问题。

(3)仓库定置。包括决定货架的摆放位置,回答谁前谁后、谁上谁下;实施货物的"五五堆放"制度;建立 AB 台账,分别说明物品的定位和场所的"定物",实现复元定置;标志标示牌等。

(4)办公室定置。包括办公室定位,安排科室的具体楼层和房间;对办公室内部进行布置;办公桌上的物品定置等。某厂对办公室的椅子的定置管理就很有新意,规定椅子拉出表示在岗,椅子推入表示未上班,椅子半拉开表示临时离开,人在厂区。

2. 物流定置

企业物流系统中有两个不同层次的物流——对象物物流和管理工具物物流。这两种物流的特性不同,定置方式也不同。

(1)对象物物流。对象物物流是指企业生产活动过程中,加工对象物物流和加工手段物物流。其中,加工对象物物流指原材料、毛坯、零件、部件到制成品出厂,按工艺过程的规定,依次在各工序上加工、搬运、检查、停放、储存的过程。加工手段物物流指工量检具、工艺装备、工位器具、运输机械、机床附件等物品,围绕加工对象物物流的需要而进行的周期性的往返流动过程。

(2)管理物物流。管理物物流是指在企业生产活动中,指引、控制、确认对象物物流的各类信息媒介物的流动过程,主要有指令性信息媒介物、标准性信息媒介物、引导性信息媒介物和确认性信息媒介物。其中,指令性信息流指企业的作业计划、调度令、工票(学校的课程表)等指令性媒介物的流动,是企业管理者根据各类标准而制定的、向加工对象的制造单位和操作者下达的时间、数量、质量、成本等方面的指令，起着控制对象物物流的速度（动作与节奏）、状态（期、量、质三特性）的作用。标准性信息流指B台账、图样、技术文件、技术标准、管理制度（办事程序、国家法规）和各类定额指标等信息媒介物的流动，是在一个较长时间内很少发生变更的信息，起着查询依据的作用。引导性信息流指A台账、定置图、各类符号标志（公路路标）等信息媒介物的流动，随着对象物所在的场所、位置的变化而变化，随着场所的变动而变动，是为了实现人寻找物而规定的方向、路线、地点的符号标志。确认性信息流指物品卡片、调拨单、交库单、合格证、领料单等信息媒介物，属于第四媒介物，一般作现货或现物的确认性表示。

二、定置技术

（一）ECRS技术

ECRS技术是指取消（Elimination）—合并（Combination）—重组（Rearrangement）—简化（Simplification）分析技术。

"取消"，即思考为什么要干这项工作？能不能取消这项工作？如果所研究的工作可取消，本身就是一个大改善，也就不必再研究下去了。所以解决任务问题之初，首先要研究它是否可以取消，这是分析的最高原则。

"合并"，即思考能不能使某些工作合并？如果工作不能取消，应该研究是否可以合并于其他工作。通过合并，可以解决生产运作过程各环节能力的不平衡，防止出现人浮于事和忙闲不均的情况。也有些工作，就其性质而言就应合并，例如，圆铁在车床上的粗车和精车工作，应合并由一人完成，以减少工作装卸的次数和时间。在效率不高的工厂或生产单位中，常可发现诸如此类可以合并的工作。合并是寻求提高工作效率的第二原则。

"重组"，即思考能不能变更某些工作顺序？各项工作经过研究取消与改变后，应重排作业程序。同时还应用上述取消与合并两原则，将重排作业程序中又发现的不必要"运送"、"操作"再予取消或合并，使作业程序有条有理，使工作效率得以提高。例如，在一个S形铁件上钻孔，流程为先钻横孔、后钻立孔、再用手抓起放入零件箱中。现改为先钻立孔、后钻横孔、然后S形铁件自动落入零件箱中，操作者可以腾出左手去做下一个操作。经过这样一个简单的改进，就可以节省4秒钟时间。

"简化"，即思考能不能使某些工作简化？各项工作重新排妥之后，最后一步应分析各项工作本身的动作和方法是否可以简化？要结合动作经济原理，简化每一个小动作。

在分析问题、提出改善方案时，可运用ECRS技术，反复和交叉思考以上问题，对作业现场布局和操作者的作业动作进行深入研究，从而形成新的人、物、场所结合的概念，提出改善方案。

(二)工作研究

工作研究又称方法研究、工作简化、工程分析等，是方法研究和时间研究的总称。它运用系统分析的方法研究资源的更合理利用，通过排除生产运作过程中不合理、不经济和混乱的因素，来提高生产率。

工作研究包括工作分析和改进实施两个阶段，工作分析进一步划分为选择课题、实地记录和分析探讨三个步骤，改进实施进一步分为研究改进、分段实施和检查坚持三个步骤。这里只对具有特定意义的实地记录、分析探讨和研究改进进行讨论。

1. 实地记录

当完成选题后，接下来就是调查与记录现状，简称实地记录。一般用工作流程图来描绘工作。为了使记录正确和使分析达到尽可能的深度，在画工作流程分析图表时，把工作分解成若干个基本活动，如操作、检查、运输、仓储、延误，并用统一符号清楚地予以描述。常用符号如表7-3所示。

表 7-3　流程图常用符号说明

符号	名称	说　明	举　例
○	操作	改变对象的性质、形态、定置或与其他对象关系的活动	加工钢材、捡起物品、制订计划
□	检查	鉴定、核对项目或物体的数量或质量是否符合标准、样品或要求的活动	检验加工件，核对长度、验证文件
⇨	运输	对象从一个地方向另一个地方移动的活动	文件从科室带到车间，零件到外协厂进行热处理
▽	仓储	有意识地在仓库或储藏处存放	文件的归档、加工好零件放进仓库
D	延误	工作过程中的搁置、存放、停顿等	等待工具和材料；成品等待发运

2. 分析探讨

分析探讨是所有工作中最重要的一步，可结合 5W1H 分析法(见表 7-4)来分析这项动作要达到什么目标？为什么要做此项动作？取消行不行？与其他动作合并行不行？在什么地方做？为什么要在那里做？有没有更合适的地方？什么时候进行这项动作？为什么要在这个时候进行？有没有更合适的时间进行？由谁做这项工作？为什么要由他来做？换别人做是否更好？为什么要用这种方法进行？有没有其他更好的方法？

表 7-4　5W1H 分析法

5W1H	现行方案	Why	分　析	改　进
What	做什么？	为什么做？	是否必须做？	取消、合并
Where	在哪做？	为什么在这儿做？	另一地做是否更好？	
When	何时做？	为什么那时做？	别的时间做是否更好？	重排
Who	谁做？	为什么他做？	谁做更合适？	
How	怎样做？	为什么这样做？	怎样做更好？	简化

在研究分析时还要对设计、工艺、设备、工装、产品质量、生产效率、安全、文明生产、材料、人员素质进行统盘的考察，把所有意见进行归纳，列出表来。在这一步中不考虑这些意见有否价值，能否采用，希望建议能多多益善。

3. 研究改进

把分析探讨阶段所列出来的各种意见和建议加以整理、归纳，然后逐条研究哪些可以采用，哪些不具备实施条件，哪些是将来应该逐步创造条件实施的，哪些是不宜采用的，最后提出改进方案。一般可首先整理意见，列出趋向，即把各种意见逐条地、细致地进行研究，并加以整理归类，把相同的趋向排列在一起。其次是研究改进途径，即在围绕课题的目的基础上，从改进动作使时间紧缩、分解动作以简化工作、取消某些过程或动作、改变工作方法、改变程度、采用自动化、改变平面布置以减少运输路程、改进劳动组织、寻找替代材料等途径人手考虑改进。最后是制订改进方案，在对各种意见逐条加以取舍后，形成改进方案。

有的企业结合自身实际，创造性地总结出了定置管理工作五大要点，简单、形象、易记、方便，值得学习和借鉴。这些要点是：

(1)有图必有物——建立定置图，计划各类物品的定置区域；

(2)有物必有区——物有所归，划区堆放，区域明确；

(3)有区必挂牌——信息标准化，标牌大小、文字字体统一规范；

(4)有牌必分类——每一类物品都按物品所处的工艺状态标以专门标志；

(5)按类各存放——各类物品在管理区域内分类存放。

三、定置管理的程序

1. 现场调查，明确问题点

以定置管理主管人员为主，组织有经验的管理和现场有关人员，组成调查诊断小组，拟定调查提纲并进行深入调查。侧重了解场所设备和各工序的联系、产品物流、工人操作、工位器具配备和对象物的停放、搬运方式、各管理现状的相互关系等情况，对重点问题可绘制现状平面图，对典型场所人物结合状态还可以采取拍照方法。将问题归纳整理，以便技术分析。

2. 分析问题，提出改善方案

借助 ECRS 和工作研究技术寻找较深层次的问题，如工序安排的不合理性，操作方法的不妥之处。具体地，可研究作业者的作业动作，分析人和物的结合状态，把动作分解到细微阶段（动素），总结出合理的人物结合方法，使动作合理化，达到作业标准化和物品定置规范化。通过作业记录，对作业者的人机配置、工序衔接进行分析，研究作业者的工作效率，去掉不合理状态，清除人和物结合的不紧密状态，寻找出一种科学的先进的作业标准。

3. 定置设计、定置准备

根据改进意见，进行定置设计。主要包括：①总厂、分厂、班组、机台的场地定置图；②设计各类物品停放、保管的仓、区域、场地定置图；③设计物品具体停放场所的货架、箱柜、容器和收发、进出场地的信息符号标志；④设计位置台账、物品特性卡片等信息媒介。同时，作好定置前的准备工作，主要包括：①贮存容器的修理、补充制造；②各类货架、箱柜、设施场地的调整划分；③各类信息媒介的绘制、制造；④确定暂时保管物的处理意见和清除物的接收地点。

4. 定元定置、复元定置

定元定置是指将物从放置状态转换为定置状态。换言之，整理放置着的物，对位置不确定之物规定其固定位置，对状态不定或不确切之物进行规范，对现货表示不清的也进行规范，使之纳入定置管理的要求。复元定置是指对已作定元定置的物品进行保持其状态的活动。如对车间使用的工具“用毕归原处”，就是复元定置。可见，定元定置为系统改善，复元定置相当于系统保持。

四、定置率

实现物流系统的整理整顿目标,不是一朝一夕可以全部完成的。为了有计划、有目的地搞好整理整顿和持久地保持其成果,就必须重视检查、考核和分析。常用的评价标准就是定置率。

定置率是有效定置物品数与必须定置物品数之比。可进一步构造定置化率、有效定置率、实际定置率等指标。定置化率是已被定置物品数与必须定置物品数之比,用以评价企业或部门推行定置管理工作目标的实现程度或开展定置管理工作的幅度。有效定置率是有效定置物品数与已被定置物品数之比,用以评价企业或部门定置状态保持的效果。实际定置率是有效定置物品数与必须定置物品数之比,用以评价企业或部门推行定置工作的实际水平。此外,还可以采用件数定置率、种类定置率、定置管理推行率等评价指标。

例如,某企业有物品 100 件,必须定置物品数有 80 件,还有 20 件物品可自由放置。实行定置管理一段时间后,检查发现有效定置物品数为 50 件,还有 30 件必须定置的物品没有放回原位。则定置化率为 80/100=80%,有效定置率为 50/80=62.5%,实际定置率为 50/100=50%。

第四节　现场管理的推行

一、推行现场管理的程序

(1)成立现场管理推行委员会。该组织专门负责领导和管理现场管理的实施工作,包括对现场管理进行领导,编制有关目标和计划,决定具体方案,组织实施,进行指导与检查评比等。委员会责任明确,一般由企业最高层的领导出任该委员会主任,并设置办公室负责具体工作。

(2)拟定推行方针和目标。结合企业的实际情况,根据现场管理的现状,制定富有号召力的方针,并通过设定具体目标加以落实。如现场管理已经达到一定程度的企业,就可以把挑战自我、塑造企业完美形象作为方针,把出现红牌的次数降低到最低作为目标。但对一个现场管理问题严重的企业,可能只能把消除不文明现象、遵守规章制度作为方针,把不出现某些不文明行为和降低浪费作为目标。

(3)制订工作计划和实施办法。对推行现场管理的整体日程作出规划,并制定有关的规章制度和操作方法,如物品分类办法、5S活动评比办法、5S活动奖惩办法等,形成正式的书面资料。

(4)进行宣传和教育培训。采用多种形式进行广泛宣传,造成声势,引起全体员工的重视。同时,结合现场管理实际要求对全体员工进行培训,使他们了解情况,掌握技能,明确目标,积极支持和投身到工作中。

(5)实施。按照5S活动的要求,划分区域,制作标示。一般以全企业的"洗澡"运动拉开序幕,通过彻底的大清扫,使效果立即显现,使人产生一种精神上的振奋,有利于工作的展开。另外,必须实行区域责任制,这是重要的组织保证。

(6)检查评比。按照制定的检查评比和奖惩办法,定期和不定期地开展检查评比,并将结果公之于众。对发现的问题,要采用红牌作战等方法督促改进,对取得的成绩及时给予奖赏。

(7)检讨和修正,形成良性循环。这里不仅指各部门现场管理水平的不断提高,更重要的是指随着现场管理的推行,要不断总结推行工作本身的经验教训,对原来的一些政策、制度和作法进行修正,使现场管理步入标准化、制度化的轨道,形成良性循环。

二、目前推行现场管理需要克服的问题

(一)思想认识问题

(1)对现场管理存在不正确的认识。主要有:开展现场管理的效益难以计算,不能科学评价工作成绩;需要添置必要的器具,难以筹集所需资金;整理整顿要花时间,中看不中用,简直就是浪费;人是有惰性的,搞了一段时间坚持不下去,总是要垮的;现在太忙,现场管理人员是吃饭没事干,瞎折腾,但别影响我的工作。

(2)对"存放成本"缺乏足够的认识。一般人都"怕在存放上花时间和成本,却不惜取出费用",导致物品用时找不到、不用时乱扔放的现象普遍存在。如果不从思想深处纠正这种习惯性错误概念,不明确存放成本的构成,不从存和放这样的整体角度认识这种成本,就不可能从根本上杜绝这种现象。

(3)人的惰性、人的习惯势力和先入为主的思想,会对复元定置起很大的反作用。为此,可以适当延长复元检查周期,通过不断的检查来保持良好的生产现场状态,同时渐渐地改变员工的行为,让新的习惯发展成为自然。

(二)现场管理实践中的不科学现象

(1)上级批评:你们 5S 搞得不好,给我收拾整齐些。过了一阵子后,上级又批评,并加上一句话"得让我说多少遍才行"。

(2)有大人物来视察,于是急急忙忙搞 5S,追求表面化。由于乱塞一通,导致物品找不到。

(3)停工停产搞 5S,目的在于消磨时间,只是劳民伤财,这与创造价值毫无关系。

(4)空喊的 5S,如"用完工具后请放回原处"。

(5)随心所欲的 5S。例如,因参观听报告,为其内容所感动,决心大搞一场。再如,因事故发生,作为责任人,不得不主动搞 5S。这种 5S 活动最终都不会长久。

(6)例行的5S,如辞旧迎新型,轰轰烈烈的安全周型。

案例13　上海汽轮机厂的定置管理

上海汽轮机厂首先在厂内落实了推行定置管理的领导小组,明确了以生产、技术、质管部门为主体的工作班子,并由一位厂长负责抓定置管理的推广工作。

为了配合定置管理的教育,自行编写了《定置管理及其应用》的小册子,印发至各有关部门及班组。约花了一个多月的时间对近两千名职工开展了自上而下的定置管理教育活动,使厂级、中层及各班组骨干的各级人员都明确了定置管理的目的意义、基本要点及定置管理的具体实施步骤,并建立了厂内定置管理的指导性文件及厂区、车间各种设施色彩规范化标准,为定置管理有组织、有步骤地推广创造了必要的条件。

推行定置管理的基本程序如下:

1. 现场诊断及清扫

定置管理工作小组定期下车间诊断,督促指导车间定置管理工作,是推动开展定置管理的首要环节。闲置的设备是否要拆除,下马的工装如何处理等等问题需要工作小组进行诊断,必要时提交定置管理领导小组讨论决策。在推行定置管理初期,清扫垃圾与扔掉不必要的东西是十分重要的,各车间在清扫阶段就清除不必要物品垃圾达1000余吨。为了防止在清扫活动中物品管理紊乱和不必要的浪费,又制订了清除或处理各类物品的有关规定。例如清除废品料头、设备、工装等各大类物品时各车间必须编制清单并经质检、生产、工艺、设备等有关部门的会签及备案。与此同时,为了鼓励各部门进行清扫、整理,也制订了必要的鼓励及奖励措施,保证5S活动既轰轰烈烈又有条不紊地开展。

2. 作业分析,确定合理的定置区域

通过作业分析和方法研究，对生产现场中人和物的结合状态进行改善，对构成工序质量的主要因素进行有效的控制。组织工艺、生产调度、操作工人及有关部门领导共同进行分析，深入探讨，再对现场所在物进行重新布局和定置。通过作业分析，找出造成在制品不能畅通的主要生产工序，结合设备更新加以解决，使车间的劳动生产率年年递增，在制品数量降低了45%～50%。

通过对操作者的动作分析，确定工位器具的最佳安放位置，并在作业区地面上划线固定作记；在个别台位较高的机床周围，配置了液压车调整适当的高度放置三位器具；根据机床不同的操作特点，重新分析踏脚板的高度大小，按不同机床绘制了20多种形成系列的各类脚踏板，在四个车间添置了规范化的脚踏板近200只。结果提高了工作效率，减轻了劳动强度，受到了操作工人的普遍欢迎。

3. 添置必需的物资

在作业分析的基础上，考虑各车间生产特点，按不同工种和生产需要，添置了各类工具箱600余只，工位器具1000余个，以及工作台、料架、托油箱、栏杆、标牌、踏脚板等，并由工艺部门归口建立了各类规范化的图册。此外，为了便于工人及时清理机床周围的铁屑和废弃回丝等废物，在所有车间大大增加了铁屑箱、垃圾箱的分布密度。同时，还耗资160万元整修了车间通道数以千米，粉刷了内墙、油漆门窗等，为经常保持清洁的环境创造了条件。

4. 定置管理的巩固和验收

在定置管理实施过程中，生产部门制订了“物流控制和在制品管理制度”，确定了正常生产节奏毛坯和在制品在车间的储存量标准，明确了大件三天内、一般件隔天送车间的规定。同时，毛坯库也推行定置管理，向管理要场地。

由于定置管理的理论基点是强调“时间”和“空间”的价值，因此，该厂设想从以下几个方面进一步深化定置管理：①坚持从实效出发，在提高劳动生产率和改善作业环境上下功夫，不追求形式，不搞"花架子"。②工艺部门应结合本厂单件小批生产特点，研究物料的贮运技术，设计多种料架托盘及各类工位器具，使物料贮运既防止磕碰，又利于堆放起吊运输。③强调从调整生产计划着手，根本改变物流状态，逐步考核各车间的生产资金占用费，以促进提高生产管理水平。④坚持定期检查和考核，落实包干区和岗位责任制。

【案例讨论题】

你认为上海汽轮机厂定置管理工作的哪些方面值得借鉴？

【思考题】

1. 何谓现场管理？你认为怎样才能搞好现场管理？
2. 如何理解 5S 活动？
3. 请叙述一个 5S 活动的事例。
4. 何谓定置管理？定置管理多次提到的三状态是指什么？
5. 对象物物流含有哪些内容？管理物物流含有哪些内容？
6. 如何理解物的存在价值？有什么实际意义？
7. 简述 ECRS 技术和工作研究的基本原理。
8. 参观某个现场，总结存在的问题并提出改进建议。

第八章 后勤管理与库存控制

第一节 后勤管理与供应链管理

一、后勤管理

(一)后勤活动

根据美国著名管理学者M.波特所提出的价值链思想，企业从物料采购开始，直至最终将产品出售给顾客的过程，实际上也就是通过后勤活动和生产运作活动来实现价值增值的过程，这些基本活动和环节的联结就构成了一个价值链。其中，后勤活动可分成以下几个主要方面：

(1)采购。采购是指从供应商那里获得企业所需物料的活动。

(2)库存控制。目的是在满足生产运作需求的前提下尽可能降低库存水平。

(3)配送。配送是指将企业的最终产品送达到顾客的活动，包括企业外部配送和企业内部配送。为了以尽可能低的成本便捷地将企业产品送达给顾客，企业必须对以下主要配送问题进行认真考虑和决策：是否建立分地区配送中心？分地区配送中心的数量、规模水平、地理分布？企业配送系统的运行机制，包括企业有关配送单位的工作职责和管理制度、各单位相互之间以及与外部的中间商之间的关系协调政策和方式、信息流管理系统等。

(4)运输。运输是指实现企业物料位置变换的活动，目的是降低运输成本，缩短运输时间。分厂内和厂外运输两部分：厂内运输的功能是将原材料、在制品、产成品等物料搬运到特定的生产运作和仓库地点，很大程度上依附于企业的生产运作系统和生产运作计划，相对比较简单。厂外运输的功能是面向中间商和顾客的产品出厂输送和面向供应商的原材料、备品备件进厂输送，主要责任包括：制订运输计划；选择运输方式（自行运输还是托运？公路运输、铁路运输、水运还是空运？邮包运输、零担运输还是整车运输？等等）；选择运费支付方式；发运（外运产品的包装、打印商标或标记、装车等）；办理运输手续（填写有关单据、通知客户提货等）；参与物料验收；对运输工作的评价、监控和改进等。

（5）维修。维修是指对后勤系统的有形和无形设施的维护保养和修理工作，以保证这些设施处于正常状态，正常发挥功能。

（二）后勤管理

后勤管理是对后勤活动所进行的全面管理。它是从传统的物料与库存管理中发展起来的一个新概念，虽然从内容上包括了企业历来的物料管理、库存管理、配送管理和运输管理等各个方面，但决不是进行简单的机械合并，而是强调树立系统集成、整体优化的新指导思想，并开发供应链管理的新方法对物流、信息流、价值流实施集成管理。

虽然目前后勤管理的定义尚未统一，但各种概念的基本观点类似，可概括为对原材料、零部件、半成品、产成品等物料的获得、移动和存储进行计划、组织和控制的管理活动的总称。目的是确保物流的属性和运作符合顾客需求，即“在正确的时间，（以正确的价格、正确的数量和正确的质量）将正确的物料运送到正确的地点”。其中，“是否满足顾客需求”是衡量“正确”与否的标准；而这里的“顾客”是一种广义的概念，指物料流向的对象，既可以是企业外部的中间商或消费者，也可以是企业内部的某个环节或工序。

二、供应链管理

供应链和价值链密切相关,从组织关联的角度考察价值链,就构成了一个供应链。供应链通常由原材料供应商、生产运作企业、中间商和企业客户等多个组织构成。其中,每个组织既是链中某个组织的用户,又是另一个组织的供应商。如果不断地从每个组织出发来联结其供应方,就会形成一系列供应链或一个供应网络。

供应链管理的基本思想是,用系统的方法对企业的供应链进行集成管理,使整个供应链趋于协调,以尽可能避免或减少供应链内各组织、各环节间的延误和浪费,减少供应链的不确定性和风险,从而积极地影响库存水平、生产运作过程、生产运作周期和顾客满意水平,最终达到以尽可能短的时间和尽可能少的成本实现价值增值的目的。可见,系统优化是供应链管理的指导思想和核心内容。

对供应链进行集成管理,要求在整个供应链上应用系统优化的观念,协调管理跨越企业边界的各个组织的计划和运作。这意味着供应链管理隐含的一个基本出发点就是:将供应链上的其他组织视为"伙伴"或联盟成员而不是竞争对手,建立长期、稳定和相互信任的新型合作关系,通过相互间的责任分担和相互合作来共同获益。这种思维方式的结果,将导致企业的"虚拟纵向一体化",不仅可以获得传统的企业纵向一体化的便于物流控制、降低交易成本的优点,而且可以克服其组织庞杂、响应速度慢的缺点。在当今复杂、激烈竞争的环境下,随着对企业核心能力的日益关注,这种合作关系模式越来越受到重视,成为一种发展趋势,而日本企业应用这种模式的成功则进一步支持和加速了这种趋势。

供应链管理虽然直接针对物流,但必须依赖于及时、可靠的相关信息,上述新型的合作关系也离不开供应链上组织相互间的信息沟通和信息共享,因此,信息流管理是供应链管理的基础。

三、采购

(一)采购程序

(1)明确采购要求。采购要求指采购品种、质量、数量和到货期限,可结合实际情况通过调整采购计划得到。生产运作计划和生产运作作业计划是编制采购计划的出发点,因为它直接决定了所需物料的品种规格、质量、数量和时间。

(2)选择采购方案。质量、数量、时间和价格被称为采购四要素。为了以尽可能低的价格及时采购到符合质量和数量要求的物料,必须认真设计、评价和选择采购方案,在采购批量、供应商、价格、运输方式等问题上科学决策。

(3)订货。与供应商进行沟通或谈判,在双方就有关条款达成一致后,填写订货单或签署采购合同,详细列出采购物料品种、规格、质量、数量、单价、总价值、交货期限和地点、付款条件、运输方式等,既作为双方履行各自行为的书面契约,也作为企业内部不同部门进行控制和管理的凭证。

(4)订货跟踪。发出订单后,采用合适方式加强与供应商的联络和对其工作的监控,确保按期交货,防止出现延误或其他错误。

(5)到货验收。采购部门应会同生产运作部门、物料保管部门、质检部门按采购要求对到货进行验收。这也是采购部门搜集第一手资料的重要途径。

(二)采购管理的几个战略问题

1.制造与购买决策

企业所需物料,通常不可能完全自行制造,还要通过向外购买其中的一部分。制造与购买的结构,即制造与购买的物料品种和数量比例关系,直接影响着企业规模、生产运作能力和生产运作系统构成,进而在很大程度上决定了企业的生产率和竞争力。

经济分析(成本比较)是决定一种物料选择制造或购买的重要

依据。除此之外，以下因素也支持企业做出制造而不是购买的选择：①保证物料供应的及时性；②更好地进行质量控制；③保护商业和技术秘密；④充分利用企业的现有资源；⑤扩大企业规模的偏好。

值得注意的是，传统上许多企业所追求的自行制造模式，现在正发生显著改变，向外购买成为一种新趋势。

2. 集中采购和分散采购决策

企业各单位所需的物料，既可以由专门的采购机构负责汇总并统一面向供应商进行采购，也可以由各用料单位自主采购，前者即所谓的集中采购，后者则为分散采购。一般而言，由于集中采购便于管理，可以获得价格优惠，而且专门的采购人员有利于熟悉行情、与供应商建立友好关系、提高效率和节约成本，所以，在实践中企业往往优先选择集中采购方式。但以下情况适合采用分散采购方式：①不常用的零星物料；②专门技术性要求很高的物料；③时效性强或运输中易破损的物料；④体积笨重、运费昂贵的物料。

3. 供应商方面的决策——三个重要问题

(1)供应商的选择。在新的经营环境下，寻找、选择、甚至培养符合企业战略需要的供应商，越来越成为采购部门的一项战略任务，而对供应商进行评价是开展这项工作的基础。为此，有必要建立科学的评价指标体系和标准，不仅包括质量、价格和交货期这几个衡量供应好坏的关键要素，还包括能从根本上体现供应商素质的企业战略、制造能力、技术能力、人力资源、质量意识、财务状况、企业文化、管理水平等因素，以对供应商进行全面评价。

(2)供应商的数量。过去，企业采用向供应商招标的方式采购物料，理由是企业可以从供应商相互之间的竞争中获得好处。这意味着企业有多个供应商候选人，每次采购时都可能变换供应商主体。但实践表明，对于长期供应，买卖双方都不会从招标中得到好处，而且不稳定的关系反而不利于企业战略管理和企业发展。所以，减少供应商数目已经成为一种趋势（参见表8-1）。这也是建立企业与供应商的新型合作关系的前提。

表8-1　世界著名公司供应商数目变化情况

公司	供应商数目	
	过去	现在
施乐	5000	500
摩托罗拉	10000	3000
通用汽车	10000	5500
福特汽车	1800	1000
德州仪器	22000	14000

（3）与供应商的关系。这一点已在前面做了分析，强调了从原来的竞争关系走向伙伴式的合作关系的意义，不再赘述。

第二节　库存的一般考虑

一、库存与库存控制

（一）库存的定义

企业的生产经营过程是和物料的流动过程相伴随的。制造性企业的物流情况如图8-1所示。可见，物料的具体状态随着物流而变化，在不同阶段表现出不同的状态，如原材料、毛坯、零件、部件、半成品、产成品、待售品等。从管理的角度出发，最理想的情况是实现物料在不同状态间的连续转化，使物料一直处于加工和运动状态，连续完成从原材料到作为产成品出售给用户的整个过程。但由于多种因素的影响，不可避免地存在着物流的停顿，使物料在不同状态间转化时必然存在着中间状态——闲置状态。所谓库存，就是指这种处于闲置状态的物料。在这个意义上，企业中一切闲置的资源，如人力、机器设备、资金等，都可以作为一种广义的库存。

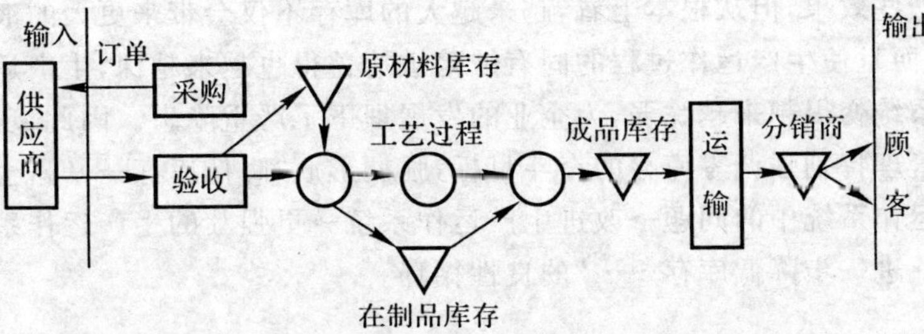

图 8-1　制造性企业物流示意图

(二)库存控制的目的

库存具有两面性。一方面,从理论上讲,库存属于闲置的资源,不但不会创造价值,反而还会因占用资源而增加企业的成本,因此,其本身是一种浪费。另一方面,从现实看,库存不可避免,因为不具备彻底消除库存的条件,又要求保持合理水平的库存,以保证生产运作过程的正常进行。现实中出于以下具体原因保持一定的库存:①平衡生产运作过程上、下道工序或环节的生产率差异;②隔离生产运作和销售过程,满足市场需求的变化;③克服供应商交货时间波动;④增强生产运作计划的柔性;⑤利用数量折扣的好处;⑥防止通货膨胀和价格波动。

可见,“库存是一个必要的恶魔”。因此,库存控制必须树立以下指导思想:既要牢记库存本质上属于浪费,不断改善企业的生产运作系统和生产经营管理,为最终实现零库存的目标而奋斗;又要立足现实,认真分析企业生产运作的实际情况,设计和维持合理的库存水平。

传统管理由于对库存的片面认识,在忽视其本性的同时,不适当地夸大了其正效应,结果导致在生产运作过程出现问题时,往往把提高库存作为解决问题的首选。这种治标不治本的办法虽然也有一些效果，但从根本上看，越来越大的库存不仅会带来更大的浪费，而且使生产运作过程的固有缺陷被掩盖得也越来越深，生产运作系统变得越来越脆弱，为企业的发展埋下了严重隐患。因此，现代管理特别强调零库存的奋斗目标，强调形成“降低库存→暴露生产运作系统中的问题→改进生产运作系统→更强壮的生产运作系统→进一步降低库存……”的良性循环。

二、库存类型

（一）单期库存与多期库存

1. 单期库存

单期库存是指只建储一次（消耗完了不再重新补充）的库存。偶尔发生的物料需求（如圣诞树问题），虽然经常发生，但生命周期短且需求量不确定的物料需求（如报童问题），都属于该范畴。单期库存实质上是一种一次性订货量问题，故控制的关键在于确定一个合理的订货量，以保证既不会造成物料积压损失，又防止失去机会利润。

订货量决策可借助边际分析法来求解。设物料销售1件产生的贡献为 C_u，积压1件造成的损失为 C_o，第 D 件物料被销售出去的概率为 $P(D)$，则第 D 件物料要被包括在订货内，必须满足下面的条件：

$$P(D)C_u \geqslant [1-P(D)]C_o \qquad (8\text{-}1)$$

即：

$$P(D) \geqslant \frac{C_o}{C_u+C_o} \qquad (8\text{-}2)$$

【例8-1】 某服装店拟订购一批流行服装进行销售，已知该服装进价为每件360元，正常售价为每件500元，积压后可削价到260元处理。根据以往经验，预计该服装销售量的概率分布如表8-2所示。试问服装店应该订购多少件？

表 8-2　某服装店服装销售情况表

销量 Q(件)	销量为 Q 的概率	第 Q 件的销售概率
≤10	0	1.00
11	0.05	1.00
12	0.14	0.95
13	0.20	0.81
14	0.25	0.61
15	0.18	0.36
16	0.12	0.18
17	0.06	0.06
≥18	0	0

解：$C_o=360-260=100$(元)，$C_u=500-360=140$(元)，则：

$$P(D)\geqslant\frac{C_o}{C_u+C_o}=\frac{100}{140+100}=0.42$$

故应当订购 14 件。

2. 多期库存

多期库存是指多次建储的库存，即每次库存消耗完毕后需要重新购买补充的库存，属于相当长时间内的、稳定的、重复性的物料需求。多期库存控制的基本问题是回答每次订购多少物料和何时订购两方面的问题，前者为物料订货批量决策，后者为订货点决策。

(二)独立需求库存与相关需求库存

1. 独立需求库存

独立需求库存是指企业外部环境，即用户对企业物料的需求，实际上是用户对企业的最终产出的需求。其最明显的特征是需求量不确定，只能通过预测方法粗略估算。

2. 相关需求库存

相关需求库存是指企业内部物料转化各环节之间所发生的物料需求，实际上是对企业的原材料、在制品的需求。其最明显的特征是依附于企业的最终产出，即依附于独立需求库存。当独立需求库存确定以后，就可以将相关需求库存精确地计算出来。

应当明确的是，只有多期库存才考虑独立需求库存和相关需求库存之分，单期库存则不存在这个问题。此外，两类不同的库存在具体管理时应选择不同的方法，独立需求库存依靠经济订货批量模型，而相关需求库存采用 MRP。

三、库存控制的重点选择——ABC 分类法

ABC 分类法的基本原理是：根据“关键的少数、次要的多数”这一技术经济规律，在对各种因素进行统计分类的基础上，找出问题的主要矛盾，从而将管理资源集中在重要的少数进行有重点的控制和管理。由于现实世界中常常是 20%的因素产生 80%的结果，故也经常称为“20-80 原则”。

具体到库存控制上，A 类库存的品种数虽然只占总数的 10%～20%，但其价值却占 70%～85%；B 类库存的品种数占 20%～30%，价值占 10%～20%；而 C 类库存的品种数占 50%～70%，价值仅占 5%～10%。毫无疑问，对 A 类库存应投入最多的精力和资源进行重点控制，努力降低库存水平，如最优先处理权、完整和精确的库存记录、严格的控制；对 B 类库存进行正常控制，如紧急情况下的优先处理权、固定检查和基本库存记录、一般控制；对 C 类库存只需进行简单控制即可，如每年 1～2 次的盘存和检查、简单的库存记录、不精确的控制。

第三节　独立需求库存控制

一、库存成本

进行库存决策时，库存成本最小化是优化目标之一。一般而

言，库存成本包括以下几类：

1. 存储成本

存储成本是指企业因建储库存而产生的费用，包括存储设施（如仓库、搬运设施、采光、通风、调温设施等）建设与营运成本、存储人力成本、库存损耗（如有形和无形磨损、产品过期、失窃等）、资金机会成本、税收与保险、难以及时发现生产运作系统存在的质量隐患的损失等。存储成本与库存水平呈正比关系。

2. 订货成本

订货成本是指企业在准备和进行物料采购时所产生的费用，包括价格谈判、准备订单、跟踪订单、物料运输与检验等费用。一定时期的总订货成本的大小取决于订货次数，而订货次数的多少又取决于每次订货的批量。所以，订货成本与库存水平呈反比关系。

3. 短缺成本

短缺成本是指由于物料短缺而产生的各种直接和间接费用，包括导致生产运作过程中断、未能按用户要求的交货期按期交货的违约赔偿、企业商誉损失所带来的失去现实和潜在订单的机会损失等。显然，短缺成本与库存水平呈反比关系。

4. 物料成本

物料成本是指购买物料的费用，就是物料购买量与物料单价的乘积。在有价格折扣的情况下，当企业的物料订货量增大到一定程度时，可以从供应商处获得价格优惠。在没有价格折扣的情况下，物料的单价是一个与订货量无关的常数，此时，物料成本实际上是一个与库存决策无关的成本因素。

二、经济批量模型

（一）经济批量模型的基本形式

所谓经济批量，就是一定条件下使总库存成本最小的经济订货批量。经济批量模型提供了一种简单有效的物料订货批量决策方法。

1.前提假设

(1)物料需求均衡,且一定时期的需求量已知,即单位时间的物料需求量(物料需求率)为已知的常数;

(2)物料补充瞬时完成;

(3)物料单价为常数,即不存在价格折扣;

(4)订货提前期确定,即不会发生缺货情况,意味着不考虑保险库存,缺货成本为零;

(5)物料存储成本正比于物料的平均存储量;

(6)物料订货成本不因订货量大小而变动,即每次订货成本为已知常数。

2.经济批量基本模型

根据以上假设,库存的变动情况如图 8-2 所示,经济批量模型示意图如图 8-3 所示,其中,一定时期的总库存成本由存储成本、订货成本和物料成本三部分构成。

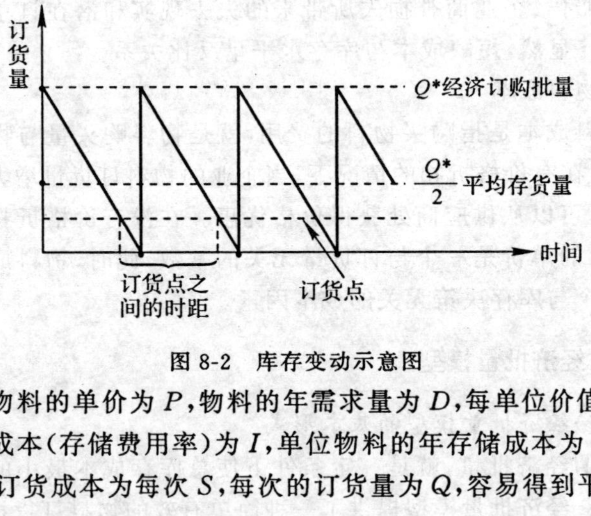

图 8-2 库存变动示意图

设物料的单价为 P,物料的年需求量为 D,每单位价值物料的年存储成本(存储费用率)为 I,单位物料的年存储成本为 $H(H=I\times P)$,订货成本为每次 S,每次的订货量为 Q,容易得到平均库存

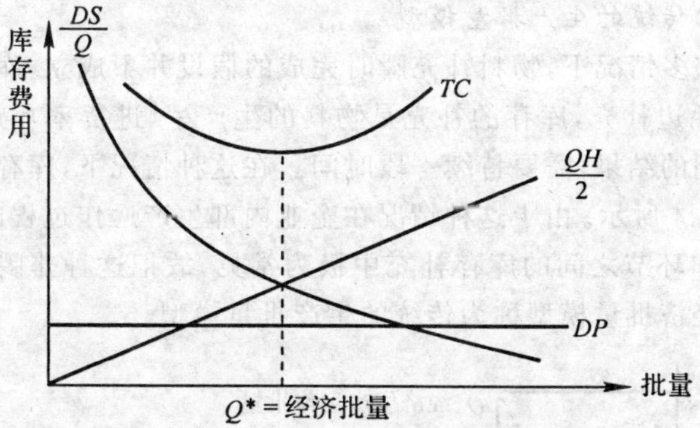

图 8-3　经济批量模型示意图

水平为 $Q/2$，年物料订货次数为 D/Q，则年总库存成本 TC 的计算公式为：

$$TC=\frac{Q}{2}H+\frac{D}{Q}S+DP=\frac{Q}{2}IP+\frac{D}{Q}S+DP \tag{8-3}$$

使 TC 最小的经济订货批量 Q^* 的计算公式为：

$$Q^*=\sqrt{\frac{2DS}{H}}=\sqrt{\frac{2DS}{IP}} \tag{8-4}$$

进而可以计算出每年的物料订货次数及订货周期。

【例 8-2】　某化工厂每年耗用 10 万公斤聚乙烯胶粒。已知该物料价格为 5 元/公斤，年存储费用率为 20%，每次物料订货成本为 80 元。设工厂每天该物料的耗用量大致相等。试进行库存决策？

解：由题意知，$D=100000$ 公斤，$P=5$ 元/公斤，$I=20\%$，$H=IP=20\%\times5=1$ 元/公斤，$S=80$ 元，代入公式(8-4)得：

$$Q^*=\sqrt{\frac{2\times100000\times80}{1}}=4000(\text{公斤})$$

容易得到，全年的订货次数为 25 次，若全年生产运作时间按 250 天计算，则订货周期为 10 天。

（二）传统的生产批量模型

在许多情况下，物料补充瞬时完成的假设并不成立，库存往往是边消耗边补充，库存的补充是物料的生产率（进货率）与消耗率协同作用的结果，需要持续一段时间。在这种情况下，库存变动模型如图 8-4 所示。由于这种情况在企业内部生产运作过程的上、下道工序和环节之间的库存补充中极为常见，故把这种非瞬时补充库存的经济批量模型称为传统的生产批量模型。

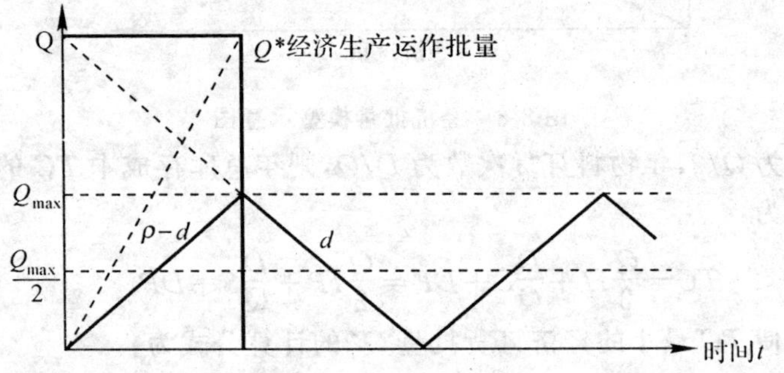

图 8-4　库存变动模型

设物料生产率为 ρ，消耗率为 d，则库存补充率为（$\rho-d$）。若生产运作批量为 Q，则生产运作时间（或库存补充时间）为 Q/ρ，并在生产运作结束时达到最大库存水平 Q_{max}：

$$Q_{max}=(\rho-d)\times\frac{Q}{\rho} \tag{8-5}$$

同理，经济生产运作批量 Q^* 的计算公式为：

$$Q^*=\sqrt{\frac{2DS\rho}{(\rho-d)H}}=\sqrt{\frac{2DS\rho}{(\rho-d)IP}} \tag{8-6}$$

【例 8-3】　某企业装配车间组装某种产品每天需另一部门提供 M 部件 20 件，该部门年产 M 部件 1 万件。若年工作日为 250 天，生产运作系统为生产运作 M 部件的调整成本为每次 800 元，M 部件的生产运作成本为 40 元/件，年存储费用率为 10%，求经济生产运作批量？

解：由题意知，$\rho=10000/250=40$ 件/天，$d=20$ 件/天，$D=20\times250=5000$ 件，$P=40$ 元/件，$I=10\%$，$H=IP=10\%\times40=4$ 元/件，$S=800$ 元，代入式(8-6)得：

$$Q^*=\sqrt{\frac{2\times5000\times800\times40}{(40-20)\times4}}=2000(\text{件})$$

（三）存在价格折扣的经济批量模型

有些情况下，当企业的物料订货数量超过某一限量时，供应商会给予一定的价格优惠，即物料的单价并不是一个常数。那么，企业到底要不要通过提高订货数量来享受价格折扣呢？在存在不同程度的价格折扣时，又应该以享受多大的价格折扣为宜呢？为了回答这些问题，必须结合具体条件对经济批量模型进行修正。具体分析过程仍沿用总库存成本的计算与比较思路。

为简单起见，我们只考虑存在两档折扣率的情况：

$$P=\begin{cases}P_0 & \text{当 } Q\leqslant q_1\\ P_0(1-k_1)=P_1 & \text{当 } q_1\leqslant Q<q_2\\ P_0(1-k_2)=P_2 & \text{当 } q_2\leqslant Q\end{cases}$$

式中，q_1、q_2 表示享受不同价格折扣率的物料订货数量下限，k_1、k_2 表示不同的价格折扣率。

存在价格折扣的经济订货批量的具体求解步骤如下：

(1)以最低价 P_2 代入经济批量模型公式求 Q_2^*。若 Q_2^* 可行，即满足 $q_2\leqslant Q_2^*$，则 Q_2^* 就是最优解，问题结束；若 Q_2^* 不可行，即不满足 $q_2\leqslant Q_2^*$，则计算最低价 P_2 对应的订货量下限 q_2 的 $TC(q_2)$；

(2)以次低价 P_1 求 Q_1^*，若 Q_1^* 可行，即满足 $q_1\leqslant Q_1^*<q_2$，计算 $TC(Q_1^*)$，并比较 $TC(q_2)$和 $TC(Q_1^*)$的大小，最小者所对应的订货量即为最优解，问题结束；若 Q_1^* 不可行，即不满足 $q_1\leqslant Q_1^*<q_2$，计算次低价 P_1 对应的订货量下限 q_1 的 $TC(q_1)$；

(3)以基价 P_0 求 Q_0^*，此时 Q_0^* 一定可行，即满足 $Q_0^* < q_1$，计算 $TC(Q_0^*)$，并比较 $TC(q_2)$，$TC(q_1)$ 和 $TC(Q_0^*)$ 的大小，最小者所对应的订货量即为最优解。

关于存在多档折扣率的情况，可仿照上述步骤分档求解最佳经济订货批量，读者可自己推广，这里不再赘述。

【例 8-4】 某厂每年需求某产品 16000 件。供应商规定：产品价格为 200 元/件，凡一次订购 2000 件以上者，可享受 10%的价格折扣；一次订购 1000 件以上者，可享受 5%的价格折扣。已知物料的年存储费用率为 8%，每次物料订购费为 320 元。设每天该物料的需求量大致相等。试求最佳经济订货批量？

解：由题意知，$D=16000$ 件，$P_0=200$ 元/件，$q_1=1000$ 件，$k_1=5\%$，$P_1=200\times(1-5\%)=190$ 元/件，$q_2=2000$ 件，$k_2=10\%$，$P_2=200\times(1-10\%)=180$ 元/件，$I=8\%$，$S=320$ 元。

对应于 $P_2=180$ 元/件，代入式(8-4)得：

$$Q_2^*=\sqrt{\frac{2\times16000\times320}{8\%\times180}}=\sqrt{\frac{2\times16000\times320}{14.4}}=843.3(\text{件})$$

由于 $q_2=2000>843.3=Q_2^*$，Q_2^* 不可行，计算 $TC(q_2)$：

$$TC(2000)=\frac{2000}{2}\times8\%\times180+\frac{16000}{2000}\times320+16000\times180$$
$$=2896960(\text{元})$$

对应于 $P_1=190$ 元/件，代入式(8-4)得：

$$Q_1^*=\sqrt{\frac{2\times16000\times320}{8\%\times190}}=\sqrt{\frac{2\times16000\times320}{15.2}}=820.8(\text{件})$$

由于 $q_1=1000>820.8=Q_1^*$，Q_1^* 不可行，计算 $TC(q_1)$：

$$TC(1000)=\frac{1000}{2}\times8\%\times190+\frac{16000}{1000}\times320+16000\times190$$
$$=3052720(\text{元})$$

对应于 $P_0=200$ 元/件，代入式(8-4)得：

$$Q_0^* = \sqrt{\frac{2\times 16000\times 320}{8\%\times 200}} = \sqrt{\frac{2\times 16000\times 320}{16}} = 800(\text{件})$$

Q_0^* 可行，计算 $TC(Q_0^*)$：

$$TC(800) = \frac{800}{2}\times 8\%\times 200 + \frac{16000}{800}\times 320 + 16000\times 200$$
$$= 3212800(\text{元})$$

比较 $TC(2000)$，$TC(1000)$和 $TC(800)$，$TC(2000)$最小，所以最佳经济订货批量为每次 2000 件。

三、合理的服务水平与保险库存

1. 保险库存

在前面的模型讨论中，无论是物料需求率还是订货提前期，都是假设为恒定且已知的，属于确定性需求的库存控制问题。实际上，绝大多数情况下面对的是随机性需求、即不确定的物料需求率和订货提前期的库存控制问题。此时，为了应付库存需求的随机变化，需要额外设置一部分库存——保险库存(安全库存)SS。作为一种缓冲器，保险库存的作用在于补偿订货提前期内库存实际需求超过期望需求时产生的需求部分，预防受到随机干扰时因库存需求随机变化而造成的缺货。所以，保险库存只与库存需求的分布或变化特性有关，就是每次补充库存时的现有库存水平的平均值。

2. 订货点

订货点 RL 就是发出物料订单时对应的库存水平。在确定性的库存需求中，由于物料需求率 d 和订货提前期 LT 都是固定常数，不发生缺货，没有必要设置保险库存，因此，订货点就是 LT 期间的物料正常需求量，等于 d 和 LT 的乘积。但在随机性的库存需求中，还必须在此基础上增加保险库存的部分。

但应当注意，一方面订货点 RL 和订货批量是两个不同的概念；另一方面，保险库存尽管包括在总库存中，但从长期平均的角度看，它属于稳定不变的“静态库存”，所以订货循环中的订货批量不包含保险库存部分。

3.选择合理的服务水平

保险库存与服务水平密切相关。服务水平是对企业库存满足需求的有效程度的度量，常用订货提前期中库存需求完全得以满足的概率，即不发生缺货的概率来表示。因此，要提高服务水平，就需要增加保险库存；而要完全避免缺货，使服务水平达到100%，则要求保险库存趋于无穷大。由于保险库存对企业的成本有双重影响——增加保险库存，虽然提高服务水平，降低短缺成本，但同时增加存储成本，所以，为使两种成本之和最小，应当对短缺成本和存储成本随保险库存变动而变动的情况进行权衡分析，以寻求合理的保险库存和服务水平。实际工作中常利用直觉经验来确定保险库存，一般取为订货提前期期间物料平均需求量的0.5～1倍。

四、独立需求库存控制系统

需求库存控制系统为开展库存控制工作提供经营策略和组织机构。它明确了库存控制的目标、工作程序与方法以及为有效地开展这些工作而配置的人员和设备设施。其最基本的功能就是正确回答“订购多少”和“何时订购”的问题。

由于独立需求的需求量和需求时间都是企业本身所无法决定或左右的，因此，独立需求库存控制系统只能采用“补充库存”的控制机制，将不确定的外部需求问题转化为对内部库存水平的动态监视与补充的问题，通过保持适当的库存水平来保证对外部随机需求的恰当服务水平。这意味着为独立需求库存控制系统提出了两项具体任务：其一，监视库存状态，以决定何时需要补充库存；其二，设置库存量，以决定每次补充多少库存。

独立需求库存控制系统包括以下两类：

（一）定量订货系统

又称固定订货量系统、Q 系统、连续观测库存控制系统，是通过连续观测库存是否达到重新订货点来实现库存控制。其工作原理是：连续不断地监控库存余量的变化，一旦库存余量下降到重新订货点 RL 时，就立即向供应商按订货量 Q^* 发出订单，经过订货提前期的一段时间，新订货到达，库存得到补充。可见，定量订货控制系统属于"事件驱动"，主要特点是对库存实施连续监测、订货点 RL 相同、每次的订货量 Q^* 相同（订货提前期、订货周期在确定性库存需求中也相同，但在随机性库存需求中则不同）。

定量订货控制系统要求事前规定好订货量 Q^* 和订货点 RL：前者可以根据上一节介绍的经济订货批量模型来确定，后者可通过分析订货提前期的物料消耗量来确定。

定量订货控制系统还要求对库存进行连续观测和库存记录更新。这可能意味着库存控制工作的较高投入，所以该系统一般适用于 A 类库存。此外，人们也努力开发出简便和有效的方法来改进这项工作，"双箱系统（two-bin system）"就是典型代表。双箱系统的原理是：将库存放置在两个箱子中，其中第一箱的库存水平正好与订货点相等；库存消耗的顺序是先使用完第二箱，然后才开始使用第一箱，而库存补充的顺序是先补充好第一箱，然后将剩余部分补充第二箱；并且一旦第二箱的库存消耗完毕，就立即发出订单。可见，双箱系统有效地避免了反复进行库存盘点的繁琐工作。

（二）定期订货系统

又称固定订货周期（或订货间隔期）系统、T 系统、定期观测库存控制系统，是通过周期性观测和盘点库存来实现库存控制。其工作原理是：按规定周期 T 检查库存量，并随即向供应商提出订货，将库存补充到目标库存定额 M，经过订货提前期的一段时间，新订货到达，库存得到补充。可见，定期订货控制系统属于"时间驱动"，主要特点是对库存实施定期监测，订货点不固定，每次的订货量也不固定，但订货周期 T 相同，订货应达到的目标库存定额 M 相同。

定期订货控制系统在库存观测监控的工作强度上的优点显而易见，还可以通过安排库存的盘点时间实现库存系统的均衡运作。但是，受库存需求的不确定性影响，可能出现两种极端情况：或者因大量消耗导致缺货；或者因极少量消耗导致订货量过小。

以上两种订货控制系统的比较分析如表 8-3 所示。

表 8-3　定量订货控制系统和定期订货控制系统比较

项目	定量订货控制系统	定期订货控制系统
订货量	固定的 Q^*	变化的 q^*
何时订购	根据固定的订货点 RL	根据固定的订货周期 T
库存记录及更新	与每次出库对应	与定期库存盘点对应
库存水平	低(不设置保险库存)	高(设置保险库存)
适用库存	A 类(昂贵、重要库存)	B 类、C 类

案例 14　F 公司的部件供应决策问题

F 电器有限公司是 1994 年由日本 S 公司出资 70%，中国 M 电子器材公司出资 30%组成的中日合资有限责任公司。其注册资金为 650 万美元，投资总额为 1300 万美元，引进日本生产技术，以 29 英寸以上高清晰度、数字化彩电生产为主。公司 1996 年 11 月正式投产，年生产能力为 29 英寸以上彩电 12 万台。

F 公司内销产品由 Q 公司负责销售和售后服务。投产前，公司已获得生产许可证和 CCEE 认证，设计和健全了完备的质量手册、程序文件和作业指导书，并计划两年后申请 ISO9000 认证。正式投产时，根据分阶段逐步国产化的指导思想，公司决定，除显像管、外壳、外包装、说明书等印刷品、行输出变压器、电源线、消磁线圈外，其他零部件均采用进口材料，其中，外壳、外包装等难以运输的部品供应商都位于公司当地附近。A 工程塑料厂就是公司选定的一家电视机外壳供应商。

F 公司采用严格的库存控制政策，未设立专门仓库，不仅国内采购的大部品（如机壳、纸箱、泡沫垫等）的存量不得超过两天的生产量，而且合格成品只能容纳 2～3 大的生产量，故要求 Q 公司在成品判定合格后的第二天就必须调货至分销商处。

F 公司正式投产的第一个月，生产情况比较顺利。但在第二个月的一天，却发生了一件意料之外的事情——A 工程塑料厂向公司提供的一批 29 英寸电视机前框，被进厂检验室判定为质量不合格，无法交货。虽然 A 厂又立即送来一批，但发现仍然达不到要求。经过一天的几次换货折腾后，检验员发现送来的电视机前框都不合格，存在着表面有较明显的悬浮颗粒的相似质量问题，估计原因是喷漆时黏附上灰尘所致。这样，就使得电视机前框库存无法按期进行补充。由于电视机前框的库存是以两天的生产量为限，因此，随着制造厂不断地生产和领料，第二天仓库就开始告急。情况反馈到采购部门后，采购部门立即和 A 厂进行联络，才知道 A 厂在生产 F 公司的前框、后盖等塑料件时，并非采用按订单每天安排生产的方式，而是按照备货型的生产方式，一次性加工好约一个月的需求量，库存在仓库里，然后按日发货给 F 公司。由于同是一个批次生产出的前框，所以无论怎样换来换去，问题都不会消失。A 厂虽然同意了退货，并答应先放下为其他客户加工的任务，马上为 F 公司组织生产，但由于安装并拆卸类似 29 英寸前框、后盖这样的大模具就要花一天的时间，注塑、喷涂、绢印、烘干等工序也需要一段时间，最终还是导致了 F 公司的停工待料，并引发了有关人员的指责、争吵。

为了避免今后还会发生这样的问题，总经理立即召集各相关部门开会，商讨解决问题的对策和办法。归结起来，有以下几种代表性方案：

方案1:目前的原材料、备品备件库存政策太严,库存水平过低,增大了企业停产的风险,不符合F公司的实际情况和企业所处的外部环境,建议对库存政策作出调整。

方案2:和A厂进行谈判,要求其把F公司作为特殊客户对待,或者必要时适当提高供货价格,以对F公司的订货采取每天生产、每天交货的方式组织生产。但采购部门认为,类似29英寸电视机前框、后盖这样的大模具,安装和拆卸要花很长时间,A厂同时还要面向其他客户,这种要求是不现实的。

方案3:有人认为,如果这种部件的供应商不是只有一家,而是有多家,就不会发生这种问题。故建议多采用几家供应商,既也可防止因材料短缺而停产,又可通过招标竞争来获得价格好处。但采购部门说,在公司所在地附近只有A厂能加工25英寸以上大屏幕彩电用外壳,其他厂距离较远,运输成本太高。另外,对品种多、批量较小的F公司来说,每种不同外型机种对应一副模具,多一个供应商就意味着要多开一副模具,将得不偿失。

方案4:采取一体化战略,公司自行生产制造该部件。该方案虽然可以保证质量和及时供货,但也面临许多问题,如需要进行新的投资,以建造厂房,购买注塑机,以及生产线配套建设;需要招聘和培训新员工,增加人工费;生产技术特点和要求与电视机生产相去甚远,管理上也有较大差别;等等。

方案5:检验部门提出,今后在A厂每月生产F公司的产品时,将自己的一个检验员派到该厂,以监督整个生产过程,及时判定产品合格与否。这样做,每月只需去一趟,不仅使本公司化被动为主动,避免停工待料的发生,而且对A厂也有好处,可以消除因报废大量的不合格品而造成的材料浪费,提高用户的满意度,防止订单的流失。

后记:F公司总经理决定采纳方案5,实施后产生了很多没有预想到的效果。首先,A厂的供货未再出现质量问题,F公司如预期的那样也没有再发生停工待料；其次，促使 A 厂的生产人员和质量检验人员对产品质量的态度发生很大变化，越来越认真，使得产品质量大有改善，受到越来越多的采购商的好评和青睐，以至于 A 厂老板特地到 F 公司造访表示感谢；第三，F 公司提出的希望 A 厂改善喷涂车间环境，减少空气中的粉尘，以进一步提高喷涂合格率的建议，得到了 A 厂的积极响应，为进一步提高 F 公司的产品质量创造了条件。随着双方良好合作关系的建立和不断巩固，F 公司在把 A 厂产品推荐给其他企业的同时，在 A 厂的供货价格上得到了进一步的优惠。

【案例讨论题】

1. 如果你是 F 公司的总经理，你将做何决策？为什么？

2. 该案例对你有什么启示？

【思考题】

1. 后勤活动包括哪些方面？如何理解后勤管理的目的？

2. 你认为供应链管理和传统的后勤管理方法的根本区别何在？应用供应链管理思想分析企业通过招投标采购物料的做法的合理性。

3. 如何从实质上理解库存？提出“零库存”的目标是不是意味着必须取消库存？为什么？

4. 何谓独立需求库存、相关需求库存？分析比较两者的差异。

5. 在库存控制中为什么有必要进行 ABC 分类分析？

6. 基本经济订货批量模型的前提假设条件是什么？它们是怎样影响经济批量决策的？

7. 分析比较定量和定期两种不同订货系统的差异。

8. 某厂每年需求某物料 800 件。供应商规定：物料价格为 2000 元/件，凡一次订购 500 件以上者，可享受 10% 的价格折扣；一次订购 300 件以上者，可享受 5% 的价格折扣。已知物料的年存储费用率为 25%，每次物料订购费为 500 元。设每天该物料的需求量大致相等。试求最佳经济订货批量。

第九章　企业资源计划(ERP)

第一节　ERP 的由来与发展

一、ERP 的起源——物料需求计划(MRP)

经济批量模型虽然大大改进了库存管理工作，但因为未区分独立需求和相关需求两种不同性质的物料，所以应用于假设前提不成立的相关需求库存控制时，出现以下问题或缺陷：

(1)库存的盲目性。由于库存需求不均衡，盲目按经济订货批量计算库存时间和库存量，可能造成库存存放很长时间才开始被消耗，甚至出现存放了很长时间的库存到消耗时才发现数量不足，必须补充新订货才能满足需要。

(2)高库存与低服务水平共存的不合理现象。从理论上讲，当服务水平达到 95%以上时，库存已经相当高。由于产品往往是由许多零部件组合而成，因此，尽管每种零部件的库存水平很高，服务水平也较高，但对整件产品来说，服务水平就很低了。

(3)订货点法的运作形成“块状”的库存需求，和其前提假设存在自相矛盾。订货点法的运作规则是当达到订货点时进行订货，即这时才产生需求，因此，对库存的需求表现为不订货的时候为零，而一旦订货就是一批。这意味着即便在产品需求比较均匀的条件下，由于对产品订货时才会导致对零部件的需求，对零部件订货时才会导致对原材料的需求，所以零部件、原材料的需求是不均匀的，呈“块状”，而且会不断加剧。

针对订货点法存在的问题，人们进行了大量的研究与探索，伴随着计算机技术的发展，开发了专门面向相关需求库存控制的新方法——物料需求计划(Material Requirements Planning，简称MRP)。特别是美国的约瑟夫·奥里奇(Joseph Orlicky)于1975年出版发表的《物料需求计划:生产与库存管理的新方式》，提出了一些具有重要影响的新观点，标志着MRP理论与方法体系的成熟。其一，零部件、原材料的库存管理不同于最终产品，其需求取决于最终产品，属于相关需求；其二，最终产品需求一经确定，零部件、原材料的需求量就可精确计算出来，不需要进行没意义的分别预测；其三，采用订货点法对最终产品进行库存控制时，所引起的相关需求可能是不连续、不均衡的，不宜采用订货点法；其四，借助计算机可迅速完成相关需求的计算。

二、MRP的发展——制造资源计划(MRPⅡ)

最初的MRP，仅仅作为一种物料需求的计算工具，完成从最终产品需求计算相关需求的庞大复杂工作，即明确有关何时订购(或生产运作)物料、订购多少、何时交货的答案，但不涉及答案能否实现方面的问题。这时的MRP只不过是一个计算机软件系统，实质上代表了一种计算过程，只是编制计划的手段，并不是计划本身。

现实中，仅仅给出相关需求的计算结果远远不够，还必须分析其可行性，把计划编制与实施的科学性问题考虑进去。改进和扩展后的MRP，增加了平衡物料需求与生产运作能力、确定各项订单或生产运作任务的相对优先度、反馈采购和生产运作实际运行情况的信息并调整需求安排等内容。此时的MRP是一种科学的生产运作作业计划管理系统，本身代表着已经编制好的生产运作作业计划，并与计划的实施和控制相联系，被称为闭环MRP。

为了保证计划的成功，提高计划对企业战略与目标的支持程度，需要跳出生产运作作业计划和生产运作系统的范围，用企业整体的观点指导和处理生产运作作业计划的编制、实施和控制问题。这就要求对 MRP 进一步扩展，把物料需求与企业其他资源（如人力、资金）的平衡、生产运作计划与企业战略和经营计划的协调，特别是生产运作过程和财务分析与控制的结合等有关内容包括进来，而且企业其他部门要根据 MRP 提供的信息编制和协调各自的计划。这种新的 MRP 促成了企业内部制造资源的整合，统一了企业的生产经营活动，被称为制造资源计划（Manufacturing Resources Planning，简称 MRP Ⅱ）。

三、MRP Ⅱ 的发展——ERP

20 世纪 90 年代初，美国的著名咨询公司 Gartner 总结了 MRP Ⅱ 软件的发展趋势，提出了企业资源计划（Enterprise Resource Planning，简称 ERP）的概念。Gartner 对 ERP 的界定包括：①超越 MRP Ⅱ 范围的集成功能；②支持能动地监控能力，模拟分析和决策支持；③支持开放的客户/服务器计算环境。

ERP 目前还处在不断发展中。从目前的 ERP 软件看，其在计划与控制方面，突破了 MRP Ⅱ 的原则；在鉴定管理信息内容方面，更加广泛地包括了企业全部管理信息；特别是在系统功能综合的方式方面，不是各个“自动孤岛式”的独立的专业管理信息系统的简单联网，而是统一设计、有机集成的分布式管理信息系统。ERP 以管理信息的高度集成，成为计算机集成化管理信息系统（CIMS）的组成部分之一，成为当今制造业改进管理和构成 CIMS 首选的集成化管理信息系统软件。

总之，ERP 是按照市场导向、迅速响应的敏捷制造目标对 MRP Ⅱ 改造的产物。如果说 MRP Ⅱ 解决的是企业内部的物流问题，那么，ERP 针对供应链管理的所有主导功能，突破了企业内部范围的限制，发展的是一种集成不同企业的 MRP Ⅱ 的新系统。与此同时,ERP 对企业内部的各项业务与关系实施流程再造,采用更灵活的组织与管理方式,对柔性制造提供更强有力的支持。

第二节 MRP 系统

一、MRP 的基本原理

MRP 的基本思想,可以概括成一句话——围绕物料转化组织制造资源,实现按需要准时生产。这句话包含了两个方面:一是 MRP 的目标;另一是 MRP 实现目标的方式。

以加工装配式生产运作为例,其工艺顺序是:原材料→毛坯→零部件→产品。显然,如果要求按一定的交货时间提供不同数量的各种产品,就必须提前一定时间加工所需数量的各种零部件,进而必须提前一定时间准备所需数量的各种毛坯,直至提前一定时间准备所需数量的各种原材料。这说明了产品、零部件和原材料的生产运作,相互间在数量、时间标准上客观存在着一定的逻辑关系,这就是 MRP 的理论基础。按照这一逻辑关系,只要确定了产品的出产数量和时间,就可沿着反工艺顺序进行逆推,确定所有零部件的出产数量和时间,直至确定所有原材料的出产数量和时间。与此同时,可以根据不同物料转化与其所需要的制造资源(机器设备、场地、工具、工艺装备、人力和资金等)之间的关系,确定对这些制造资源的需要数量和需要时间。可见,MRP 是沿着物料转化过程这条主线,以物料转化为中心,从确保物料正确转化入手来组织制造资源,以实现正确生产运作,很好地满足用户需要。

可见,MRP 的运作机制是:由主生产计划导出零部件、原材料等相关需求的需求量、需求时间以及订货时间,以此为基础导出对各种制造资源的需要数量和需要时间。

MRP 以物料为中心来组织生产运作,要求企业所有的活动必须以用户的需求为标准,以物料转化来组织一切制造资源,反映了按需定产的思想理念。而传统的管理强调以设备为中心来组织生产运作,有什么样的设备就生产运作什么样的产品,割裂了用户的需求,反映的是以产定销的思想理念。因此,MRP 与用户需求紧密联系,可以有效地避免计划和生产运作的盲目性,实现准时生产。

一般地,MRP 更适用于多品种中小批量的加工装配式生产运作企业。

二、MRP 系统的组成

MRP 系统的核心部分由输入、计算处理和输出三部分组成。其中,输入包括主生产计划(Master Production Schedule,简称 MPS)、物料清单文件和库存状况文件,计算处理指事先编制好的计算机程序,输出包括发挥不同作用的主要报告和次要报告两大类。

MRP 系统的基本工作流程是:在企业经营计划和生产运作计划的基础上,首先根据用户订单和需求预测生成主生产计划,明确特定时间的产品生产数量;其次,根据物料清单文件和库存状况文件,应用计算机程序自动进行计算处理,明确有关零部件、原材料等相关需求的需求量、需求日程、生产运作或采购日程;最后,确认和打印有关报告,并据此下达计划任务。

三、MRP 系统的输入

(一)主生产计划

主生产计划(MPS)是描述企业最终产品生产运作安排的计划,即回答在特定的时间应当出产哪种最终产品、出产多少的计划。它以最终产品为对象,可通过二维矩阵形式来表示,如表 9-1 所示。它是驱动 MRP 运行的基本信息和动力。

表 9-1　某公司的主生产计划

品种＼周次	1	2	3	4	5	6	7	8	9	10	11	12
三抽屉文件柜							100			120		150
四抽屉文件柜				60			60	120		60		
办公桌						150			150		90	

编制主生产计划要和制定粗能力计划(Rough Cut Capacity Planning,简称 RCCP)结合起来。粗能力计划主要是估算主生产计划所需的关键生产运作能力,并和相应的关键工作中心所能提供的生产运作能力加以比较,以发现某些工作中心、工作时段的生产运作能力的过度负荷或严重闲置,为生产运作能力平衡提供依据,并从生产运作能力方面对主生产计划的可行性进行评价。

(二)物料清单文件

物料清单文件(Bill of Materials,简称 BOM)又称为产品结构文件,是对一个最终产品的零部件和原材料构成以及在数量和先后顺序上相互间关系的完整描述。在实际工作中,可用树状的数据结构表示,如图 9-1 所示。图中括号内的数字表示生产单位母物料(上一层物料)所需要的子物料单位数,如 1 个三抽屉文件柜由 1 个柜体总成、1 把锁和 3 个抽屉总成构成。有时,也会将物料订货提前期(实际上是物料加工、装配或采购所花的时间)直接标注在树上。如三抽屉文件柜的 $LT=2$ 周,说明三抽屉文件柜从开始装配到完成装配需要 2 周时间。

在物料清单文件中,不同的物料根据隶属关系划分为不同的层次。产品结构越复杂,层次数就越多。通常以最高层(0 层)代表最终产品,以最低层代表原材料或外购零部件。为便于计算机处理,需要对所有物料进行编码来替代物料名称,指明物料所处的层次,反映各种物料的母子隶属关系。当相同的物料出现在不同层次上时,应取其最低层次进行编码,而且每种物料的编码应该是惟一

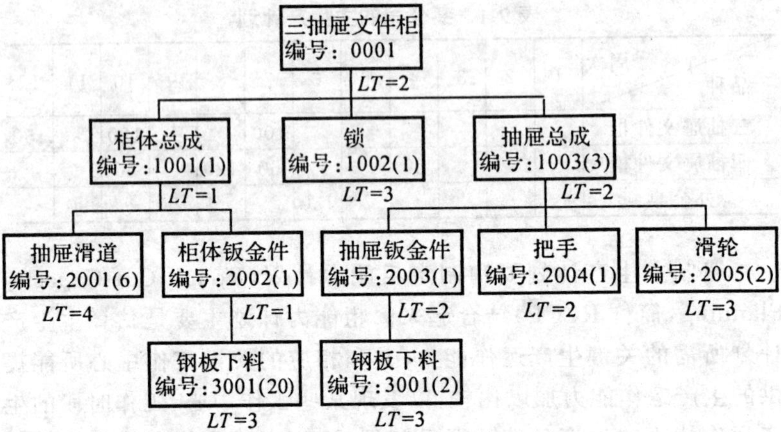

图 9-1　三抽屉文件柜物料清单文件

的，即便相同的物料可能出现在企业不同的最终产品中。

(三)库存状况文件

顾名思义，是记录 MRP 系统的所有物料库存情况的文件。如表 9-2 所示，应当订什么物料、订多少、何时发出订单等许多重要信息，都存储在该文件中。

库存状况文件的基本功能是记录和保存每种物料的有关数据，明确各种物料的预计使用量和预计入库量，以确定每期所需物料能否得到满足，并在不满足时导出该物料的订货时间和订货量，为订货决策提供依据。MRP 系统按以下标准衡量物料满足与否：当某种物料的现有存货与以前发出的订单但尚未收到的物料数量之和大于等于当期物料需求量与保险库存之和时，满足需求；反之，不满足需求，应当向前递推一个订货(或生产运作)提前期，发出该物料订单。所以，库存状况文件实际上给出了 MRP 系统所关心的三个基本问题的答案：①企业有什么物料？②企业需要什么物料？③为满足物料需要，企业应当如何做(制造加工或订购)？

表 9-2　三抽屉文件柜抽屉总成的库存状况文件

抽屉总成(编码 1003, $LT=2$ 周)		周数										
		1	2	3	4	5	6	7	8	9	10	11
毛需求							300			360		450
预计到货			400									
现有库存	20	20	420	420	420	420	120	120	120	0	0	0
净需求										240		450
预计订货										240		450
预计订货下达								240		450		

一般地，库存状况文件的内容包括三部分：一是物料主数据部分，反映物料及其管理的一些基本情况，由物料编号、类别、标准价格或成本、订货提前期、订货批量、供应商名单等组成；二是物料库存状况部分，反映整个计划期内每期的物料库存数量和变化情况，由物料毛需求、预计到货、现有库存、净需求、预计订货、预计订货下达等项目组成；最后是非必须的辅助数据部分，目的是帮助进行有效地库存控制，如供应商的交货表现、所供应的物料的质量情况、订单的经办人员、物料的时效情况等。

四、MRP 系统的计算程序

MRP 的计算是根据反工艺路线的原理，按照主生产计划规定的最终产品生产数量和期限要求，利用物料清单文件和库存状况文件所提供的信息，由高到低逐层推算出各种物料的订购数量和时间。具体计算时，都是在库存状况文件的基础上以矩阵形式展开，最终的计算结果也反映在库存状况文件各项目的数据变化上。

1. 毛需求

毛需求是指完成所有母物料的生产的需要量。它不考虑库存状况，除了最终产品的毛需求直接由主生产计划规定外，其他各层物料的毛需求完全根据其所有母物料生产需要进行汇总得到。例如，在表 9-1 的主生产计划中，最终产品三抽屉文件柜在第 7、10

和 12 周的出产量分别为 100、120 和 150 只。由于三抽屉文件柜这一物料(编码 0001)的订货提前期为 1 周,故在没有其他条件影响的情况下,该物料必须在第 6、9 和 11 周分别投产 100、120 和 150 只,意味着在第 6、9 和 11 周对其子物料产生 100、120 和 150 只三抽屉文件柜相应的需求。就其中的三抽屉文件柜抽屉总成(编码 1003)这种子物料来说,物料清单文件表明每只三抽屉文件柜需要 3 个抽屉总成,故三抽屉文件柜抽屉总成第 6、9 和 11 周的毛需求分别为 300、360 和 450 个,如表 9-2 所示。

需要注意,对子物料而言,常常存在同一子物料面向多种母物料的情况,此时子物料的毛需求必须在全面分析所有母物料需求的基础上,通过加总来得到最终结果。

2. 预计到货

预计到货是指已发出的订单在计划期各周的预计到货量。所谓已发出订单,是指 MRP 计划期以前发出的订单。有两点必须注意:其一,它属于以前发出的订单但尚未收到的物料,是执行已发出订单的结果;其二,一般假设预计到货是在对应周的周初到货,可用来满足当周的毛需求。例如,表 9-2 中,第 2 周预计到货 400 个,它是执行第 1 周之前的订单的预计结果,在第 2 周当周就可使用。

3. 现有库存

现有库存是表示本周周末可供使用的存货,系通过计算得到,公式为:

$$I_t = I_{t-1} + R_t + O_t - D_t \qquad (9\text{-}1)$$

式中,I_t 表示本周现有库存;I_{t-1}表示上周现有库存;R_t 表示本周预计到货;O_t 表示本周预计订货;D_t 表示本周毛需求。

仍举表 9-2 所示例子:

$I_2 = I_1 + R_2 + O_2 - D_2 = 20 + 400 + 0 - 0 = 420$

$I_6 = I_5 + R_6 + O_6 - D_6 = 420 + 0 + 0 - 300 = 120$

$I_9 = I_8 + R_9 + O_9 - D_9 = 120 + 0 + 240 - 360 = 0$

$$I_{11}=I_{10}+R_{11}+O_{11}-D_{11}=0+0+450-450=0$$

需要注意，现有库存和预计订货之间存在交叉互动影响。由于任何一周的现有库存不能低于保险库存（本例中认为保险库存 $SS=0$），否则，意味着必须依靠预计订货才能满足本周需求，说明在此之前的某周必然出现预计订货下达的行为，所以，一旦出现现有库存低于保险库存的情况，则应该修正计算该周的现有库存。

4. 净需求

净需求是指在考虑保险库存的前提下，毛需求在扣减现有库存和预计到货之后的剩余需求部分。它属于通过计算得到的中间过渡变量，作用在于为发出计划订单提供依据。在确定净需求时，首先按下列公式计算：

$$N_t=SS+D_t-I_{t-1}-R_t \tag{9-2}$$

当计算结果为正时，说明完全依靠现有库存和预计到货不能满足需求，本周的净需求就是 N_t；当计算结果为负时，说明依靠现有库存和预计到货可以满足需求，本周的净需求取为 0。

仍举上例：

$$N_2=SS+D_2-I_1-R_2=0+0-20-400=-420$$

$$N_6=SS+D_6-I_5-R_6=0+300-420-0=-120$$

$$N_9=SS+D_9-I_8-R_9=0+360-120-0=240$$

$$N_{11}=SS+D_{11}-I_{10}-R_{11}=0+450-0-0=450$$

故第 2、6 周的净需求均为 0，第 9、11 周的净需求分别为 240 和 450 个。

5. 预计订货

预计订货是指本周应收到的计划订单的订货量。计划订单是准备在计划期发出，但实际上尚未发出的订单。其意义在于使现有库存保持在保险库存以上，是下达计划订单的基础。它可以直接根据净需求和订货批量来决定。与预计到货类似，也是假定预计订货在周初到达，当周发挥作用。仍举上例，第 9 和 11 周的净需求分别为 240 和 450 个，由于没有订货批量限制，所以，第 9 周预计订货 240 个，第 11 周预计订货 450 个。

6. 预计订货下达

说明预计订单的发出时间和订货量。它在预计订货的基础上，根据提前期逆推得到。和预计订货一样，假定它发生在周初。上例中，订货提前期为 2 周，与第 9 和 11 周的预计订货相对应，则第 7 和 9 周预计订货下达分别为 240 和 450 个。

【例 9-1】 某企业生产两种最终产品 $A1$ 和 $A2$，其主生产计划如表 9-3 所示，物料清单文件如图 9-2 所示。其中，$A1$，$A2$，B，C，D，E 的订货提前期分别为 2，2，1，1，3 和 2 周，期初现有库存分别为 50，40，60，100，200 和 0，均无保险库存和订货批量限制，预计到货见库存状况文件。试通过 MRP 计算确定所有物料的预计订货下达项目？

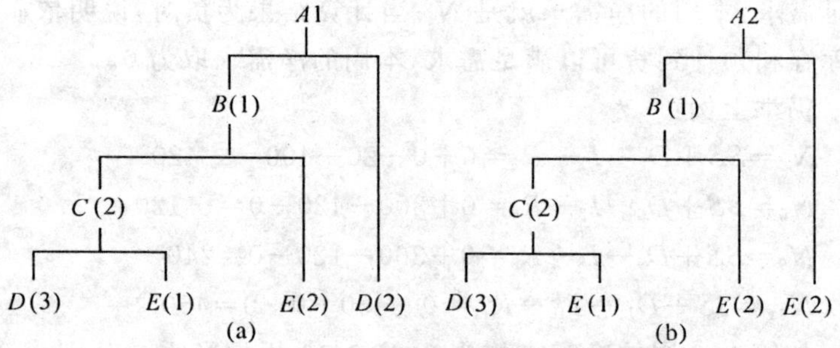

图 9-2 物料清单文件

解：根据有关逻辑和公式通过完成库存状况文件来列表计算。

表 9-3 某公司的主生产计划

品种 \ 周次	1	2	3	4	5	6	7	8	9	10
$A1$				600			500			800
$A2$				200		500		400		100

*A*1		周数									
LT=2 周		1	2	3	4	5	6	7	8	9	10
毛需求					600			500			800
预计到货			800								
现有库存	50	50	850	850	250	250	250	0	0	0	0
净需求								250			800
预计订货								250			800
预计订货下达						250			800		

(注:其中的毛需求数据直接源于表 9-3 的主生产计划)

*A*2		周数									
LT=2 周		1	2	3	4	5	6	7	8	9	10
毛需求					200		500		400		100
预计到货			400								
现有库存	40	40	440	440	240	240	0	0	0	0	0
净需求							260		400		100
预计订货							260		400		100
预计订货下达					260		400		100		

(注:其中的毛需求数据直接源于表 9-3 的主生产计划)

B		周数									
LT=1 周		1	2	3	4	5	6	7	8	9	10
毛需求					260	250	400		900		
预计到货		500									
现有库存	60	560	560	560	300	50	0	0	0	0	0
净需求							350		900		
预计订货							350		900		
预计订货下达						350		900			

(注:其中的毛需求数据根据 *A*1 和 *A*2 的预计订货下达计算汇总得到。如第 4 周的毛需求为 $0\times1+260\times1=260$;第 8 周的毛需求为 $800\times1+100\times1=900$)

C		周数									
LT＝1 周		1	2	3	4	5	6	7	8	9	10
毛需求						700		1800			
预计到货											
现有库存	100	100	100	100	100	0	0	0	0	0	0
净需求						600		1800			
预计订货						600		1800			
预计订货下达					600		1800				

（注:其中的毛需求数据根据 *B* 的预计订货下达计算汇总得到）

D		周数									
LT＝3 周		1	2	3	4	5	6	7	8	9	10
毛需求					1800	500	5400		1600		
预计到货											
现有库存	200	200	200	200	0	0	0	0	0	0	0
净需求					1600	500	5400		1600		
预计订货					1600	500	5400		1600		
预计订货下达		1600	500	5400		1600					

（注:其中的毛需求数据根据 *A*1 和 *C* 的预计订货下达计算汇总得到）

E		周数									
LT＝2 周		1	2	3	4	5	6	7	8	9	10
毛需求					1120	700	2600	1800	200		
预计到货											
现有库存	0	0	0	0	0	0	0	0	0	0	0
净需求					1120	700	2600	1800	200		
预计订货					1120	700	2600	1800	200		
预计订货下达			1120	700	2600	1800	200				

（注:其中的毛需求数据根据 *A*2、*B* 和 *C* 的预计订货下达计算汇总得到）

五、MRP 的输出

MRP 系统可以提供多种不同内容与形式的输出,其中最主要的是各种报告,分成主报告和辅助报告两大类,并且随着 MRP 系统的发展，辅助报告部分还在不断扩展。

(一)主报告

(1)计划订货。显示未来各周物料的预计订货和预计订货下达的信息，为将来的订单下达工作提供蓝本，实际上给出了所有物料的投入和出产计划。

(2)订单发布通知。突出显示第1周的预计订货下达，提示第1周应当下达订单的有关物料的名称和数量。

(3)修改通知。包括改变订单的订货量和交货期，取消或暂停某些订单等。

(4)库存状况数据。对零部件完工情况、外购物料到货情况进行跟踪统计，以提供各种物料的库存状况数据，供随时查询。

(二)辅助报告

辅助报告的作用在于分析、控制和支持MRP系统的运行。其内容较广泛，可分成几类：

(1)仿真报告。结合企业的资源情况和条件限制，对未来各需求方案的效果进行模拟，以评价其是否为可行的分析报告。

(2)财务信息。编制采购和生产运作预算、制定销售收入和利润计划，并对计划实际执行情况存在的差异进行分析的有关报告。

(3)例外报告。它是指出和分析存在的一些严重偏差、问题的报告。

第三节 MRPⅡ系统

一、MRPⅡ的基本思想

MRPⅡ的基本思想是，应用系统论的观点，把企业作为一个有机整体，从整体最优的角度出发，科学、有效地计划、组织、控制和协调企业的人、财、物资源和产、供、销活动，以充分利用企业的各项资源，保证各项活动协调发展，进而提高企业的管理水平和经济效益。

1. MRPⅡ系统实现了物料流和资金流及其管理的集成统一

在MRPⅡ系统中，所有物料同时被赋以货币属性，由物料采购计划可以直接导出采购预算，由生产运作计划可以导出生产运作成本计划以及库存资金占用计划，由销售计划可以导出销售收入和利润计划。这意味着可以将企业的生产运作活动和财务活动结合起来，将生产运作管理和财务管理结合起来，把生产运作活动纳入到了提高企业经济效益这一根本目标的控制之下。

2. MRPⅡ系统实现了企业各部门活动的集成统一

在MRPⅡ系统出现以前，企业的生产运作、财务、销售、供应、设备、技术、人事等子系统都是各自独立运行，缺乏协调，常常发生互相扯皮、互相埋怨的现象，虽然各部门往往要使用很多相同类型的数据，从事很多相同或类似的工作，但由于口径不一致，往往造成管理上的混乱。即便是有加强相互联系与沟通的良好愿望，但因为缺乏一个统一而有效的系统支持建立这种机制，最终难从人愿。而正是MRPⅡ系统的出现，企业才可以给出一个合理可行且完整详细的计划，为各部门开展工作建立了一个共同的平台，为密切各部门的联系、统一各部门的活动提供了科学的基础。

总之，MRPⅡ系统作为现代集成管理思想与现代计算机和信息技术相结合的产物，集成是其精髓所在。一方面，它是技术、数据和人的集成，三个关键因素缺一不可；另一方面，它以计划管理为核心，追求企业各个部门、各项活动的集成。具体地，它通过对计划从宏观到微观、从战略到战术、从粗略到具体的逐层展开，使各层次计划始终与企业战略目标保持一致，形成统一的多层次计划，即“一个计划”。而各个部门在“一个计划”的原则下，数据共享，从企业整体要求出发协同工作，相互支持，团队精神发扬广大。现实中许多MRP系统失败，直接原因就是因为未能很好地集成。

综上所述，可以将 MRPⅡ的特点概括为：①生产运作系统与财务系统的统一，使财务部门可以对生产运作部门的工作实施有效指导，生产运作部门也可以参与财务决策并提出建议。②整个企业的系统管理，不再是生产运作人员的专有工具，而是面向整个企业系统的规则，大家信息共享，分工负责，相互支持配合。③管理决策支持，利用 MRPⅡ系统中的数据和建立的模型，按照"如果……，将会……"的逻辑进行模拟分析，并借助系统的实时跟踪与反馈功能，随时掌握各种变化并作出敏捷反应。

二、MRPⅡ系统下的企业运行机制

1. 营销部门

通过主生产计划，营销部门与生产运作部门可以建立密切的联系。一方面，营销部门要承担起及时提供市场信息的责任，为制定和维护科学的主生产计划服务；另一方面，MRPⅡ系统也可被营销部门作为行之有效的工具，根据 MRPⅡ提供的信息，掌握生产运作系统的生产运作安排，知道能生产运作什么、正在生产运作什么、什么时候完成等有价值的信息，从而在签订销售合同时更有可靠把握，大大提高按期交货率和服务水平，有力地维护和开拓市场。

2. 生产运作部门

过去，由于缺乏应付环境变化的科学管理方法和工具，生产运作难以按预定的作业计划进行，导致生产运作部门经常受到其他部门的批评和指责，连第一线的生产运作管理人员也不再相信作业计划，认为它是脱离实际的"理想化"东西。MRPⅡ系统大大增强了计划的完整性、周密性和应变性，在简化工作的同时提高了质量，促使生产运作管理工作从经验走向科学，从随机走向规范。

3. 采购部门

以往，采购人员往往通过早订货和多订货的方式来被动地应付所面临的问题，工作带有很大的盲目性。但MRPⅡ系统使得采购部门可以根据其提供的信息，提前相当长时间明确未来的采购要求，做到及早安排，从而正确采购和供应各种物料，提高采购经济效益。

4.财务部门

实行MRPⅡ，不同部门数据共享。财务部门可以在生产运作报告的基础上直接生成财务报告，并且在生产运作计划变更时，可以把对财务和企业经营计划与目标的影响立即反映出来。

5.技术部门

技术部门主要是提供MRPⅡ系统赖以运行的基本数据，如物料清单文件、工艺路线文件、加工中心文件等。由于这些数据不是仅作参考，而是真正用来计划和控制，所以要求必须科学、正确，决不能含糊。据实际调查，MRPⅡ系统要很好地运行，物料清单文件的准确度必须达到98%以上，工艺路线文件的准确度必须达到95%～98%，库存状况文件的准确度必须达到95%。

第四节 ERP系统

一、ERP的内涵

ERP作为一种管理工具，是一套先进的计算机管理系统；作为一种企业管理思想，它又代表了一种新型的管理模式。

（一）企业管理内涵

（1）与MRPⅡ相比，ERP扩展了管理信息集成的范围。除财务、库存、分销和生产运作管理外，还集成了企业其他管理功能，如人力资源、质量管理、决策支持等。

（2）ERP既着眼于供应链上各个环节的信息管理，又能满足同时具有多种生产运作类型企业的需要，扩大了软件的应用范围。

(3)ERP是一个在市场经济体系下为外部需求所驾驭的系统，能使企业在需求的驱动下，对自身的人力、资金、动力、设备、原材料、产品运输、各种污染治理等等随时进行企业资源的优化配置，满足社会的需求和实现企业自身目标，使企业的利润最大、成本最低，或使几个目标的组合达到最佳。采用的优化模型分为系统模型和用户模型两种，前者由软件供应商提供，后者则是用户根据系统模型建立的应用模型。

与当前的“速度经济”相对应的企业生产运作新模式，更强调市场的力量，强调对客户需求的快速反应。为此，企业必须从整体的供应链的角度进行定位和再造，重视创建和发挥自己的核心能力，重视建立、发展与供应链的有关企业的相互支持配合的良性互动关系。由于企业管理范围超出了企业自身的围墙，扩大到了由供应链联系起来的虚拟企业群，ERP系统也随之向供应链管理等系统延伸。

(二)信息科学内涵

目前，国内外市场上有上百种ERP型企业管理系统或软件，统称商用ERP软件，但差别很大。严格地说，真正的ERP型系统或软件，不仅要符合前述的ERP企业管理内涵，还必须具有下列信息科学内涵：

(1)必须采用最新的信息技术，如网络技术(LAN/WAN)、图形用户界面技术(GUI)、面向对象的关系数据库技术(ORDBMS)、第四代语言和开发工具(4GL/CASE)、第二代客户机/服务器技术(B/S)、Java，Web Server，Internet/Intranet技术，支持Internet、Intranet和电子商务，等等。

(2)必须能对系统各项配置的优化提供线性规划计算方法和相应软件。因为没有优化机制的系统不能成为ERP。

二、ERP 的功能模块

一般来说,ERP 系统主要包括四大部分,即财务管理、生产制造管理、分销与后勤管理及其他模块:

(一)财务管理

1.财务会计

用于一般分类账、支付款和其他由用户定义的子分类账的自动管理和汇报,具体包括以下功能模块:总分类账、付款、收款、专用分类账、合法兼并、会计信息系统。

2.管理会计

描述公司的成本和收入的情况,具体包括以下功能模块:成本中心会计、工作预定会计、项目会计、产品成本分析、获利分析、活动费用、企业控制。ERP 系统强化了财务管理,其总账、应收账、应付账、固定资产管理各模块的功能更加完善。

(二)生产制造管理

1.资产管理

用于管理和督导复杂资产中的单个因素,具体包括以下功能模块:技术资产管理和工厂维护、投资控制、传统资产会计、投资管理。

2.项目管理

支持目标明确的长期的复杂项目的规划,控制和监督,能加速工作和数据的流程并减少常规任务,具体包括以下功能模块:基金和资源管理、质量控制、时间管理、项目管理信息系统。

3.工作流程

通过应用交叉技术、工具和设备,连接集成的 ERP 应用模块。工作流程是所有模块的支持工具。

(三)分销与后勤管理

1.销售与分销

优化涉及到的所有任务和活动，具体包括以下功能模块：预销售支持、查询过程、应用过程、定购过程、分发过程、记账、销售信息系统。

2. 人事管理

人事管理是应用中的规划和控制等个人活动的完整的集成系统，具体包括以下功能模块：个人管理支付会计、个人计划和发展、人力资源信息系统。

3. 工厂维护

支持工厂维护任务的规划、进行和完成，帮助跟踪维护的花费和资源，提供决策信息，具体包括以下功能模块：未计划任务的运行、设施管理、有关时间或花费的维护注意事项、维护计划、维护的原料、工厂维护信息系统。

4. 物料管理

支持日常商业操作发生的购买等功能，具体包括以下功能模块：原料购买、存货管理、重定购过程、发货确认、原料估价、货物售价、额外服务管理、购买信息系统和存货控制信息系统。

(四)其他模块

1. 行业方案

综合了 ERP 应用模块和附加的具体行业的应用，具体包括以下功能模块：包装货物、设施和通讯方式、健康、细节、银行、过程行业、油气、高技术和电子、汽车。

2. 生产计划

用于规划和控制一个公司的制造活动，具体包括以下功能模块：原料单、流程、工作中心、销售和操作系统、主要产品时间表、商店楼层控制、产品订单、生产花费和活动花费、重复制造、生产过程的规划。

3. 质量管理

质量管理是一个支持质量规划、监测以及制造、花费和过程控制的质量控制和信息系统，具体包括以下功能模块：质量检测、质量规划、质量管理信息系统。

例如，德国 SAP 公司的著名产品 R/3，以实现了业务流程、业务数据和组织元素集成、应用集成和技术集成的突出优点，处于世界领先地位，极具代表性。R/3 由图 9-3 所示的三个层次的模块集成而成。

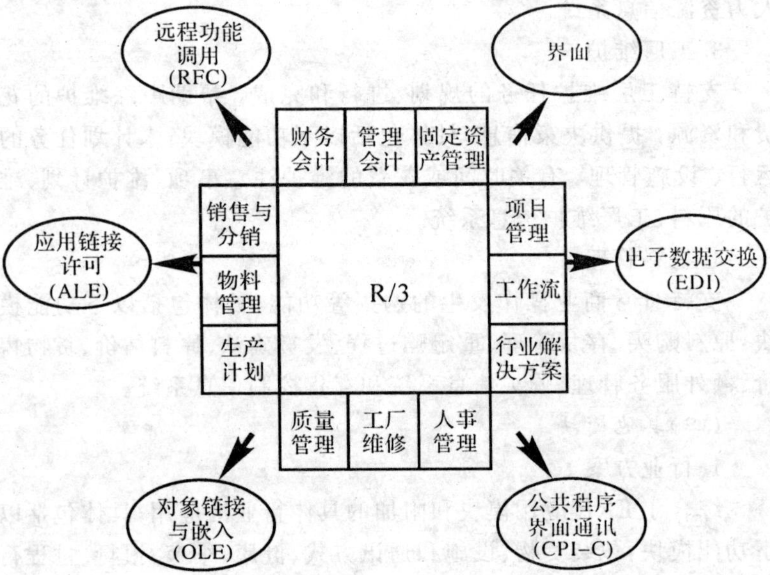

图 9-3　R/3 系统的模块结构示意图

三、ERP 实施的基本条件

ERP 的实施应用，需要实现企业在管理思想上的革命(Revolution)，在管理流程上的重组(Reengineering)以及管理手段上的更新(Reform)，简称 3R。有人将技术、数据和人作为 ERP 系统的三个关键因素，这也构成了 ERP 实施的基本条件：

1. 计算机的支持

ERP 系统是伴随计算机技术的发展而产生和发展的，没有计算机，也就不会有 ERP。计算机对 ERP 的支持是不言而喻的。

2. 及时和准确的数据

ERP 系统最终的运行效果有赖于完整、及时和准确的数据输入。“输入的是垃圾，输出的一定也是垃圾”在 ERP 系统中也不例外，充分说明了数据的重要性。ERP 系统所需的大量数据产生在企业生产经营活动的各个阶段，与很多部门和人员有关，为了确保其符合完整性、及时性和准确性的要求，必须建立和严格执行数据整理与录入的规章制度和处理规程，做好有关责任人员的教育与培训以减少工作失误，采取行之有效的方法和手段加强和改进数据的检查、校验工作，同时促进不同部门的沟通以消除同一数据的误差。

3. 人的因素

在 ERP 系统的所有因素中，人是最重要的因素。实践证明，企业高层管理人员的亲自参与、中级管理人员的积极配合、全体员工的大力支持，是 ERP 系统获得成功的关键所在。一句话，ERP 系统不仅是一个计算机系统，更是一个人的系统，只有企业的各级人员对 ERP 系统有充分的理解和支持，它才能走向成功。这是因为 ERP 系统作为一种新的管理方式，不仅与众多部门有关，而且涉及复杂的流程、利益关系的调整，经常与许多传统管理观念和方法相抵触。如果思想不统一，没有主动实施 ERP 系统的积极性，一旦遇到一点问题，项目就有可能半途而废。所以，人的因素的重要性怎样强调都不过分，正如人们所说的“三分的技术、七分的数据、十二分的人”。

四、ERP 实施的基本步骤

分析总结 ERP 的大量实践，要保证 ERP 系统的成功实施，必须坚持由易到难、由简单到复杂、由单一到综合的指导原则，严格按照科学的工作程序，实现 ERP 系统的逐步升级。其具体实施的一般步骤是：

1. 先行教育

先行教育的对象包括两种：一是企业的总经理和主管生产运作、技术、营销和财务的副总经理等高层领导，一是企业的生产运作、计划、采购、营销、技术、数据处理部门的负责人，其目的在于使企业的高层和相关部门领导了解 ERP 是什么？它是如何工作的？对企业有什么好处？澄清认为 ERP 就是“零部件订购的计算机系统”的错误观点，使他们充分认识企业实施 ERP 的重要意义，从而寻求他们在实施 ERP 的项目决定、资金投入、工作指导、矛盾协调等方面的广泛理解、参与和支持。

2. 实施 ERP 的项目论证和立项

实施 ERP 本身是一个项目，要在认真分析和评价其成本投入、产生的效益以及其他间接效果的基础上，作出是否实施 ERP 的决策。一旦决定实施，则应形成一份正式的书面文件，明确一个大致的时间和成本投入框架。

3. 成立实施 ERP 的项目小组

项目小组由今后负责 ERP 的具体运作的主要人员组成，除少数专职人员外，大部分由各部门领导兼任。项目小组主要开展以下工作：制订项目计划；报告计划执行情况；及时发现项目实施过程中的问题；适时作出关于任务优先级、资源调整等决定；向企业高层领导提出有关建议；其他必要的工作。

4. 确定专职的项目负责人

必须选择素质好、能力高、实践经验丰富、在企业担任中层以上领导职务并具有较高声望的专职人士担任。要特别注意防止以下错误做法：①将 ERP 作为纯粹的计算机系统理解，凭想象选择计算机系统人员或专家；②迷信“外来和尚会念经”，聘请企业外的人员；③片面理解和强调 ERP 的创新方面，盲目挑选缺乏实施 ERP 和企业运作与管理经验的新手；④对实施 ERP 的工作量和复杂性认识不足，选择兼职人员。

5. 成立项目指导委员会

项目指导委员会由总经理、副总经理和专职项目负责人组成，其职责是对项目执行给以原则指导，检查项目执行情况，发现项目存在的问题，采取适当措施（如调整项目计划、重新安排资源、理顺各种关系等）来解决问题，以确保项目的顺利实施。

6. 教育和培训

教育和培训与前面的先行教育既有联系，又有区别。一方面，教育和培训参加的对象扩大到了企业全体员工；另一方面，目的除了认识 ERP 到底是什么和对企业的意义外，主要是增加人们的知识，改变人们的行为，以适应和掌握引入 ERP 系统后的实际运作。

7. 基本 ERP 试点

试点分为三个层次——计算机试点、模拟试点和现场试点，各自的具体目的如表 9-4 所示。现场试点时，如果主生产计划切实可行，系统能预见缺货的发生，产生正确的订单下达建议和自信地承诺客户订单，就说明系统能够正常运行，达到了目的。

表 9-4　基本 ERP 试点的三种类型

试点类型	关键人员	物料	数据	目的
计算机试点	数据处理人员 项目小组部分成员	虚拟	虚拟	在计算机上运行并调试 软件学习和了解软件
模拟试点	主生产计划员 物料计划员 项目小组部分成员	真实	虚拟	使用户彻底了解软件 验证软件适合企业业务
现场试点	主生产计划员 物料计划员	真实	真实	证实系统运行正常 取得用户的确认

8. 实现闭环 MRP 和 MRP Ⅱ

按照循序渐进、认真试点的方式逐步增加车间作业管理、能力需求计划、生产运作控制、采购控制等功能，直至形成闭环 MRP。进而引入财务子系统和模拟功能，实现 MRP Ⅱ。

9. 实现 ERP

引入供应链管理和虚拟企业概念，扩展 MRP Ⅱ 功能，实现 ERP。

10. 持续改进和提高

树立永不满足的理念，不断改进和完善 ERP 系统，提高 ERP 系统的级别，以适应企业发展的需要，为企业获取强大竞争优势提供有力支持。

五、ERP 实施的综合评级

为了掌握 ERP 的实施效果，分析其运行的状况，从而指导进一步改进企业的 ERP 系统，必须全面检测和科学评价 ERP 的运行情况，明确其所处的级别。美国 IBM 公司的 Oliver W. Wight 提出的 ABCD 检测表方法得到了广泛认同。该方法将四个方面、25 个检测问题以检测表形式系统地列出，按照每题 4 分、最好者得 4 分的标准进行评分，并根据总分的不同范围划分成 A、B、C、D 四个级别。

ABCD 检测表的具体内容如下：

（一）技术方面

(1)主生产计划和物料需求计划编制的周期应当是周或者更短；

(2)主生产计划与物料需求计划每周至少运行一次；

(3)系统包含确认计划订单和跟踪功能；

(4)以直观方式管理主生产计划，而不是自动处理；

(5)系统包括能力需求计划的编制；

(6)系统包括日调度单；

(7)系统包括投入/产出控制。

(二)数据完整性方面

(1)库存状况文件准确性达95%以上;

(2)物料清单文件准确性达98%以上;

(3)工艺路线准确性达95%以上。

(三)教育方面

(1)80%以上全体员工接受了初步教育;

(2)有长期的教育计划。

(四)系统的使用方面

(1)已经取消了缺件单;

(2)供方按期交货率达95%以上;

(3)供方的计划编制在规定的提前期之前已完成;

(4)车间按时交货率达95%以上;

(5)主生产计划完成率达95%以上;

(6)定期召开(至少每月一次)由总经理、工程设计、生产运作与库存管理、现场管理、市场和财务人员参加的生产运作计划会议;

(7)有成文的、必须遵循的主计划编制原则;

(8)系统不仅用于订单编制,也用于安排生产;

(9)生产制造、市场、工程设计、财务和上层管理部门的关键人员对ERP有深入的理解;

(10)管理人员确实用ERP进行管理;

(11)产品工艺改变时,能及时变更作业计划;

(12)在减少库存、提高生产率和用户服务水平三方面至少有两个方面同时得到明显改进;

(13)已用于财务计划的编制。

若得分在90分以上,则属于A级。其基本特征是:企业全面使用ERP系统的各项功能,包括物料需求计划、能力需求计划、车间作业计划和控制、订货和供货管理系统等，并把财务系统和生产运作系统结合起来，以统一的数据来经营企业。企业的高级和中级管理人员使用ERP系统处理企业的各项业务，95%以上的人员了解ERP系统，各部门和人员之间按ERP计划和控制要求协调地工作，取得了巨大的经济效益。

若得分为70～90分，则属于B级。其基本特征是：企业使用ERP的计划与控制的部分功能（物料需求计划、能力需求计划和车间作业计划，采购管理则尚未使用）。企业的高级管理人员批准使用ERP系统，中级管理人员使用ERP系统进行大多数业务活动。80%以上的人员了解ERP，并取得了明显的经济效益。

若得分为50～70分，则属于C级。其基本特征是：将ERP作为一种库存订单编制技术，而不是作为一种计划排产技术。车间的排产计划仍是根据缺料单来做，没有形成一个闭环的生产运作管理系统。部分中级管理人员使用ERP系统，高级管理人员不重视，60%以上的人员了解ERP，取得了有限的经济效益（局限在库存减少方面）。

若得分在50分以下，则属于D级。其基本特征是：ERP实际上只在数据处理部门运行（例如，用于统计方面）。库存记录准确性很差，如果有一个主生产计划，也是粗略的和管理不善的。只有中级以下的管理人员使用ERP系统，只有60%以下的人员了解ERP，基本上没有经济效益。具有讽刺意味的是，除了教育方面，他们可能已花了几乎与A级同样多的钱，基本占总开支的80%，但却没有达到相应的效果。

分析总结国内外企业实施ERP的成败经验，可以概括出企业成功实施ERP的十大因素：

(1)领导始终如一的全面、大力支持。

(2)高度重视数据的准确性，并通过建立必要的责任制度加以保证。

(3)确立系统的目标,并据此衡量系统的性能。

(4)不要将没有经验的人放到关键的岗位上。

(5)不要压缩人员培训的费用,事实上,和忽视培训付出的代价比,培训费用要少得多。

(6)积极寻求专家的帮助,以防止因错误的决策和行为付出数倍甚至数十倍于聘用专家的费用。

(7)不要照搬手工系统的工作方式,切不可企图修改 ERP 系统来模仿现行的不适当的手工方式。

(8)既要把握机会,抓紧实施,又要结合实际,稳妥推进,切忌盲目行动,欲速则不达。

(9)树立全员参与意识。

(10)ERP 虽然可以有效改善企业管理,但不是医治百病的灵丹妙药。要提高企业的竞争能力,ERP 应该和其他现代管理方法结合起来,最重要的是企业管理者的管理思想和意识的创新。

案例 15 洛轴实施 ERP*

洛阳轴承集团有限公司(以下简称洛轴)是我国"一五"期间建设的 156 项重点工程项目之一,也是国家 512 家重点企业和 120 家试点企业集团之一。洛轴是目前我国规模最大的综合性轴承制造厂家,自 1957 年投产以来,经过 40 多年的发展,其主要生产设备和检测仪器均居全国领先地位,部分已达到国际先进水平。

洛轴计算机应用起步于 1981 年。同国内其他大型企业一样,洛轴的信息化管理也经历了从单项管理应用、部门信息管理系统到企业信息网络等几个阶段。20 多年来,洛轴在财务、人事、设备、生产、计划、供应和销售等部门开发出了一批适合企业特点的信息

* 洛轴公司办公室信息中心,《计算机世界》记者罗赛军,《计算机世界》,2001 年第 17 期

管理系统。但由于受当时技术条件和管理水平的限制，这些管理系统相对独立，开发环境和应用平台差异很大，信息代码没有统一的标准，应用水平也参差不齐。各子系统形成一个个信息“孤岛”，很难实现企业内部信息共享，以至于企业的信息资源无法得到合理利用，限制了企业的发展。

随着企业运行机制的转换，原有粗放式的管理模式已经无法满足现代企业的管理要求，这使得洛轴不得不考虑采用新的管理系统。目前国内机电行业供大于求，市场竞争日趋激烈，随着中国市场经济程度不断提高以及入世步伐加快，像洛轴这样的传统企业将直接面临更为激烈的、无国界的市场竞争，如果不能有效提高企业整体竞争能力，洛轴将处于“内忧外患”的境地。在这种情况下，洛轴决定实施 ERP。

ERP 软件选型

由于洛轴很早就开始应用计算机系统来管理企业，所以该公司对计算机技术及管理软件有着深刻的认识和理解。洛轴认为要成功实施 ERP 软件，一个关键的因素是选择好 ERP 产品。目前市场上提供的 ERP 产品很多，它们各有侧重、各有所长，所以在选择 ERP 软件的时候，洛轴重点考虑了以下几个方面的问题：

1. 明确需求

在选择 ERP 软件前，洛轴首先明确了企业的需求，即管理要达到的目标，实际管理中存在的问题，这些问题的急迫程度及解决的手段；其次考虑了企业内部主要管理人员对此项需求是否已达成共识，主要决策人是否能给予足够的重视等。

2. 软件的功能

首先，商品化的软件功能模块很多，适用范围较广，这就要求洛轴必须从自身行业出发，选择不同的功能模块来满足当前和今后发展的需要；其次，洛轴认为软件可用部分的比例取决于软件对企业的适用程度，而不是以进口或国产来区分；另外，还要考虑系统的开放性，是否预留了各种接口。

3.开发工具

任何商品化软件都不能完全适用于企业需求，都或多或少有用户化和二次开发工作。所以，商品化软件应提供必要的开发工具，并同时保证该开发工具简单易学。

4.软件文档

商品化软件必须配备齐全的文档，如用户手册、不同层次的培训教材以及实施指南等。

5.价格问题

价格方面要考虑软件的性能、功能、技术平台、质量、售后服务和技术支持等，同时要进行投资效益分析，包括资金利润率、投资回收期等。另外要考虑实施周期及难度，避免造成实施时间、二次开发或用户化时间过长而影响效益的兑现。所以软件的投资一般是：软件费用＋服务支持费用＋二次开发费用＋因实施延误而损失的收益。

另外，软件商的信誉、稳定性、售后服务和技术支持也需要认真考虑。

经过对国内外数家 ERP 软件提供商考察、分析和比较后，洛轴最终选择了和佳公司的 ERP 软件，其核心产品是国家“863”/CIMS 主题办和中国软件行业协会力推的国产优秀软件产品，能够面对不同的行业提供成熟的解决方案，在国内有相当稳定的用户群。另外，和佳公司管理团队和员工队伍也比较稳定。

项目实施的原则

洛轴 ERP 实施按照“突破重点、逐步展开、先易后难、分步实施”原则，把系统建设划分为三个阶段。

第一阶段：以强化企业的市场竞争力为重点，实现以集团公司财务、销售、物资供应为核心的ERP系统的基本框架，并通过远程网络系统对洛轴在全国各地的20多个销售子公司进行有效管理。通过对集团公司内部物流、资金流、信息流统一综合控制，进一步强化企业内部的管理，合理配置企业内部资源，降低经营成本。同时选择一两个管理基础好的生产专业厂为试点，实施ERP的生产管理系统，积累经验后，在第二阶段推广。

第二阶段：以降低生产成本为重点，在集团公司内部的主要生产专业厂全面实施ERP的生产管理系统。同时和计算机辅助设计(CAD)系统、生产工艺(CAPP)系统相结合，建立一套完整的生产动态管理网络系统，通过对生产过程严密控制，降低物料消耗成本，使整个企业的管理水平跃上一个新台阶。

第三阶段：以全面提高企业管理素质为目标，将CAD、CAPP系统、技术文件档案和辅助制造等系统集成到ERP系统中，形成集团完整的信息网络。

“洛轴ERP”项目从1999年12月开始实施。在近一年多的时间内，洛轴先后实施了系统控制、产品管理、客户管理、库存管理、销售业务管理、应收账款管理、账务及报表等子系统。根据企业的实际情况和企业生产经营的需要，洛轴又与和佳公司合作，共同开发了销售门市零售、驻外销售公司管理、用户投诉、进出口业务管理和制单系统等模块，并在集团公司的多个单位进行了实施。

洛轴ERP系统的特点

经过一年多的努力，洛轴初步建立起了具有自己特色的ERP系统。该系统以和佳ERP软件为核心，结合自身生产经营的特点和实际需求，成功地进行了客户化设计，既具先进性，又有实用性。

1. 适合国内大中型企业生产经营的特点

洛轴作为国内最大的综合轴承制造厂家之一，在国内外拥有广泛的客户群，产品品种达数千种之多，涉及企业管理业务的数据量非常庞大，业务流程也比较复杂。从企业内部看，企业面临着从计划经济向市场经济转换，管理方面还存在着计划经济时期的烙印，不适应市场经济的管理行为在企业普遍存在；从企业外部看，国内的经济环境还存在许多不规范的现象，诸如三角债之类的问题严重困扰着企业。这些都增加了企业管理的难度。ERP 系统必须适应企业所面对的错综复杂的经营形势，满足企业日益发展的管理需求，才有自身的生存空间。洛轴 ERP 系统实施过程中，在对业务流程进行规范、重组的同时，增加了企业必需的管理功能。如为解决企业间以账抵账、以物抵账的问题，在应收账管理中增加了磨账处理；为解决重点客户随时用货的要求而建立的异地仓库的管理问题，在库存管理中增加了零库存管理；针对企业数据流量大的特点，系统对许多业务增加了成批处理的功能；针对集团公司的特点，增加了内部核算功能；为满足企业销售网络的发展，开发了驻外公司管理子系统等。洛轴 ERP 系统的这些客户化和二次开发工作对国内其他大中型企业也有参照作用。

2. 业务流程重组

洛轴 ERP 系统是在和佳 ERP 软件的基础上进行客户化和二次开发的，继承了该软件先进的管理理念、思想和方法，但在实施过程中，按照和佳 ERP 软件的要求，洛轴对业务流程进行了必要的重组。

ERP 系统是面向整个企业的管理信息系统，它强调把整个企业看成一个系统，按系统的观点去分析和处理生产经营活动产生的物资流、资金流和信息流，各子系统紧密联系、相互制约、数据共享。洛轴在实施过程中，对相关的子系统的功能进行了综合分析，将各子系统相关联的操作进行梳理、组合，从主要业务流程入手，按规定的条件和时序产生相关的信息。这样充分实现了系统的数据共享，保证了数据一致性和可靠性。如在库存管理、产成品管理、发票管理和统计管理中，洛轴对库存操作进行规范，将仓库操作数据按条件和时序产生相关的产成品台账、统计台账和财务凭证等数据。在销售业务流程中，洛轴以提货单数据为主线，由此产生后续的出库单或移库单、运输单、发票、客户的应收账款等数据，后续各环节只需对提货单进行选择或组合，不需要重复录入数据。

3. 严格的安全控制

ERP 系统内部设置了严密的安全控制，每个登录者都有明确的操作权限，任何登录者无法越权操作。操作权限由系统管理员统一管理，每个登录者都有登录的口令和密码，重要的数据结构有外键约束，避免了误操作和非法删除数据。系统不允许删除确认过的数据，每一笔操作记录都可以追溯到原始操作记录。

4. 先进的系统应用平台

洛轴 ERP 系统的计算机软、硬件平台采用了 IBM 公司的产品。主机使用了 AS/400e 720 系列服务器，系统软件使用 OS/400 和 DB2 数据库管理系统。应用软件使用和佳 ERP 软件，前台开发工具采用当前比较先进和流行的 PowerBuilder 6.5，系统全部采用图形界面。

ERP 项目实施的经验和体会

从 20 世纪 90 年代初，我国许多企业陆续从国外引进了 ERP 或 MRP Ⅱ，历经十多年，耗资巨大，但成功率不高。相比之下，通过一年多的实践，虽然经历了很多波折，但现在看来，洛轴 ERP 的实施应该说是成功的。洛轴的一些成功的经验和体会对其他企业也有一些参照作用，主要有以下几个方面。

● 最高决策层的全力支持是成功实施 ERP 的决定性因素

洛轴集团领导班子对 ERP 项目非常重视，在企业资金非常困难的情况下，投资数百万元建设企业信息网络，实施 ERP 项目，并专门成立了以副总经理为组长的 ERP 项目领导小组，领导亲自参与实施，并时刻关注 ERP 的进展情况。这些足以表明集团领导的重视程度和实施的决心。

● 企业管理创新是 ERP 成功的保证

ERP 项目的实施不只是企业信息管理部门的事情，只有企业所有技术和业务部门都积极参与，项目才能实施成功。企业生存和发展是 ERP 实施的原动力，洛轴从这样的目的出发，卜抉心实施 ERP 项目，促进企业的管理创新。

● 充分认识 ERP 实施的复杂性和艰巨性

ERP 的实施是一个非常庞大的系统工程，它涉及到企业生产、经营、技术和管理的各个方面，还涉及到企业体制和国家大的经济环境等诸多因素，其复杂性和艰巨性可想而知。如果对实施 ERP 的困难估计不足或缺乏充分的心理准备，很可能会使项目半途而废。洛轴对 ERP 实施的困难有充分的估计和认识，在实施前也做好了打持久仗的准备。

● 强有力的实施队伍和严密的保障措施

洛轴专门成立了项目实施小组，由计算机软件人员和相关管理部门的业务骨干组成。每个子系统的实施按总体要求编排实施计划，每个程序落实到人，按期考核。项目实施小组定期检查项目完成情况，随时根据项目进展情况协调各部门的关系。

● 加强基础数据的整理

ERP 系统是一个严密的管理系统，数据处理的准确性、及时性和可靠性是以各业务环节数据完整和准确为基础的。系统中一些常用的基础数据对系统至关重要，如产品数据和客户数据等，系统的大多数业务处理都依赖于它们，如果这些基础数据残缺不全或不规范，系统的运行将寸步难行。

实施 ERP 效益分析

一年多来，洛轴 ERP 项目许多功能模块实施成果已经在财务、生产、库存及销售等管理方面得到了体现，使洛轴在企业管理领域前进了一大步，也为企业在激烈的市场竞争中取胜提供了有效保证。2000 年洛轴取得了较好的经济效益，工业总产值同 1999 年相比增长了 6.6%，利润总额增长了 15.7%，百元产值成本降低了 6.78 元，并开发出了新产品 300 多种，取得这个成绩 ERP 功不可没。

ERP 的实施彻底解决了洛轴信息“孤岛”现象，实现了企业内外资源及信息的充分共享，从整体上提高了企业对市场迅速作出反应的能力。实施 ERP 后，企业所有常规产品和新开发产品的技术参数实行统一标准化管理，减少了数据冗余，增加了信息的准确化、标准化和集成化。ERP 的实施规范和细化了仓库管理，有效控制了各类库存资源，提高了对客户的服务质量，而且对促进企业的管理创新，对加快新产品开发的速度也有很大的帮助。

《计算机世界》记者罗赛军对洛轴实施 ERP 的特写——决战 ERP

洛轴实施 ERP 并非一帆风顺，这一点记者到洛轴采访的时候，处处都可以感受到。尽管听到的和看到的都是成功之后的喜悦，但被采访的很多人回想起经历的风雨时，还心有余悸。

在上 ERP 之前，洛轴有一套老系统，该系统已经运行了 9 年多的时间，这套为洛轴作出过很多贡献的系统，却成为实施 ERP 的最大障碍。老系统是洛轴自己的技术人员开发的，功能很简单，各个部门的系统相互独立，信息也不共享，除了能够取代一些手工操作以外，对整个公司的管理并没有太大的作用。尽管如此，很多部门却舍不得弃之而去。ERP 刚刚上线的时候，反对之声潮水般地涌向信息中心，几乎让 ERP 搁浅。

最困难的时候是在 2000 年 8 月初，洛轴的 ERP 已经开始全面替代老系统，但很多部门都有抵触情绪，一些部门甚至要联手仓库的人员回到老系统。领导满耳朵都是反对的声音，如此强烈的反弹几乎让决策者对 ERP 失去了信心，他们认为，既然如此，干脆就回到老系统。在这时候，一位副总决定再给信息中心一次机会，如果真要是不行了，只能回到老系统。那位领导私下对信息部门的人说，现在到了“短兵相接勇者胜”的时刻，ERP 能不能成功就看这一搏。

为了找到 ERP 推不下去的真正原因，公司开了一次会议，尽管这样的会议在洛轴上上下下各个部门不知道开了多少次，但这一回是一次转机。会议上，一边坐着反对使用 ERP 的部门，另一边是信息中心的人员，裁判是决策领导。领导让反对的一方详细说明不愿意使用 ERP 的原因，然后由信息中心的人找出解决的办法。反对的一方列出了很多理由，但是几乎所有的问题都集中在新系统的操作习惯上，抱怨无非是操作过于复杂，或者与以前的操作流程差别太大，最后连领导也觉得实际上没有原则性的问题存在。为了彻底做到让反对者无话可说，信息中心的人承诺，只要不涉及到流程，所有操作上的问题都可以改，而且第一天提出，第二天早上一定改好。为了实现这个承诺，整整半个月，信息中心的人员每天工作到深夜，没有休息日，白天吃盒饭对付，为了防止员工生病，信息中心的领导都不让开空调。半个月后，信息中心硬是把各个部门提出的反对意见一个一个解决掉了，而这时信息中心的人却都病倒了。

经过了这段艰难的日子之后，信息中心逐渐在这场交锋中获得了有利的位置，决策层领导也越来越坚定了实施 ERP 的决心。为了防止反对力量再次袭来，公司的董事及副总经理程恩明提出了“谁挡道，谁下岗，谁不理解，谁调离”的强硬制度，为信息部门推动 ERP 扫清了不少障碍。

现在回想起来，洛轴的有关负责人认为实施 ERP 如同一场战斗，是新、旧管理的较量。从表面上看，阻碍 ERP 的好像是一些无关紧要的小问题，尽管这些问题确实在某种程度上给操作人员带来了不方便，但如此强烈的抵触显然有更深层次的原因。ERP 的实施使管理有了一个大的飞跃，管理效率的提高对于公司一些人来说却是个威胁，意味着一些人的位置将会失去。更重要的是，ERP 使操作完全透明化，过去管理上的漏洞为某些投机者提供了暗箱操作的温床，而现在这一切将一去不复返，所以他们要抵抗。

由此看来，中国的 ERP 实施注定要在斗争中进行，这与 ERP 本身没有关系，只不过是 ERP 引发了企业的管理革新，而这样的革新本应该在此之前就进行完毕。由于中国企业非常复杂，这场革新就变得异常艰难，真正的斗争是在革新与否中展开的，ERP 成功与否只是外在的表象，是斗争的结果而已。试想在洛轴，如果没有领导给信息部门一个月的时间，如果没有信息部门不懈的努力，如果信息部门没有很强的开发能力等等，洛轴的 ERP 都会以失败告终。而中国多数的企业不具备如此之多条件的组合，这应该就是今天很多企业 ERP 没有真正用起来的原因所在。

既然如此，很多企业实施 ERP 不成功的原因就不能都归咎于软件，企业首先得从自己找毛病。

【案例讨论题】

1. 你认为如何才能保证企业成功实施 ERP？

2. 该案例对你有哪些启示？

【思考题】

1. 阐述 MRP 的基本原理。

2. 分析比较 MRP Ⅱ 和 ERP 的异同？

3. 举例说明什么是物料清单文件？

4. 根据掌握的资料，分析说明应该如何理解和改变我国企业在实施 ERP 过程中存在的效果不理想的现象？

5. 某企业产品 A 的物料清单文件如下图，且 A，B，C，D，E 的订货提前期分别为 1，2，2，3，2 周，计划期初库存分别为 50，40，20，60，80 单位，设 B，C，E 第 2 周、D 第 3 周的预计到货分别为 20，40，60，50 单位，A 不存在预计到货，且 MPS 规定 A 产品第 7，

8,10 周的产量为 60,40,100 单位,不考虑保险库存和批量限制,试通过 MRP 计算完成物料库存状况文件?

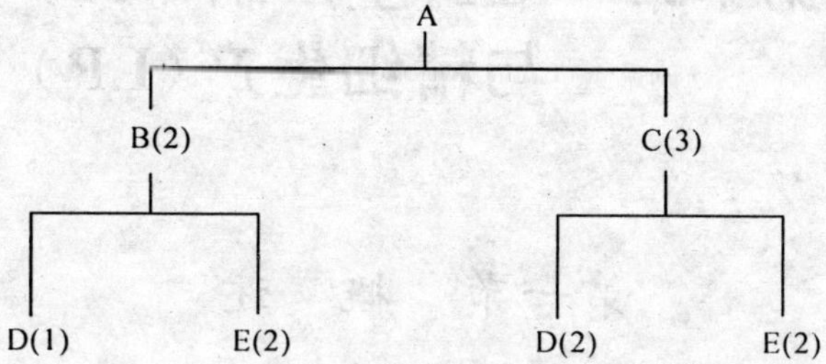

第十章 准时生产制(JIT)与精细生产(LP)

第一节 概 述

一、准时生产制和精细生产的产生与发展

准时生产制(Just In Time,简称 JIT)和精细生产(Lean Production,简称 LP),是继大量大批生产运作方式之后的一种全新的先进生产运作方式。它起源于日本的丰田汽车公司,所以最初也称为丰田生产方式。如果说 JIT 标志着丰田生产方式走向成熟并开始在世界管理实践中推广应用,那么,精细生产则是 JIT 的进一步升华,标志着它已经上升到理论高度,形成了一种指导企业从事生产经营管理活动的全新管理理论体系。

(一)JIT 的诞生

制造业最初的生产运作方式是典型的手工生产运作方式。它完全根据顾客的要求、主要靠具有高超和熟练的手工技艺和技巧的工人逐件制造完成产品。其缺点是效率低,产量少,成本高,且缺乏一贯性和可靠性,易出故障。

1908 年,亨利·福特推出了他的 T 型车,标志着大量生产运作方式的兴起。福特提出的像生产别针和火柴那样生产 T 型车的"单一产品原理",基于零件的互换性和装配的简单化,带来生产运作过程的巨大变革:生产运作标准化的零部件,采用专用高效的机器设备,实行更广泛的分工和标准化操作。大量生产运作使生产率

大幅度提高，成本大幅度下降。例如，汽车的生产节拍从1908年的514分钟下降到1914年的1.19分钟，T型车的售价也随之由1908年的850美元下降到1926年的290美元。

福特的大量生产运作方式使美国成为世界上经济最发达的国家，同时也开创了世界生产运作方式的一个新纪元。然而，大量生产运作方式存在缺乏柔性，即缺乏适应品种变化的能力的根本缺陷。随着用户需求从“有没有”向“好不好”发展，特别是在市场需求日趋多样化的今天，这一缺陷日益突出，对企业发展具有致命影响。

其次，大量生产运作依靠工业工程师对生产运作组织及设备的精心设计和安排，使工人分工简单明确，操作简便，降低了对工人培训和技能素质的要求，但同时也使工人的工作变得枯燥乏味，缺乏兴趣和挑战，成为机器的附属品，甚至是“会说话的机器”，扼杀了人的主观能动性。

此外，为了提高生产运作效率，必须保证生产线的连续运转，不能停工，因此，对各种缓冲的要求也很高，如过量的库存，过多的供应厂商，过多的后备工人，过大的生产运作场地，等等。

第二次世界大战后，日本处于战后萧条时期。丰田汽车公司的丰田英二和大野耐一在仔细参观和调查了福特汽车公司的工厂后，敏锐地认识到大量生产运作方式的弱点，认为它不适合日本。他们决定要走一条适合日本实际情况的新路，并最终取得了成功，这就是JIT。

汽车生产运作需要大量的钣金件，对钣金件生产运作的改进和认识产生了JIT的第一缕曙光。由于生产钣金件的冲压设备非常昂贵，对模具制造、安装和调整精度都有很高要求，所以美国方式是配备较多的专用冲压设备，同时由专家来花费约一天的时间来更换模具，并且一旦换好后就长时间大量生产运作某一种钣金件，数月甚至数年才更换一次模具。大野耐一通过开发简单的快速换模技术，利用滚道送进送出模具，不仅使换模时间下降到只需 3 分钟，而且可由一般的操作工人顺利完成。更令人惊奇的是，这样做的结果使零件的制造成本反而比大量生产运作还低。分析发现有几方面的原因：一是大大降低了在制品库存；二是及时发现加工过程中的质量问题，避免了大量生产运作不合格品和大量返修（很多大量生产运作工厂约有 20％的生产运作面积和 25％的工作时间是用来返修产品的）；三是冲压设备的一机多用，降低了固定成本；四是模具更换改由一般工人操作，节约了人工成本。这种事实突破了“批量小，效率低，成本高”的固有逻辑，证明了新路子可以使成本更低，质量更高，能生产运作的品种更多，较之大量生产运作方式更加优越。

之后，丰田汽车公司继续不断探索，创造了具有独特风格的看板管理。大野耐一受超级市场的管理结构和工作程序的启发，认为可以把超级市场看作是作业线上的前一道工序，把顾客看作是这个作业线上的后一道工序。当顾客（后工序）到超级市场（前工序）购买所需数量的所需商品（零、部件）时，超级市场可以通过一定的信息媒介及时掌握顾客的购买品种和购买量，及时发现货架上商品数量的变化，并通过及时补充商品可以确保“非常及时”地满足顾客对商品的需要。通过看板来实现在“正确的时间，生产运作正确数量的正确产品”，这就是看板管理的基本思路。1953 年丰田公司率先在总公司的机械工厂试行看板管理，1962 年在整个公司全面推行。丰田生产方式也正是伴随看板管理一起传播开来，走上了历史舞台。随着这种方式的不断改进和完善，随着对这种方式的分析总结和理论提炼，它逐渐形成了一整套包括生产经营理念、管理原则、生产运作计划与组织等内容的完整理论和方法体系，发展成为一种全新的生产运作方式——JIT。

（二）JIT 的进一步升华——精细生产

精细生产是国际汽车项目（International Motor Vehicle

Program，简称 IMVP)在全面研究以 JIT 生产方式为代表的日本式生产运作方式及其在其他国家的推广应用情况的基础上，于 1990 年所提出的一种较完整的生产经营管理理论。该项目的三名主要负责人 James P. Womack，D. T. Jones 和 D. Roos 在 1990 年出版的颇具影响的《改变世界的机器》(*The Machine That Changed the World*)一书中，对精细生产进行了详细和全面的阐述。

20 世纪 80 年代以后，随着日本企业在汽车和其他许多行业的竞争力超越美国，JIT 生产方式日益受到美国和世界其他国家的重视。由日美欧各国 50 多位专家组成的 IMVP，用了 5 年时间，耗费 500 万美元巨资，调查了全世界 15 个国家的 90 个汽车制造厂，对 JIT 生产方式进一步作了详尽的实证考察和理论研究，提出了“精细生产”理论。研究结论认为，精细生产是一种“人类制造产品的非常优越的方式”，能够广泛适用于世界各个国家的各种制造企业，将成为未来 21 世纪制造业的标准生产运作方式。

精细生产是对 JIT 生产方式和其他企业推广 JIT 生产方式的进一步提炼和理论总结，不仅代表了一种全新的生产运作方式，更是一种先进的现代管理哲学和理念。精细生产的内容范围不仅仅局限于生产运作系统内部的管理，而是包括从市场预测、产品开发、制造加工管理(其中包括生产运作计划与控制、生产运作组织、质量管理、设备保全、库存管理、成本控制等多项内容)、零部件供应系统直至营销与售后服务等企业的一系列活动。它综合了手工生产运作方式和大量生产运作方式的优点，克服了两者的缺点，使它成为新形势下最有生命力的生产运作方式。表 10-1 是这三种生产运作方式的一个简单对比。

表 10-1 三种生产运作方式的比较

项目＼生产方式	手工生产方式	大量生产方式	精细生产方式
产品特点	完全按顾客要求	标准化，品种单一	品种规格多样化，系列化
加工设备和工艺装备	通用、灵活、便宜	专业、高效、昂贵	柔性高，效率高
分工与工作内容	粗略、丰富、多样	细致、简单、重复	较粗、多技能、丰富
操作工人	懂设计制造，具有高操作技艺	不需专门技能	多技能
库存水平	高	高	低
制造成本	高	低	更低
产品质量	低	高	更高
权力与责任分配	分散	集中	分散

二、精细生产的基本思想

精细生产的基本思想可以用非常简练的一句话来概括：千方百计地减少一切不必要的活动，杜绝浪费。它认为，企业中的不必要活动的效果，如同人体内多余的脂肪造成人体负担过重、甚至危害人的生命、不利于人体健康一样，不仅会造成资源大量浪费，严重影响企业的经济效益，而且还掩盖了企业运行和管理中存在的问题，使企业竞争力下降，危及企业的生存和发展。所以，应该努力找出一切不必要的活动，并从根本上加以消除。

精细生产体现着以下全新的思想理念：

（一）以反对“成本主义”、提倡积极进取为指导思想

所谓成本主义，可以用“售价＝成本＋利润”的公式来表示，意味着企业是按照成本加成的方法来确定产品的价格，以保证企业的利润水平。但事实上，由于完全忽略了市场需求和竞争因素的影响，确定的价格极有可能缺乏竞争力，当然也就难以实现企业利润

目标。相反，积极进取的表达式是“利润＝售价－成本”，认为产品价格是由市场竞争所决定的，是市场的自然选择而不是企业的主观决定，因此，企业要提高利润水平，只能通过不断努力降低成本来达到。可见，两种指导思想的不同在于企业的出发点不同，选择的控制变量也不同，成本主义以价格为控制变量，积极进取则以成本为控制变量。毫无疑问，积极进取更符合实际情况，能够真正帮助企业不断发展创新，实现其战略目标。

（二）树立最高理想的“双零”奋斗目标——“零库存”和“零缺陷”

精细生产提倡积极进取，其对象非常明确，就是革除一切浪费。按照精细生产对浪费所下的定义，凡是不能增加产品价值的，都属于浪费的范畴。主要有：①生产运作和修复次品；②生产运作系统整体或局部的过量生产运作；③加工过程不合理；④搬运；⑤库存；⑥多余动作，包括治标不治本的解决问题的投入；⑦窝工。可见，库存和废品是非常典型的浪费，这和传统生产运作管理允许一定的不合格品率、把库存简单地作为资产和累积价值的认识完全不同。精细生产的“双零”目标是一个最高标准、一种极限，使得企业始终要正视存在的缺陷，面对改进的压力，同时，企业上下在这种无穷逼近的不懈追求中提高对工作的热情和兴趣，感受事业成功的喜悦，产生强大的工作动力。有了这个尽善尽美、精益求精的标准，使得改进永无止境，生产运作系统日益强壮，竞争力不断提升。

（三）强化永不满足、永远改进的意识

为了实现“双零”目标，精细生产要求树立永远不满足于现状、永无休止改进的意识。只有这样，企业才能主动发现存在的各种问题，并找出其原因，提出针对性的改进措施。精细生产认为，渐进式的改善和跳跃式的创新都会带来企业的进步，而且渐进式的改善更容易操作，经过日积月累，所带来的巨大成功并不亚于创新。

一般地，改进首先是从一些很明显的问题开始，但到达一定程度后，很多问题往往因隐藏很深而难以发现。对此，精细生产提供了一种行之有效的途径，即“降低库存——暴露问题——解决问题——降低库存……”它把库存当作万恶之源，库存不仅不能创造价值，反而掩盖了许多矛盾和问题，使问题得不到及时解决，日积月累，小问题也变成了大问题，对企业产生很大损害。但随着库存的每一次减少，企业各环节的运行和协调就要接受新的检验，使得容易找出薄弱环节，明确问题所在，并进行针对性的改进。按照这种循环递进方式，每降低一次库存，就会暴露和解决一些问题，在改进生产运作系统的同时，也向零库存的目标迈进了一步。

（四）坚持视问题为发展机会的辩证思维

传统的观念把问题当作一种不好的东西，总是试图回避它、甚至否定它的存在。实际上，讳疾忌医不仅不能改变客观事实，而且会导致问题日趋严重，对企业发展是极其有害的。精细生产以积极的态度看待问题，正视问题的存在，而且把它作为企业发展的一个机会。通过反复追问为什么，做到“打破沙锅问到底”，寻找问题的根源，提出根本性的解决措施。这种解决问题的方式，将使企业机体变得更强壮，更有资格接受激烈竞争的挑战。

据 IMVP 调查统计，和大量生产运作方式平均水平相比，精细生产所需人力资源减少 1/2，新产品开发周期减少 1/3～1/2，在制品库存减少 9/10，成品库存减少 3/4，工厂占用空间减少 1/2，产品质量提高 3 倍。

第二节 精细生产的主要内容

一、准时生产

所谓准时生产，即“在需要的时候，按需要的数量生产运作所需要的产品”。这是 JIT 最初所表达的含义。通常，人们对误期生产运作的危害性有正确的认识，但错误地认为提前生产运作是好事情。其实，提前生产运作会造成库存积压，同样是严重的浪费。所以，误期和提前生产运作都不是准时生产，都必须要严格杜绝。

(一)牵拉式生产运作计划系统

生产运作过程组织的依据是生产运作指令。其发送方式不同，体现的生产运作管理思路也不同。一般分成两类：一种是传统的推动式(Push)系统。它是由企业的计划部门根据生产运作目标，逐一计算和确定每个零部件的投入出产计划，并按计划向生产运作中心发出生产运作和订货的指令；而每一生产运作中心都按计划制造零部件，并且不管后续生产运作中心当时是否需要，要将加工完的零部件送到后续生产运作中心，同时将实际完成情况反馈到计划部门。另一种是牵拉式(Pull)系统，也是精细生产方式所采用的系统。它是从代表市场需求的产品订单出发，仅向最后的生产运作中心下达计划，而每个生产运作中心则按照当时的需要向前一生产运作中心提出要求，发出工作指令，前面的生产运作中心完全按这些指令进行生产运作。这样反工艺顺序地逐级“拉动”前面的生产运作中心，一直拉到位于第一位的生产运作中心，甚至拉到原材料的供应者或协作厂。其中，“拉动”是依靠看板系统来实现的，看板起到工作指令的作用，一线的操作工人不见看板不搬运，不见看板不生产运作。

在推进式系统中，虽然由企业的计划部门统一安排生产运作作业计划并下达工作指令，但因为计划和计划执行受到众多因素影响，例如，编制计划所依据的预测存在误差，生产运作质量和时间的不确定性，设备意料之外的故障和停工，工人缺勤，因生产运作现场情况向企业计划部门反馈时信息滞后和不全面而导致的管理滞后和失误等，难以真正实现准时生产。而在牵拉式系统中，生产运作中心之间都是根据按需生产运作的原则、以动态响应的模式建立联系，每个生产运作中心都只在需要的时候到其之前的生产运作中心领取需要的物品，而前面的生产运作中心也只生产运作被取走部分的物品。这样，每个生产运作中心都是在正确的时间、按正确的品种与数量进行生产运作，并正确地提供给需要的人，避免了需要的物品生产运作不出来、而不需要的物品却生产出来被积压的情况，自然实现了准时生产。

（二）计划平准化

生产平准化是准时生产的前提。所谓生产平准化，就是使物流完全与市场需求合拍，并始终处于平稳的运动状态之中。实现生产平准化要求具备一定的条件，如计划平准化，减少调整准备时间，建立无库存生产运作的制造单元，准时采购，从根源上保证质量等。

计划平准化有两层含义：

1. 生产率等于市场需求率

生产率是指单位时间内的产量。计划平准化要求生产率等于市场需求率，隐含着企业生产运作过程的每一环节相互间应保持同步、并随时都应与市场需求同步的要求。以往的观念是，机器设备造价高，应努力提高其利用率，所以想方设法增加产量，而不管市场是否需要。计划平准化却恰恰相反，认为库存的损失较之机器设备停歇的损失更大，所以，市场需求的生产运作量是第一位的，机器设备利用率是第二位的。

由于市场需求随时都在变化，使生产率随时都等于市场需求率是所面临的一个很大挑战。为了调节生产运作能力，一般可采用以下方法：建立柔性化生产运作系统；雇佣具备多种操作技能的工人；采用弹性的工作时间安排等。总体来说目前还缺乏行之有效的措施，这也是首先在产品品种与产量相对稳定的企业中推行准时生产的原因之一。

所谓生产运作同步化，是指每个生产运作中心都应和产品装配节拍相一致。直观上看，生产运作中心之间没有在制品积压，因此不设置仓库；按平行方式运行，前一生产运作中心加工结束后，劳动对象被立即转移到下一生产运作中心加工；没有忙闲不均现象。有些企业在生产线内任何两道工序之间流动的在制品数不得超过紧前工序的装夹数（一般为1件），简称为“一个流”，实际上就是生产运作同步化的高级形式。

2.尽可能提高生产运作频率

生产运作频率是单位时间内进行同一产品生产运作的次数。如果生产运作频率很低，虽然可以节省系统调整准备时间，但存在很大缺陷：一是与市场需求脱节，势必造成有的产品一时积压，而另外的产品又发生缺货，导致丧失市场；二是造成工人和设备的忙闲不均，一部分工人“熬红了眼”，设备超负荷运行，同时另一部分工人却“坐红了腚”，设备负荷不足甚至空闲，资源浪费严重。相反，如果提高生产运作频率，减少批量，不仅提高了响应性和服务水平，改善了资源的利用，而且还有助于使工人更容易熟练掌握产品的制作过程和操作方法，降低了库存，缩短了每件产品的生产运作周期。为了克服设备调整次数增加的负效应，应采取措施努力缩短设备调整时间。

（三）看板管理

看板管理是JIT和精细生产的重要组成部分，是一种生产运作现场物流控制系统，是实现准时生产的管理工具和手段。实行看板管理时，要求对设备重新排列和布置，使每种零件只有一个来源，零件在加工过程中有明确固定的移动路线，并且每个工作地一般设置两个存放处——入口存放处和出口存放处，把仓库搬到生产运作现场。

1.看板

看板又称作传票卡，是传递信号的工具。它可以是一种卡片，也可以是一种信号，一种告示牌。看板实际上是在需要的时间、按需要的量对所需要的物品发出生产运作指令的一种信息媒介体。

实践中，小圆球、计算机终端显示等都可用作看板。

看板的主要功能包括：生产运作以及运送的工作指令，这是看板最基本的功能；防止过量生产运作和过量运送；进行“目视管理”的工具；改善生产运作的工具。

看板可分成移动看板和生产运作看板两类：

(1)移动看板。它用于指挥零件在前后两道工序之间移动。当放置零件的容器从前道工序的出口存放处运到后道工序的入口存放处时，移动看板就附在容器上。当后道工序开始使用其入口存放处容器中的零件时，移动看板就被取下，放在看板盒中。当后道工序需要补充零件时，移动看板就被送到前道工序的一出口存放处相应的容器上，同时将该容器上的生产运作看板取下，放在生产运作看板盒中。可见，移动看板只是在前道工序的出口存放处与后道工序的入口存放处之间往返运动。

每一个移动看板只对应一种零件和一定的标准容器。如图10-1所示，移动看板一般包括以下信息：零件号、容器容量、看板号(如发出5张的第3号)、供方工作地号、供方工作地出口存放处号、需方工作地号、需方工作地入口存放处号。

从供方工作地： 38#油漆	零件号：A435油箱座 容器：2型(黄色) 单位容器容量：20件 看板号：3号(共发出5张)	到需方工作地： 3#装配
出口存放处号： No. 38-6		入口存放处号： No. 3-1

图10-1　移动看板示意

(2)生产运作看板。它用于指挥工作地的生产运作，规定了所生产运作的零件及其数量。它只在工作地和出口存放处之间往返。当后道工序转来的移动看板与其出口存放处容器上的生产运作看板对上号时，生产运作看板就被取下，放入生产运作看板盒内，同时该容器（放满零件）连同移动看板一起被运送到后道工序（即需方）的入口存放处。工人按顺序从生产运作看板盒内取走生产运作看板，并按生产运作看板的规定，从该工作地的入口存放处取出要加工的零件，待加工完规定的数量之后，将生产运作看板挂到容器上。

生产运作看板通常包括以下信息：要生产运作的零件号；容器的容量；供方工作地号；供方工作地出口存放处号；看板号；所需的物料；所需零件的简明材料清单；供给零件的出口存放处位置；其他信息，如所需工具等。如图 10-2 所示。

工作地号：38# 油漆
零件号：A435 油箱座
放于出口存放处：No. 38-6
所需物料：5# 漆，黑色
放于：压制车间 21-11 号储藏室

图 10-2 生产运作看板示意

2. 用看板组织生产运作的过程

如图 10-3 所示，假设只有 3 个工作地，其中 3 号工作地为装配工作地。当按照计划需要装配某台产品时，3 号工作地就发出移动看板。按移动看板规定的供方工作地及出口存放处号，找到存放所需零件的容器。将容器上挂着的生产运作看板取下，放到 2 号工作地的生产运作看板盒中，并将移动看板挂到该容器上，将容器运到 3 号工作地的入口存放处相应的位置，供装配使用。2 号工作地的工人从生产运作看板盒中取出一个生产运作看板，按生产运作看板的规定，到 2 号工作地的入口存放处找到放置所需零件的容器，从中取出零件进行加工。同时将该容器上的移动看板放入 2 号工作地的移动看板盒中。当生产运作的数量达到标准容器的要求时，则将生产运作看板挂到该容器上，将容器放于 2 号工作地的出口存放处规定的位置。同样，将 2 号工作地的移动看板送到 1 号工作地的出口存放处，取走相应的零件。按同样的方式逐步向前推进，直到原材料或其他外购件的供应地点。

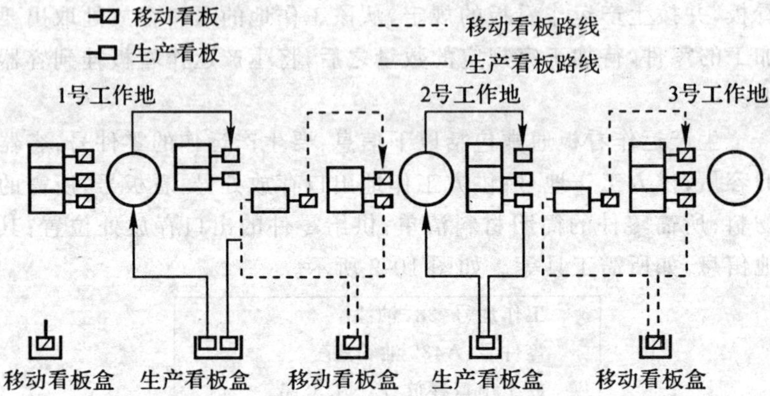

图 10-3　用看板组织生产运作的过程

为了尽可能降低库存，同时符合企业生产运作系统的实际情况，应合理确定看板数量，并随着生产运作系统的不断“强壮”而逐渐减少看板数量。

3. 看板管理的规则

(1)看板在使用的时候，必须附在装有零件的容器上。

(2)必须由需方到供方工作地凭移动看板提取零件或者由需方向供方发出信号，供方凭移动看板转送零件。总之，要按需方的要求传送零件，没有移动看板不得传送零件。

(3)要使用标准容器，不许使用非标准容器或者虽使用标准容器但不按标准数量放入。

(4)当从生产运作看板盒中取出一个生产看板时，只生产运作一个标准容器所容纳数量的零件。当标准容器装满时，一定要将生产运作看板附在标准容器上，放置到出口存放处。且按照看板出现的先后顺序进行生产运作。

(5)严禁将次品交给下道工序。

按照这些规则，就会形成一个十分简单的牵引式系统。每道工序都为下道工序准时提供所需的零件，每个工作地都可以在需要的时候从其上道工序得到所需的零件，使物料从原材料加工到最终的装配同步进行。

二、充分发挥人的主观能动性

精细生产反对把工人看作是“机器的延伸”或“会说话的机器”，认为人是最宝贵的东西，把人作为解决问题的最根本的动力。在这种新观念的指导下，通过QC小组、提案制度、团队工作方式、目标管理等一系列具体方法，充分调动和鼓励全体职工进行“创造性思考”的积极性，最大限度地挖掘和发挥每个人的巨大潜能。

(一)弹性配置作业人数

弹性配置作业人数是指生产线上的作业人数随生产运作量的变动而变动，以便尽量用较少的人力完成较多的生产运作。这不同于传统生产运作中的“定员制”，依靠“少人化”技术来降低人力成本。所谓少人化技术，要求首先必须转变观念：一是从减少人工转到减少人数上；二是工作改善优先于设备改善，重视软件水平的匹配。

为了做到少人化，除了设备的联合U型布置外，培养工人具备多技能的多面手素质非常重要。只有这样，才能够要求一个工人兼管多台设备或完成多道工序，才可以做到生产运作任务安排的灵活性，从而减少工人人数，使得设备可能空闲，但人不会空闲。由于工人多能化主要通过职务定期轮换来实现，工人的工作内容不再单调和枯燥乏味，而是趋于丰富化，工作充满了创造性和挑战性，所以有助于增加工人的工作兴趣和热情，提高工作的积极性。

(二)减少以至撤销非增值的岗位和人员

非增值的岗位和人员，毫无疑问也属于浪费，理所当然要设法克服。比较典型的如日常设备修理工作和生产运作现场环境卫生清扫工作，完全可以通过纳入生产运作工人职责范围，从而可以撤销相应的专门岗位，省掉人员。企业中非增值的岗位和人员普遍存在，只要认真分析和思考，就能找出问题和很好的解决办法，诸如通过加强质量管理来取消修复次品的岗位和人员，通过工作地的合理布置来取消在制品运输的岗位和人员，通过严格的责任划分来取消虽重复工作、但实际无人负责的岗位和人员，等等。

(三)生产线上实行工人集体负责制

在传统的大量生产运作的生产线上，工人严格按照事先设计安排好的操作规程重复完成相同的简单工作，由一个不参加生产运作操作的领班负责生产线的管理。而且为保证效率，除非万不得已，不允许生产线运行中断，并依靠生产线终端的返修工段来修复生产运作中的缺陷。事实是，尽管只有高层经理才有资格决定生产线中断运行，但由于生产线本身存在许多问题，实际上很“脆弱”，结果经常发生生产线的中断。

反之，在精细生产中，工人被分成小组，实行集体负责制，促使小组成员互相帮助，加强交流，密切合作。小组中任何一位成员，只要发现生产线出现问题，都有权利中断生产线运行，决不允许把问题遗留到以后的工序。同时，整个小组集体共同寻求问题的根源和解决办法，保证以后不再出现这种问题。这种方法虽然刚开始时生产线中断较多，但方向正确，因为每一次中断都伴随着至少解决一个问题，生产线随之得到改进，变得越来越“强壮”，到后来就极少中断。

(四)充分调动和发挥工人的积极性

精细生产强调要建立新型的劳资关系(如日本的“命运共同体”)，培育工人的主人翁精神，大力支持和鼓励工人开展合理化建议活动，为企业发展献计献策。例如，有的企业把企业的许多信息、包括遇到的问题，都在工厂规定的位置(一般在厂门口附近醒目的地方)进行公布，使每个雇员都了解工厂的情况，同时建立畅通的渠道听取雇员的建议，并定期评比和给予奖励。据资料统计，1989年日本汽车厂平均每个雇员提出61.6条建议，而欧洲和美国的同类厂则只有0.4条。这一点，不能不说是日本汽车生产运作成功的的一个重要原因。

三、从根源上保证质量

传统观念历来认为，质量和成本之间呈负相关关系，要提高质量，就必须投入更多的人、财、物来开展质量管理。所以，传统生产运作中往往设定一个合理的质量水平，允许一定的不合格品的存在。但精细生产却完全打破了这种传统观念的束缚，将不合格品所产生的返修、后续加工损失、企业形象负面效应、市场竞争力下降等间接成本因素的影响全部考虑进来，认为质量和成本之间是一种正相关关系，即提高质量与降低成本具有一致性。以此为指导，精细生产提出了消除不合格品、实现“零缺陷”的目标，强调从根源上解决质量问题和保证质量。事实上，“零缺陷”是“零库存”的保证，如果没有从根本上保证质量，生产运作过程就难以正常运行，就不可能真正做到准时生产。

从根本上保证质量，要求改革传统的质量管理方法，树立全面质量管理的思想，把工作目标从找出不合格品转到防止不合格品上来，把工作重点从了解不合格品结果转到寻找质量问题的根本原因和解决办法上来。要强调“一次做对”、正确的结果源于正确的工作方法的理念，通过积极地事前预防行为，从根源上保证质量。

精细生产的质量管理方法是“自动化”，表示质量管理工作的自动化的特定含义，特指以下两种机制：一是通过在设备上开发、安装各种自动加工状态检测装置和停止装置，使设备和生产线可以自动检测、并且一旦出现问题或异常情况自动停止的机制。二是生产线上的生产操作工人一旦发现问题或异常情况，有权自行停止生产运作的管理机制。依靠这样的机制，一出现问题或异常情况就会马上被发现，可以比较容易地找出原因，采取针对性的解决措施，防止类似问题的再次发生。这样，既克服了不合格品的重复或累积出现，也避免了不合格品向后续工序的流转和进一步加工，杜绝了由此可能造成的大量浪费。

从根本上保证质量，要求必须首先找出影响质量的根本原因，采用根本性的解决办法。是否达到这种要求，可以用一个简单的标准来衡量——该问题是否重复出现。只有当该质量问题不再出现时，才说明取得了成功。否则，针对该质量问题的质量管理工作就远没有结束。根本性的解决办法意味着对原来的质量管理的根本变革，例如，通过培训使企业上上下下树立全新的质量观念和意识，从工艺设计入手排除工人错误操作的可能性，保证生产运作设备和设施的可靠性等。

精细生产本身也为提高质量管理水平提供了许多有利因素。例如，不必要的活动往往是导致产品质量问题的重要原因之一，精细生产通过消除不必要的活动，不仅杜绝了这类活动本身的浪费，而且从根本上消灭了这部分的质量问题源。精细生产强调与用户建立良好的紧密关系，有利于深入、准确地把握用户的需要，规定出使用户真正满意的质量标准，提高了质量标准的科学性。精细生产对雇员价值的新认识，要求下道工序对上道工序的质量进行100%的检查，提高了工人自主关心、支持和参与质量管理的积极性，使全员质量管理工作建立在可行的基础上，更具有可操作性。精细生产的平准化，需要一件才生产一件，大大降低了生产运作批量，使及时发现问题成为可能，等等。

四、优化生产运作系统设计

精细生产认为，生产运作系统运行的效果，在很大程度上是在生产运作系统设计时就已经决定了的。所以，改进生产运作系统，应该从最根本的生产运作系统设计入手。

(一)简化设计

精细生产特别强调在设计时树立“最简单的往往是最有效的”、“简单、简单、再简单”的思想意识。具体地，在设计产品时，要避免傻大黑粗、肥头大耳，尽量做到结构简单，容易加工和装配。具体方法有：一种基型、多种变型设计；模块化设计；产品内部尽量使用标准件和通用件。在工艺设计时，要尽量简化工艺路线，采用简单的、便于工人掌握的、具有防错功能的工艺设备和加工方法，突出柔性化的发展方向。

(二)建立准时生产的制造单元

实行准时生产的第一步是“把库房搬到厂房里”，使问题明显化。第二步是不断减少工序间的在制品库存，“使库房逐渐消失在厂房中”，以实现准时生产。

准时生产要求对生产运作现场进行重新布置与整理，实行定置管理，为每个工作地设置一个入口存放处和一个出口存放处，明确规定产品从投料、加工到完工的物流路线。为此，要按产品对象建立面向一组相似零件加工的准时制造单元。该制造单元有两个明显的特征：一是在该制造单元内，零件是一个一个地经过各种设备加工的，而不是像一般制造单元那样一批一批地在设备间移动，而且工人随着零件走，从零件进入单元到加工完离开单元，始终是一个工人操作。二是该制造单元具有很大的柔性，可以通过调整单元内的工人数量使单元的生产率与整个生产运作系统保持一致。

准时制造单元一般采用“U”形布置，以简化工序间联系和管理的复杂性，增加工人间的接触与交流，缩短工人行走距离。它相当于可以同时供多个工人进行多道工序加工的机器，只需设置一个入口存放处和一个出口存放处，节约了空间。另外，它是通过调整制造单元的工人数量来维持其生产率与产品装配生产率的一致性，既方便容易，又避免了劳动力资源闲置的最大浪费。

(三)建立项目型的组织管理模式

精细生产认为，时间越来越成为获取竞争优势的关键因素，为此，应选择一种可以有效缩短开发设计周期的组织管理模式——项目型模式。据统计，日本公司开发一辆完全新型的汽车，在技术准备上平均需170万小时工作量，从设计到出车需46个月时间；美国和欧洲则平均需300万小时作技术准备，从设计到出车需60个月。主要原因之一就是日本采用了这种不同于传统方法的新模式。

1. 领导方式

参与设计工作的各种人员（来源于企业各有关部门）共同组成的项目团队由项目负责人（日本称为“主查”）全权负责。项目负责人具有很大的权力，直接控制完成设计计划所需的全部资源条件，是队员的老板，其意见对队员今后的发展有重要影响。相反，美国企业虽然也成立设计小组，但小组负责人没有实权，他的工作只是协调，设计的成败对小组负责人和小组成员的影响都不大，小组成员更多地对原部门负责。

2. 集体协作

项目团队成员虽仍保持与原职能部门的联系，但在工作上完全接受项目负责人的领导、控制与考核，为项目开展工作创造了良好的环境氛围，促使小组成员一心一意扑在项目上，相互紧密团结合作，以争取项目早日成功。相反，西方公司中小组成员只是短期从职能部门借调来的，项目本身也在进行过程中从一个部门转移到另一个部门，小组成员不断变换，并且小组成员更多根据本职能部门领导的考核进行提升，所以不可能专心于项目，无法为了项目协力工作。

3. 信息交流

在传统做法中，人们倾向于回避矛盾，所以，一些重大的设计决策问题总是推迟到最后才能决定，导致设计工作过程中不断出现这样或那样的问题，越积越大，要耗费多几倍的精力进行协调和更改设计。相反，按照项目型管理，一开始就将所有团队成员召集到一起，在集体讨论、互相沟通的基础上，就有关问题、特别是一些重大问题作出决定，并由每个成员签署正式誓约，发誓不管遇到什么困难都保证完成任务。一开始就明确有关问题，使每个成员都心中有数，可以集中精力顺利完成自己承担的任务。

4.并行工程

第三章对并行工程已有介绍，不再赘述。

五、建立新型的公共关系

(一)与供应商的关系

在大量生产运作中，装配厂与供应商之间是一种主仆关系，是一种松散的配合关系。这使得供应商没有长期合作的打算，也没有改进工作、改进质量的积极性。而精细生产以“双赢”思想为指导，主张装配厂与供应商建立长期的合作关系：

(1)供应商的选择不是靠投标，而是根据长期合作关系及其一贯表现。供应商一旦选定，双方就变成比较稳定的、利益上休戚相关的关系。这样，在新产品开发的初期，供应商就可以参加进来展开工作，带来很大好处。

(2)合理分配双方的经济利益。具体做法是，将积极进取的“市场减法体系”引申到供应商。首先装配厂按市场行情确定具有竞争力的产品目标价格；然后与供应商一起讨论，考虑双方合理的利润水平，推算各部分的目标成本；最后，为了达到目标成本，双方共同利用价值工程方法进行成本分析，找出每一个能降低成本的因素，并采取措施降低成本。为了调动供应商的积极性，关于降低成本的成果部分，企业和供应商明确约定，凡是供应商经过自己的努力带来的成本降低，完全归供应商所有；经过双方共同努力带来的成本降低，双方经友好协商进行分配。这种处理方式促进了双方的技术交流，加强了相互理解，有利于改进产品质量，降低产品成本，提高产品竞争力，获得好的长远战略利益，对双方都有利。

(3)供应商的“企业内部化”运行。供应商和企业都充分认识到，只有团结一致，互相配合，才是保证双方利益的最好选择。所以，供应商在零部件质量和交货期方面，完全接受装配厂的生产运作计划的指导，尽量满足装配厂的要求，一天送货几次，并且直接送到生产线上，就如同装配厂本身的一个部门。同样地，装配厂也会认真听取来自供应商的意见和建议，帮助供应商解决其所遇到的各种问题，特别是向供应商转让先进技术成果或培训，以提高质量，降低成本。据资料报道，到1982年，日本已经有16%的协作厂实行每周交货，52%按日交货，31%按小时交货。供应商的“企业内部化”运行使准时采购成为可行，由于可确保质量，也从根本上消除了采购活动中的大量浪费，如订货、修改订货、质量检查、入库、点数、转运等。这也是协作厂本地化发展趋势的原因之一。

(4)成立“协作厂协会”的组织，加强协作厂之间的交流与沟通，传递最新管理知识，剖析成功经验和失败教训，学习和分析社会、技术、经济的最新发展及其影响，以促进共同提高和发展。

(二)与用户的关系

精细生产在处理与用户的关系方面，坚持“用户至上”、“用户第一”的指导思想，以积极主动的态度开展“进攻性销售”，通过高质量的服务来提升产品的竞争力，吸引用户。

最后指出，上述几个方面不是相互孤立的，而是互相交叉影响，所以，必须用系统的观点指导各项工作的开展。精细生产作为一种先进的现代生产经营方式，是生产运作管理的一次革命。虽然其基本思想很简单，但真正理解并付诸实施却是一项庞大的系统工程，涉及到企业的每一个部门，渗透到企业的每一项活动之中，需要企业全体人员长期不懈的努力。

案例16　向丰田学点什么

改革开放以后，吹进国内的第一股企业管理清风，就是日本丰田公司的管理经验。曾几何时，“丰田管理模式”风靡全国。20世纪90年代初，在一汽的带头和推动下，丰田的“精细生产”方式，再次在全国掀起风潮。近年来，亚洲经济危机冲击日本，丰田公司也在劫难逃，他们又是怎样应对的？我国企业能否有所借鉴？最近，丰田公司中国代表处首席代表岛原先生，向记者介绍了丰田公司的“新成本革命”，对中国企业也可算是对症下药。

1999年1月，丰田公司从5个主要事业部选拔出70多名经验丰富的职员，成立“革新小组”，专门负责减少浪费。公司以强化国际竞争为目标，制定出被称作“新层次上成本降低”的策略，其主要方面，一是从丰田系统外采购零部件；二是将汽车底盘合并共享，以降低开发成本。这个举动是对丰田原有优势的一种重新审视。

对1999年1月上市的新型小轿车VITZ，以及花冠、佳美的换代产品等世界战略性新型车型，丰田集团提出了降低成本30%，如果集团内零部件生产厂达不到这个要求，就毫不犹豫地改为从集团外采购。这表明，在过去成绩上坐享太平的时代过去了，即使是优秀企业荟萃的丰田集团系统，也难以逃避生存竞争。

从系统外采购零部件，就是从零部件采购开始，在设计、生产技术等所有方面想尽办法，任何小小的浪费也不放过。比如，发动机室配置的空调制冷管，由于尽量减少了弯曲次数，尽管长度缩短的不多，却可以节省材料费用和工序。其他诸如避免车体增加挤压成型工序、采用零部件的复合化等，所有负责开发的人员，都拥有“消灭哪怕是丝毫的浪费”的成本意识。正是这样的成本意识，使其开发成本降低30%，具备了与擅长生产小型车的欧洲厂家进行正面较量的能力。

据测算，丰田开发一种汽车底盘的费用，一般高达 100 至 200 亿日元。为了减少这种开支，他们对底盘种类进行了大幅度的合并、削减和共享，将现有的 20 多种底盘，统一为中、小车型的 4 种和 FR 系列高级轿车的三种。这样，每次更新换代，底盘就能在其他车型上使用，成本得以大大削减。

在提高生产线使用效率的基础上，合并部分生产线，闲置生产线停止运转或转为他用，不能转用的，坚决废弃，目标是建立规模精悍、生产能力强大的生产结构。生产皇冠车的元町工厂，从 2 月 1 日起，高级生产线已由两班制改为一班制，单位生产速度加快，最大限度地提高工作日的单产量。富余出来的人员补充到生产线上，结果节约了能源，减少了夜班补助，在不解雇人员的情况下，降低了单位生产成本。爱信精机公司下属的铸件生产商，1998 年 4 月起停止了 12 条生产线中的 3 条，因此每年降低成本达 6 亿日元。这是该公司成立 60 年来第一次停产生产线。

社长奥田硕提出，"要赶在所有公司的前面，开发出世界上尚未有的技术，然后用适当的成本进行普及，使自己的技术成为现实标准技术。"为了提高其产品的竞争力，丰田每年拨款 4000 亿日元经费，用于研究开发，在推行成本革命的趋势下，此项经费虽不能随便减少，但要求开发部门将自己的技术尽快上升为现实技术，进行大量地推广销售。1998 年 10 月，丰田与美国三大公司以及雷诺结成了国际财团，致力于车载仪表互相兼容的规格标准化工作，就是以丰田规格为"标准规格"。通用虽然是丰田的竞争对手，但是双方的技术合作仍一如既往的进行下去，因为这也有利于减低成本。

【案例讨论题】

你认为丰田的哪些方面值得我们学习和借鉴？

案例 17　荣事达管理要义

零缺陷管理模式——“荣事达”品牌的基石

在十多年的经营管理实践中，荣事达逐步构筑起了一整套高标准、严要求、全方位的管理体系——零缺陷管理模式。它包括零缺陷决策，零缺陷员工，零缺陷生产，零缺陷供应等组成部分。作为企业文化的一部分，零缺陷管理是荣事达“和商理念”在实践中的发展和升华。

零缺陷生产是零缺陷管理的历史起点和基础。1991 年，一位质检员建议企业借鉴国外“零缺陷生产”经验。这一建议得到荣事达的高度重视并迅速决策，决定创建属于荣事达自己的“零缺陷生产”模式，将“用户是上帝”、“下一道工序是用户”、“换位思考”、“100％合格”等质量意识转变为员工的自觉行动。与此相关的一系列有关制度纷纷出台，从而建立了分散与集中、全员自控与专门控制、内在质量控制与系统信息反馈相结合的“零缺陷生产”质量管理体系。

零缺陷供应是零缺陷生产的前伸和保证，通过严把质量关，确保提供零缺陷的零配件或辅助件。

零缺陷服务是零缺陷生产的后延。即在产品售前、售中和售后三大环节提供零缺陷服务。其中荣事达的售后“红地毯服务”于 1997 年推出，在语言和服务技术方面按照零缺陷目标严格执行服务承诺，“视顾客为上帝，尊重用户为贵宾”，使用户毫无后顾之忧，充分体验到“上帝”的感受。

零缺陷决策是关键，起决策作用。为保证正确决策，荣事达坚持自主决策，既不依赖政府替代决策，也不依附他方而随意决策；在决策方式上，制定并构建了一整套规范性的决策程序，使信息传递、咨询论证、实施控制、反馈校正工作程序化，制度化；在决策体系上，形成了集中与分散、整体与局部、分工与协作相结合的多层面决策格局。

零缺陷员工是根本保证，是企业所有“零缺陷”得以实现的主体。荣事达以员工群体优化为企业发展的根本，历来注重培育职工的主体意识。全体员工都在追求“零缺陷”目标，自觉避免错误或失误，保证实现企业整体运行的零缺陷。

和商——“荣事达”品牌的灵魂

任何品牌都应该有其内在的精神力量，这种精神是整个企业发展的原动力。经由这股内在原动力，可以有效整合企业经营要素和经营过程，刻画企业个性。

荣事达创牌成功，形成了鲜明的个性化特色，根本原因在于企业的经营思想提炼出了具有个性的内在精神，形成了企业长久坚持并不断将之发展丰富的企业理念，并把它作为“荣事达”品牌的灵魂。荣事达在塑造品牌形象和经营实践中，始终把“和商理念”这种精神力量放在首位。荣事达历来强调“和顺国情，和衷共济，和睦致祥，谦和自律”的思维方式，坚持“互相尊重，相互平等；互惠互利，共同发展；诚信至上，文明经营；以义生利，以德兴企”的原则，并将这种精神贯彻到企业工作的方方面面，要求上至企业高级管理人员，下到普通员工，都必须以“和商理念”处理各方面的关系。虽然市场充满竞争，但竞争必须有规范的竞争规则，不仅包括“他律”的规则体系，而且包括“自律”的规则体系。“和商理念”就是构筑荣事达企业自律规则的基本指导思想，是荣事达品牌的灵魂和内在底蕴，是荣事达全体员工的主导意识。

早在洗衣机还是短缺紧俏商品时，许多大型商家的老总都纷纷向荣事达求援，荣事达就再三强调“货俏人不骄”，竭尽全力向各商家供货，“没有多也有少”，决不让商家空手而归。这种精神无论是在创牌后，还是在竞争非常激烈的今天，得到了商家的真诚回报，使荣事达与商家建立起了融洽、和谐的关系。在处理与供应商、合资方的关系上，荣事达也是坚持“和商理念”，在一系列问题上取得了对方的支持与合作。

针对市场中存在的某些厂家的不择手段、浮夸和恶性竞争等不良行为，荣事达于 1997 年推出了中国第一部企业竞争自律宣言——《荣事达企业竞争自律宣言》，在企业界和社会上引起强烈反响。这种踏踏实实创业、光明正大竞争的行为打动了消费者，也赢得了竞争对手们的尊重。1998 年荣事达又推出了《市场竞争道德谱》，进一步完善企业竞争行为，将“和商理念”贯彻到生产经营活动中，使其成为每个员工的基本行为准则，同时在企业界倡导公平竞争，通过企业自律，共同创造一个良好的竞争环境。

【案例讨论题】

分析总结荣事达的哪些方面体现了精细生产的思想？你认为哪些方面值得我们学习和借鉴？

【思考题】

1. 简述精细生产的发展过程，它与传统生产方式有什么不同？

2. 如何理解精细生产的基本思想？包括哪些基本内容？

3. “精细生产仅适用于像丰田这样的稳定生产企业”的观点是否正确？为什么？

4. 何谓计划平准化？有什么实际意义？

5. 简述看板管理的基本内容。离开看板管理，牵拉式生产运作计划系统还成立吗？

6. 对照精细生产的要求，调查分析某个企业的运作情况，并提出改进建议。

第十一章　项目计划与控制

第一节　概　述

一、项目概述

项目是为了达到特定目标的非日常型的一次性工作，通常具有明确规定的预算和完成时间，并要求产生新产品、新设施、新系统或其他规定的结果。例如，建设一座大桥、设计开发一种新产品、申办一次大型运动会等，都是非常典型的项目。企业中的新产品和新工艺开发、生产设施的建造、大型产品订单的一次性单件生产运作等工作，都可以被认为是一个项目。

项目的基本特征包括：

(1)项目的一次性。每个项目都有一种相对单一的、明确的目标追求，相应地，也有一个开始和结束的时间。一旦项目完成其使命，则项目的组织机构将被撤消，项目实施有关人员将回到原来正常工作的岗位，而资产将按照新的关系进行重新安排。

(2)项目的复杂性。通常，每个项目都由许多不同的活动组成，涉及到许多不同的专业和部门，需要多方合作才能完成。

(3)项目预先要对资源有明确的预算，对各项工作要规定严格的时间期限。这也是进行项目管理和评价的重要指标。

二、项目管理的目标和内容

(一)项目管理的目标

所谓项目管理,是指为了在一定的期限内,充分利用既定有限资源实现一次性特定目标,通过特殊形式的临时性组织运行机制,对项目活动进行计划、组织、指挥和控制的一种系统管理方法。

1.项目管理的目标

(1)时间进度。指完成整个项目及其各项活动所占用的时间。项目的完工期限一旦确定下来,项目管理者的任务就以此为目标,通过控制各项作业的进度,确保整个工程按期完成。但是,项目进度与项目成本控制是一对矛盾。

(2)成本。指实施项目的所有直接费用和间接费用的总和,如支付给工人的工资与各种津贴、原材料费用、贷款利息、设备租赁费等。管理者的工作就是通过合理组织项目的施工,控制各项费用支出,使之不要超出项目的预算,并尽可能为企业节省资金。

(3)质量。指项目完成后达到预先确定的各项技术指标或服务水平的要求的程度。为高质量地完成项目,就必须找出并重点控制项目进程中的各个质量控制点。质量控制与成本和进度控制有时也是冲突的,如对不符合质量要求的某项作业进行返工,既会增加支出,又会影响时间进度。

2.项目管理的任务

(1)项目计划。明确项目的目标和范围,对项目的各项活动进行充分的分解,从而能更好地理解各项活动的内容要点,准确地把握活动之间的相互关系,为项目的实施创造条件。

(2)项目组织。选择合适的项目组织形式,组建项目组织机构,搞好项目的劳动组织,明确所有项目参加单位和人员的工作内容和职责,以及相互之间的关系。

(3)信息沟通。指导各单位的信息收集,促进信息在各有关单位间的传递和沟通，从而保证各项工作的协调统一。

(4)控制。①时间进度控制，如编制进度计划，确定各项活动的顺序及开工、完工时间，检查执行进度，处理出现的问题。②成本控制，如编制项目和分活动的成本计划，并采取行之有效的措施降低成本。③质量控制，如按照各项工作的质量标准，进行质量的监督和控制，并及时处理质量问题。

(二)项目管理的内容

项目管理工作的内容和重点随项目生命周期所处阶段的变化而变化。项目生命周期是指一个项目从提出设想开始到项目竣工结束的整个过程。它一般分为概念、计划或可行性研究、实施、结束四个阶段，各阶段的工作要点如表11-1所示。实践表明，项目的成功与否，在很大的程度上取决于概念和计划或可行性研究这两个前期阶段的工作。

表11-1　项目生命周期

阶段	阶段Ⅰ 概念	阶段Ⅱ 计划	阶段Ⅲ 执行	阶段Ⅳ 完成
工作内容	· 确定项目需要 · 建立目标 · 估计所需投入的资源和组织 · 按需要构成项目组织 · 指定关键人员	· 确认项目组织方法 · 制定基本预算和进度 · 为执行阶段作准备 · 进行研究与分析	· 项目的实施(设计、建设、生产运作、建立场地、试验、交货等)	· 帮助项目产品转移 · 转移人力和非人力资源到其他组织 · 培训职能人员 · 转移或完成承诺 · 项目终止

(三)项目管理组织与项目经理

项目的特点要求建立围绕专一任务目标进行决策的机制和相应的专门组织：一方面应该能够有效地发挥项目负责人或项目经理的重要作用，意味着把一个时间有限、预算有限的专一任务全权委托给项目经理管理,他有权独立进行计划、资源分配、指挥和控制;另一方面,组织的构成不受现存组织构造的任何约束,可由来自不同部门的、各种不同专业的人员所构成。实际上就是以任务为中心的灵活高效的组织形式。

实际调查表明,项目管理中广为应用的是矩阵组织形式,团队成员要同时接受横向的项目系统和纵向的职能系统的双重领导。其中,项目系统关心的是项目的完成情况,职能系统则负责对项目提供资源上的支持与保证。

项目经理是项目成功的关键。实证研究表明,一个成功的项目经理应该:①弄清所面临的问题、机会和期望;②明白项目团队将会有冲突,但却是团队发展中的自然之物;③弄清谁是利益关系者,以及他们的活动目标;④意识到组织的强烈政治色彩,并利用政治手段获得优势;⑤意识到项目管理必须精于领导(Leader Intensive),同时应灵活机动;⑥明白判断项目成功的四个标准:预算、进度计划、绩效标准、客户满意;⑦为组建一个和谐的团队,项目经理必须充当队员的激励者、教练、活跃气氛者、维和人员和冲突裁决人;⑧项目经理所表现出的情绪——无论正面还是反面的,都将是团队成员培养品质的基础;⑨经常做一些"如果—那么"的假设,避免安于项目现状;⑩不要因小事而停滞不前,迷失了项目目标;⑪有效地利用好时间;⑫首要任务是计划、计划、计划。

综上所述,项目管理是一项复杂的跨部门工作,同时又是一项创新性强的工作,这是一次性的特点所决定的。

三、项目计划与控制

(一)项目计划

项目管理的首要目标是制定一个构思良好的项目计划,以确定项目的范围、进度和费用。项目计划的编制一般分成以下工作:①编制项目总体规划,主要是确定项目总体目标、资源需要量、项目组织形式、项目经理人选等，是对项目的整体构思。②将项目逐层分解成许多单项活动，按照逻辑顺序明确其相互关系，并估计出各项活动所需资源、时间和成本等参数。③结合项目的资源预算、时间限制等具体实际情况，编制项目进度计划，规定各项活动的开始和结束时间，并将具体活动分配落实到具体的单位和个人。

(二)项目控制

项目控制的基本依据包括主要文件和数据资料，具体如规定每项活动详细内容的工作范围细则、说明有关人员工作内容的职责划分细则、规定有关人员相互关系及信息交流方式的项目程序细则、工作进度计划、技术范围文件、成本控制文件等。

在项目计划与控制方法中，除了传统的甘特图外，网络计划技术得到了广泛应用，其基本原理将在下节进行介绍。除此之外，工作分解结构(Work Breakdown Structure，简称 WBS)方法应用得也较为普遍，其原理是：根据事物本身内在的联系，将项目分解成若干分项目，分项目又进一步分解成若干基本工作，……分解成的元素具有明确的界限并相互独立。项目分解得越详细，最下层的元素的影响因素就越少，也就越容易准确地估计完成相应工作可能花费的时间、成本和资源，从而使项目计划和控制更加科学、可靠。例如，建设一个工厂的项目，分解成生产车间建设、办公楼建设、仓库建设、生活设施建设等许多分项目，而生产车间建设项目又可进一步分成土建工程、电气工程、机械设备及安装工程等许多基本工作。

第二节　网络计划技术的应用

网络计划技术，又称统筹法，是通过网络图揭示各活动之间关系，通过运算找出主要矛盾，并利用时差调节各项活动的工期、资源和成本以求得最优的计划方案，并通过它来组织和控制实施过程，以确保达到计划目标的一种科学管理方法。

网络计划技术中，应用较广的是关键线路法（简称 CPM）和计划评审技术（简称 PERT）。两者分别由美国杜邦公司和海军所设计，是彼此独立地发展起来的，但基本原理相同，最大区别在于 CPM 的活动时间是确定的，PERT 的活动时间则基于概率估计，是不确定的。因此，CPM 和 PERT 又分别称为确定型和不确定型网络计划技术。

一、网络图

网络图是网络计划技术的核心，是一种抽象地表达错综复杂的过程中的各项活动之间特定的先后衔接关系及其所需时间的图解模型，如图 11-1 所示。实际上它反映了对生产运作过程的模拟安排。

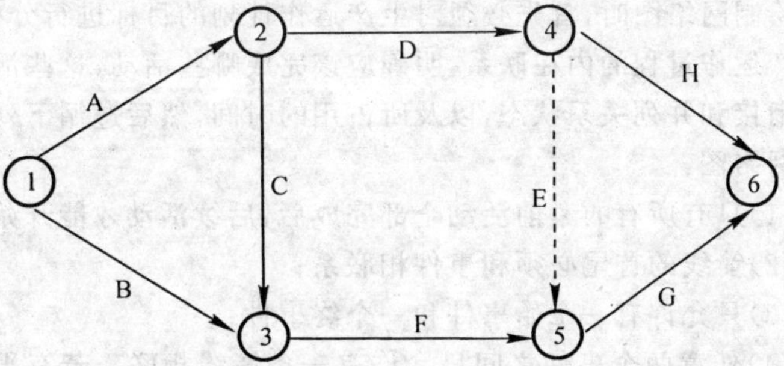

图 11-1 网络图

（一）网络图的构成

网络图由圆圈和箭线组成。圆圈代表事件，又称节点，指某项工作、活动或任务（以下统称为活动）的开始或结束。事件仅仅是表示活动开始或结束的符号，既不占用时间和空间，也不消耗任何资源。网络图中最初和最后的事件分别称为始事件和终事件。箭线表示计划中某项活动，其方向即为活动进行的方向，箭尾表示活动的开始，箭头表示活动的结束，箭杆表示活动的全过程。箭线要占用一定的时间、空间和消耗一定的资源，但在不设坐标的网络图中，其长短与这些量的大小无关。网络图中还经常出现虚箭线，作为虚活动的符号。所谓虚活动，是指不占用时间和空间、不消耗任何资源的实际并不存在的活动。其意义只是为了明确活动的相互关系，消除混乱。

对同一个事件联结的各活动而言，称箭头对应的活动为箭尾对应活动的紧前活动，箭尾对应的活动为箭头对应活动的后续活动。如图 11-1 中，对事件 3 而言，活动 B 和活动 C 是活动 F 的紧前活动，而活动 F 是活动 B 和 C 的后续活动。

活动的名称，可由大写英文字母表示，也可用和箭线相联的事件的编号表示，其占用时间可直接标注在箭线下方。

（二）网络图的绘制规则

绘制网络图时，首先必须对生产运作计划的目标进行分析，根据生产运作过程的内在联系，明确应该完成哪些活动，这些活动的先后衔接和并列关系状态，以及所占用的时间，然后遵循下列规则绘制网络图：

(1)只有所有的紧前活动全部完成后，后续活动才能开始；

(2)箭线的首尾必须和事件相联系；

(3)只允许有一个始事件和一个终事件；

(4)任意两个事件之间只允许有一条箭线相联。若有平行活动，则应借助虚箭线加以区别；

(5)不允许出现封闭的循环线路；

(6)事件编号严禁重复，且箭尾事件编号小于箭头事件编号。

（三）活动时间的确定

活动时间是指完成一项活动所需的时间。其单位可以是日、周、月、年等。具体有两种确定方式：

1. 确定型——单一时间估计法

当活动的不可测因素较少并有先例可循的情况下，通过对过去积累的有关统计资料及同类活动的分析和对比，估计一个认为是完成该活动的最大可能的时间作为该活动的活动时间。此时的网络图即为确定型网络图，和 CPM 对应。

2. 非确定型——三点时间估计法

当活动的不确定性过多，无法予以精确估计时，就先估计三种性质的活动时间，并在此基础上计算出活动的期望时间值，作为活动的时间：①最乐观时间。指在最顺利的情况下，估计完成该项活动所需的最短时间，以 a 表示。②最悲观时间。指在最不利的情况下，估计完成该项活动所需的最长时间，以 b 表示。③最可能时间。指在正常情况下，完成该项活动最有可能占用的时间，以 m 表示。三种时间 a、b、m 的出现有个概率的问题。统计研究表明，人们对单项活动时间的估计呈 β 分布，活动的期望时间值的计算公式为：

$$t_e=\frac{a+4m+b}{6} \tag{11-1}$$

均方差为：

$$\sigma_e=\frac{b-a}{6} \tag{11-2}$$

此时的网络图为非确定型网络图，和 PERT 对应。

二、网络图的时间参数及其计算

（一）活动的最早可能开始时间 $ES_{i,j}$ 和结束时间 $EF_{i,j}$

任一活动在其所有紧前活动均完成这一时点之前，不具备开始的条件，则这一时点就是该活动的最早可能开始时间，记为 $ES_{i,j}$。活动的最早可能结束时间，是指活动按最早可能开始时间开始而完成活动时所达到的某一时间，记作 $EF_{i,j}$。设网络图始事件为 1，$\{(l,i)\}$ 为活动 (i,j) 的紧前活动的集合，则：

$$ES_{1,j}=0 \tag{11-3}$$

$$ES_{i,j}=\max_{l}\{EF_{l,i}\} \tag{11-4}$$

$$EF_{i,j}=ES_{i,j}+t_{i,j} \tag{11-5}$$

(二)系统最早完工时间 T_s

网络图中所有活动均按最早可能开始时间开始而最早可能完成所有活动的时间，叫做系统最早完工时间，记为 T_s。它实际上就是下面将要谈到的网络图中关键线路的周期。设网络图终事件的编号为 z，则：

$$T_s=\max_{i}\{EF_{i,z}\} \tag{11-6}$$

(三)活动的最迟必须开始时间 $LS_{i,j}$ 和结束时间 $LF_{i,j}$

这两个时间参数，分别是指在不影响系统最早完工时间的前提下活动最迟开始和结束的时间。显然，活动最迟必须结束时间，一方面是活动按最迟必须开始时间开始而完成该活动的时间，即最迟必须开始时间与活动时间之和；另一方面，在无后续活动时按定义应等于系统最早完工时间，而在有后续活动时等于这些后续活动的最迟必须开始时间中的最小值。即：

$$LS_{i,j}=LF_{i,j}-t_{i,j} \tag{11-7}$$

$$LF_{i,z}=T_s \tag{11-8}$$

$$LF_{i,j}=\min_{p}\{LS_{j,p}\} \tag{11-9}$$

其中，$\{(j,p)\}$ 为活动 (i,j) 的后续活动的集合。

(四)活动总时差 $TF_{i,j}$

在不影响系统最早完工时间的前提下，活动的开始或结束时间可以推迟的最大时间幅度，称为该活动的总时差，记作 $TF_{i,j}$。实际上等于上述两个开始或结束时间参数之差，即：

$$TF_{i,j}=LS_{i,j}-ES_{i,j}=LF_{i,j}-EF_{i,j} \tag{11-10}$$

具体计算上述时间参数时，可直接在网络上进行，也可采用表格形式(参见例 11-1)。但应注意，计算“最早”时间参数时，应该沿网络图的箭线方向，由前往后顺推进行；计算“最迟”时间参数时，应该沿逆箭线方向，由后往前逆推进行。

三、网络图关键线路的确定

计算网络图时间参数的目的之一就是找出关键线路。在网络图中，从始事件开始，沿箭线方向，由事件和箭线所组成的连续不断地到达终事件的通路，称为线路。每条线路上的各项活动的活动时间之和，称之为该线路的周期。在网络图的所有线路中，周期最长的线路称为关键线路，而关键线路上的活动称为关键活动。

寻找关键线路的方法是在计算时间参数的基础上，找出活动总时差为零的活动，即关键活动，然后按顺序联结成线路即为关键线路。需说明的是，一个网络图中的关键线路有时并不是惟一的。

四、项目完工概率分析

活动时间为确定型时，将关键线路周期作为系统计划完工周期（目标周期），能使系统完工的可能性达到 100％。

活动时间为非确定时，系统的完工周期亦具有随机性质，近似服从正态分布。因此，系统计划完工周期（目标时间）T_k 和系统完工可能性之间的关系可用下式表示：

$$T_k=T_s+\lambda\sigma_s \tag{11-11}$$

式中，T_s 表示关键线路周期，即网络图时间参数中的系统最早完工时间；σ_s 表示关键线路的均方差；λ 表示概率系数，它和系统完工可能性的对应关系可从标准正态分布表中查到。根据该式，管理者不仅可以对一定的系统计划完工周期下的系统完工可能性进行评价，而且可以针对系统完工可能性的要求确定合理的系统计划完工周期。

根据中心极限定理，T_s、σ_s 可按下列公式计算：

$$T_s = \sum_{i=1}^{n} t_{esi} \tag{11-12}$$

$$\sigma_s = \sqrt{\sum_{i=1}^{n} \sigma_{esi}^2} \tag{11-13}$$

式中，t_{esi}表示关键线路中第 i 项关键活动的期望时间，σ_{esi}表示第 i 项关键活动的均方差；n 表示关键线路所包含的关键活动数目。

【例 11-1】 完成某项任务所包括的活动及其有关资料如表 11-2。试解决下列问题：①确定关键线路？②若计划规定系统完工时间是 49 天，则按时完成工作的可能性多大？③若要求系统完工的可能性为 95.5%，则计划中应规定系统的完工时间为多少？

表 11-2 活动的三点时间估计值

序号		1	2	3	4	5	6	7	8	9	10
活动代号		A	B	C	D	E	F	G	H	I	J
紧前活动		/	/	B	B	D	A C	E、F	E	E	I
活动时间（天）	最乐观时间 a	4	6	14	3	7	6	4	3	7	6
	最可能时间 m	6	7	17	4	9	8	5	5	17	8
	最悲观时间 b	8	14	20	5	11	10	6	7	21	10

解：首先分析题意，根据活动之间的关系绘制网络图。然后按公式计算各项活动的期望时间，并标在网络图上。如图 11-2 所示。

第二步，根据时间参数计算公式计算活动的时间参数，将结果列表表示（见表 11-3）。

第三步，找出总时差为零的活动，即关键活动，从而发现网络图中的关键线路。可知，活动 B,D,E,I,J 为关键活动，关键线路为①→②→④→⑤→⑦→⑧，关键线路周期 T_s 为 45 天。

第四步，根据式(11-2)计算关键活动的均方差，并在此基础上计算关键线路的均方差：

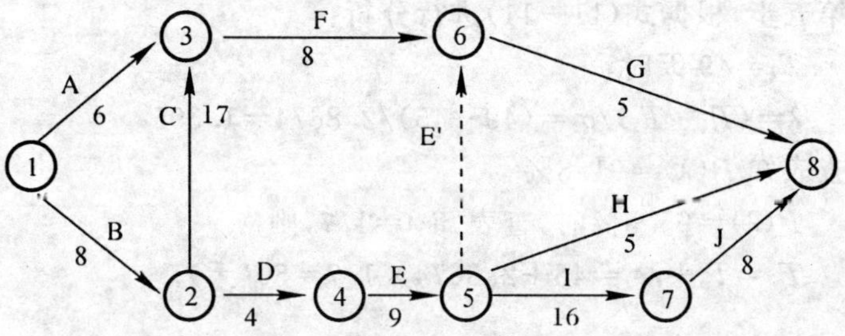

图 11-2 网络图

$$\sigma_s=\sqrt{\sigma_{eB}^2+\sigma_{eD}^2+\sigma_{eE}^2+\sigma_{eI}^2+\sigma_{eJ}^2}$$
$$=\sqrt{(4/3)^2+(1/3)^2+(2/3)^2+(7/3)^2+(2/3)^2}$$
$$=2.8674(\text{天})$$

表 11-3 网络图计算一览表

序号	活动代号	事件编号	紧前活动	活动时间(天) 乐观时间 a	可能时间 m	悲观时间 b	期望活动时间 $t_e=\frac{a+4m+b}{6}$	活动均方差 $\sigma_e=\frac{(b-a)}{6}$	最早可能开始时间 ES	最早可能结束时间 EF	最迟必须结束时间 LF	最迟必须开始时间 LS	活动总时差 TF
1	A	①→③	/	4	6	8	6		0	6	32	26	26
2	B	①→②	/	6	7	14	8	4/3	0	8	8	0	0
3	C	②→③	B	14	17	20	17		8	25	32	15	7
4	D	②→④	B	3	4	5	4	1/3	8	12	12	8	0
5	E	④→⑤	D	7	9	11	9	2/3	12	21	21	12	0
6	E′	⑤→⑥	E	0	0	0	0		21	21	40	40	19
7	F	③→⑥	A C	6	8	10	8		25	33	40	32	7
8	G	⑥→⑧	E(E′) F	4	5	6	5		33	38	45	40	7
9	H	⑤→⑧	E	3	5	7	5		21	26	45	40	19
10	I	⑤→⑦	E	7	17	21	16	7/3	21	37	37	21	0
11	J	⑦→⑧	I	6	8	10	8	2/3	37	45	45	37	0

第五步，根据式(11－11)进行分析：

· $T_k=49$ 天时，

$\lambda=(T_k-T_s)/\sigma_s=(49-45)/2.8674=1.395$

查表知 $P(\lambda)=91.8\%$

· $P(\lambda)=95.5\%$时，查表知 $\lambda=1.7$，则

$T_k=T_s+\lambda\sigma_s=45+2.8674\times1.7=50$(天)

第三节　网络计划的优化

所谓网络计划的优化，就是在满足既定条件下，按一定的衡量指标寻求最优化的网络计划的过程。理想的衡量指标应综合项目完工周期、成本和资源等因素。如前所述，网络图中的关键活动和关键线路，实际上代表了计划所包括的重点工作，可以说，抓住了关键活动及关键线路就抓住了问题的主要矛盾。由此出发，通过采取技术和组织措施调整关键活动的时间，利用时差对非关键活动的资源加以抽调并进行新的分配，使关键活动和非关键活动趋于平衡，实现计划周期、成本和资源三者关系的最佳协调。因此，有人将网络计划的优化工作概括为"向关键活动要时间"，"向非关键活动要资源"。

网络计划的优化从管理的角度一般分为时间优化、时间—成本优化和时间—资源优化三项主要内容。

一、时间优化

时间优化就是在人力、物力、财力等条件有保证的前提下，寻求缩短工程的指标，使工程周期符合目标工期的要求。这种情况通常发生在计划任务比较紧急，目标工期比关键线路周期短的时候。由于工程周期由关键线路决定，因此，压缩工程周期的核心在于如何压缩关键线路。关键线路又是由关键活动组成，因此，从根本上

说，时间优化的中心是如何缩短关键活动的活动时间。缩短关键线路的途径有：

(1)把串联活动改为平行活动或交叉活动。

(2)缩短关键活动的活动时间。压缩时必须注意压缩过程中关键线路是否发生转移，以及技术上的可行性。

二、时间—成本优化

所谓时间—成本优化，就是根据计划规定的期限，规划最低成本的计划方案；或根据最低的成本要求，寻求最佳工期的计划方案。

一般而言，项目的总费用可分为两大类：

(1)直接费用。直接费用是指用在每项活动上，可由每项活动单独核实的费用，它包括完成该项活动所需的直接人工费用、原材料费用、机械设备和安装使用费用等。在一定的时间范围内，直接费用的高低与活动时间的长短成反比关系。活动每缩短一个单位所引起的直接费用增加被称为费用变化率，或简称费用率。显然，压缩活动时间所导致的直接费用增加额，就等于活动压缩的时间长度与费用率的乘积，而所有活动的直接费用之和，就构成了项目总的直接费用。

(2)间接费用。间接费用是指与整个项目有关的、不能或不宜直接分摊给某一活动的费用，它包括项目管理费用、拖延工期罚款、提前完工的奖金、占用资金应付利息等等。间接费用与工期成反比关系。通常将间接费用与工期的关系看作是线性的，在知道单位时间的间接费用额时，则项目总的间接费用就是单位时间间接费用额与项目总的完工周期的乘积。

项目总费用和直接费用、间接费用的关系如图 11-3 所示。可见，项目总费用先是随工期的缩短而降低，之后又随工期的进一步缩短而上升，最低点所对应的项目周期就是最佳工期。时间一费用

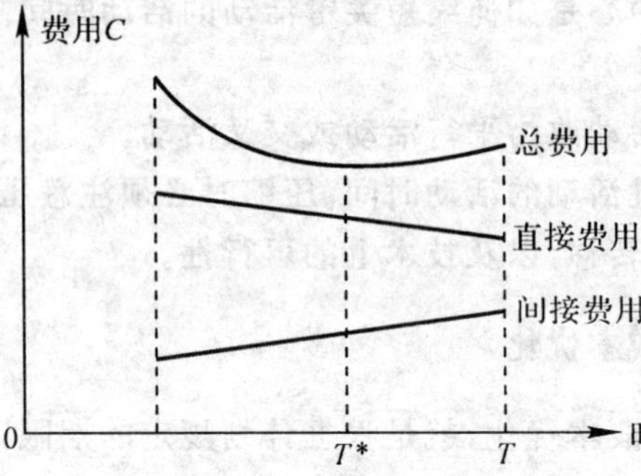

图 11-3　费用和工期的关系

优化的过程，就是寻找最低项目总费用的过程。具体做法是反复选取费用率最小的关键活动或关键活动的组合，进行有效的时间压缩，一旦压缩单位时间所引起的直接费用增加额大于间接费用减少额时，进一步压缩工期将导致项目总费用反而增加，优化工作就应该结束。压缩时要注意需要同时压缩两项以上的活动时应以“联合费用率”替代单一费用率，以及极限时间的限制。

三、时间—资源优化

在有限的资源条件下，应如何调整网络计划才能使项目工期最短，或者在工期一定的情况下，应如何调整网络计划才能使所需资源比较均衡，这就是网络计划的时间—资源优化问题。前者称为有限资源下的工期优化问题，或有限资源条件下的合理分配问题，后者称为工期规定下的资源均衡问题，或资源平整问题。

实际中常采用启发式方法求解。它是一种近似法，其着眼点是在一定范围内的满意解，因此无固定程式，只规定着简单原则：

首先，按时间顺序安排和运用所需要的资源，也就是自第一天开始，逐日安排所有可能做到的日程，然后再开始安排第二天的日程，余下类推。

其次，若有数项活动都要使用同一种资源时，则先安排应用于活动宽裕时间最小的活动。

最后，设法重新安排非关键线路上的活动，以求调度更多的资源用于关键线路上的活动。换句话说，各种资源要优先安排关键线路上的活动使用。

案例18　爱多的A，B计划*

A计划

1997年春节一过，VCD的淡季就来了。爱多刚刚还流水一般出去的货转眼就流不动了，近10万台货睡在仓库里。市场就是这么实实在在，就是这么难以捉摸。其实也不难捉摸，估计家家都一样。淡季耀眼的成功使胡志标非常自信，荷兰之行更使他对自己的计划成竹在胸。他判断VCD供不应求的状况至少会持续一年时间。在卖方市场下，谁占有了上游资源，谁就赢得了市场的胜利。他这一趟西欧之行与菲利浦公司达成了一笔交易，菲利非公司答应爱多满足供应机芯。

由于有了充足的弹药，胡志标要打一仗了。一方面想以低价政策扩大市场份额，另一方面，VCD的利润实在太高了。每台赚六七百元，总会有人沉不住气的。要降价就当第一个，因为没有人能记住第二个。胡志标判断VCD市场是金字塔式的，当售价从1800元掉到1500元的时候，市场的盘子会一下子放大，一些隔岸观火的潜在购买者就会成为实际的消费者。他的判断是正确的。

但他不想像长虹一样犯了众怒，成为行业公敌，怎么包装一下呢？正在这时，北京的经销商高伟拿着一张报纸来找胡志标，说北

* 孙玉红著，《风雨爱多——一个企业神话的兴衰始末》，《南风窗》，1999增刊

京的报纸上登了个《中国职工生活进步调查》报告，上边列有 26 种商品的排名顺序，爱多 VCD 是影碟机类最具竞争力品牌第一名。胡志标一听，十分高兴。马上和高伟直奔北京。

原来这个调查是国家民政部、劳动部、中华全国总工会、中国人民银行总行、统计局、卫生部 6 个部委联合举办的，在排名之前没有与任何企业接触过。如果企业要拿证书，要想利用这个结果，就要支付一定的费用。胡志标一到北京，立即被各媒介记者围住了。有向他采访的，有向他展示才智的，有向他提供方案的，有向爱多献计献策的。这种情形仿佛战国时代的策士们，鼓动如簧之舌，待价而沽般。谁都看到了，爱多是一颗新星，前途无可限量。等胡志标听完这样那样的高见，回答完这样那样的采访，已是深夜一点多了。吴正哲还在门外等着他。作为这次调查活动的宣传部长，与其他记者的角度不同，吴正哲的讲话紧紧扣住市场，从市场的角度出发，阐述企业应如何包装、如何宣传，为企业的市场策略服务。吴正哲仪表堂堂、思路清晰、说话字正腔圆、极富感染力。胡志标听着，不断地点头。在 10 分钟之内，胡志标就作出一个决定：要用此人。这就是胡志标的敏锐果敢之处。胡志标告诉他，自己想降价。时间上正在考虑，想定在七八月份。吴说：必须对降价进行包装，否则会影响企业形象。胡志标当即表示：愿闻其详。

吴分析说：今年 7 月，香港回归，任何大行动都会被淹没了。8 月也是一样。要动只能在 6 月。当天已经是 5 月 23 日了。谈完已是凌晨 3 点，吴正哲离开后，胡志标马上把手下从床上叫起来开会。同时，电召各省总代理火速来京。当天中午，全国 30 位总代理已基本到齐，听了胡志标一番解说动员，全体同意降价。

胡志标这边刚刚部署停当，另一边吴正哲回去后紧急召集自己的“智囊团”——北京几大报社的资深记者，密谋策划降价计划。在新世纪宾馆一个房间内，一个代号“阳光行动 A 计划”的方案随即出台(因为成龙有部电影叫《A 计划》)。这个方案将这次降价行动赋予了一连串美妙的联想，重点以“阳光的辉煌、阳光的神圣、阳光的无私、阳光的永恒”为依据展开了想象。务必使这一次商业降价活动变成一个亿万人关注的有意义的社会活动。

方案一出台，几位记者“枪手”赶出了1万字的背景材料，计有800字的消息一篇，1500字的特写一篇，2500字的通讯一篇，1500字的行业背景一篇，3000字的讲话稿一篇，2000字的阳光行动标准文本一篇。这样，即使原来对VCD一无所知的记者来参加新闻发布会，也能在半个小时内成为行家。

5月27日，降价风暴在北京京西宾馆开始发动。在这个没有星级却胜似星级的地方，爱多阳光行动新闻发布会简单而隆重地召开。发布会只字不提降价二字，用“阳光的辉煌、阳光的无私、阳光的温暖、阳光的永恒、阳光的神圣”五部分来诠释此次行动，站在整合行业秩序、回到合理利润、抵御内忧外患的高度解释让利行为。同日，《人民日报》等全国各大媒体刊登阳光行动A计划广告。

——阳光的辉煌：爱多VCD品牌于1997年4月荣获国家统计局、劳动部、中华全国总工会、民政部、卫生部、中国人民银行总行颁发的“中国最具竞争力的激光影碟机品牌第一名”荣誉称号。

——阳光的无私：爱多VCD把国际化生产带来的规模效益与消费者共享，具体各机型价格调整如下（1997年6月5日全国范围内统一实施）：620BK只售1280元（原价1697元）；720BK/730BK只售1430元（原价1997元）；820BK/830BK只售1680元（原价2100元）。

——阳光的温暖：爱多VCD将给你更加无微不至的服务，3个月包换，1年保修，终生保用。

——阳光的神圣：爱多VCD正以国际化的优良品质担负起中国VCD进军国际市场的光荣使命。

新闻发布会的第二天，消费者就围在柜台前要求以新价格购买爱多VCD。5种型号VCD平均降幅25%，立即引发了一轮购买热潮。当时新科老总秦志尚正在日本，闻讯连夜赶回，立即决定取消原来随机附送的10张光盘，马上降价，三碟机降至1698元，和爱多单碟机相仿。一周之内，万利达紧紧跟随，降幅20%，新科紧接着将三碟机降为1500元，成为市场新低。此时价格已是刹不住的战车一般一个劲地向前冲。当别人的三碟机降到和自己的单碟机一个价位时，爱多当时产品结构不完整，还没有三碟机，为保持自身锐利的市场势头，爱多于第11天再度杀价，每台机再降200元。短短半年之内，VCD降幅近45%。

降价狂潮使爱多名利双收。在北京，在上海，人们排队买爱多VCD，仓库存货一扫而光，市场份额迅速上扬，首次超过万利达成为行业老二，知名度已跃居第一，树立了行业领导品牌的形象，并带动市场一直火爆到年底。1997全年整个VCD行业销量突破1000万台，大大出乎行家预料。胡志标对这次策划包装非常满意。第二天当他飞上海的时候，飞机上正派发《工人日报》，登有爱多阳光行动的大幅报道。甫抵上海，当地报纸正铺天盖地炒作A计划。阳光行动A计划成为新闻炒作的成功典范，上了某名牌大学的教学案例。而此次包装的费用仅用了15万元，“投入产出比”实在是高。胡志标看到了策划的价值，遂许以巨额年薪，几位策划大师从此南下，跳上爱多这条船，担任重要职位，后来又策划出了“阳光行动B计划”来。这是后话。

降价风暴所过之处，狼奔豕突，鸡飞狗跳，床板工场纷纷倒闭。更多企业在破产边缘苦苦挣扎。当时很多月产量不足2万台的企业都要考虑自己的生存问题了。据说某企业紧急开会，总经理说了这样一番话：“同志们，爱多现在降价了，我们不降，结果肯定是死。如果我们跟着降，照样也是死。”许多跃跃欲试的新企业临门退缩，不寒而栗。VCD行业门槛从此大大抬高，不再是个抬脚可进的行业了。一些正规运作但效益不高的知名企业也从此退出了VCD战场。几个破产的作坊主对胡志标恨之入骨，扬言要花钱买他的人头。

B计划

夏季刚过,计划的另一个意想不到的后果出现了,爱多产品在全国开始断货。按照以往经验,每年的10月到第二年的2月是VCD的黄金时段。旺季就要来了,看样子每个月卖20万台没有问题。如果每台涨价250元,5个月就是100万台,净赚2.5亿元。但到底该不该涨,爱多内部发生了激烈争论,由于当时还没有建立信息反馈体系,胡志标只能靠感觉来判断和决策。最终决定涨价,但新科和大部分厂家没有涨价,市场不相信眼泪,爱多机销量立即大幅下降。更可怕的是给了步步高、金正这样的企业生存喘息的机会,他们就像阳光暴晒后的幼苗盼来了及时雨,迅速复苏,成为强大的竞争对手。

爱多别无选择,只能再次降价。

B计划的内容到底是什么呢?爱多公司的一份正规的宣传稿中这样表达:

经广东爱多电器有限公司董事局研究,决定自1997年11月1日起在全国推行"阳光行动B计划"。

"阳光行动B计划"是爱多电器有限公司在一种新的经营理念指导下,充分运用包括价格、优惠服务在内的各种营销手段,为消费者提供更加全面系统的服务。其核心内容是增值服务,通过阳光行动B计划,使消费者购买爱多产品的一次性消费支出转化为消费投资,并通过秉承"我们一直在努力"的信念去构筑企业与消费者的利益共同体,从而使爱多公司由产品经营提升为包含服务经营在内的经营。

"阳光行动B计划"的增值服务方案有以下三方面内容:

一是立即实现的增值:自1997年11月1日起,爱多公司以更具竞争力的价格为消费者提供更好的产品,全面调低价格,最高降幅达500元；

二是即将实现的增值：爱多公司将建立"爱多阳光服务网络"，自1998年开始，陆续向广大爱多VCD产品用户推出三大系列服务工程：

(1)"金碗工程"：爱多电器有限公司将分春、夏、秋、冬四季向"爱多阳光服务网"的用户无偿提供四盘有关当今世界最新影音资讯的光盘，让爱多VCD的用户时刻把握世界影音的动态，获得超值享受。

(2)"宝典工程"："爱多阳光服务网"的用户每两月将得到一份爱多公司赠送的精美影视资料。

(3)"千店工程"：1998年爱多公司将在全国组织上千家影音制品商店，为"爱多阳光服务网"用户提供优惠打折服务，节省爱多用户在购买软件时的支出。

三是持续不断的增值：爱多人本着"我们一直在努力"的执著信念，还将持续不断地创造服务契机，为爱多用户提供更多的实惠和尊荣。

爱多公司认为，阳光行动B计划，将逐步改变消费就是支出的传统观念，实现由消费支出到消费投资的转变，并得到增值，在这一经营模式下，将使消费者获得更多更长远的实惠，爱多公司也将因此变得更具竞争力。(本活动解释权在广东爱多电器有限公司。)

B计划！美丽的、激动人心的B计划！由谁去实现它？新闻发布会已经开了，爱多增值事业部也成立了，但是爱多公司还没有物色到合适的人去实现它。通过王兵兵介绍，找到了丹奴泰德集团的常务副总经理刘小平。刘小平原来是丹奴太空棉公司的副总经理。他身材高大健壮，肤色黝黑，年届四十，正是一个职业经理人最有价值、最能发挥才干的时期。此人经历丰富，先后干过化工、机械、橡胶、服装等多个行业(但是没有接触过家电、音像)。更可贵的是，他经历过丹奴集团由盛到衰的过程，承受过公司欠下巨债的压力，具有逆境经营的心理素质。他的到来，对爱多不知是否是一种预兆。

1998 年 1 月 1 日，刘小平到爱多报到。时间十分紧迫，新闻发布会已经开过两个月了。B 计划除了降价实现了，其他都没有动静。要快，只有一个办法，就是征求代理商。用了几天时间，刘小平写出一份实施计划，向 B 计划的“总策划师”吴正哲汇报，吴正哲漫不经心地说：“你就看着办吧。”再向胡志标请示，胡志标说：“你就试试看吧。”刘小平提醒胡志标，“胡总，要按照 B 计划的设想，投资是巨大的，起码需要两个亿以上的资金支持。公司有没有这个准备？”

胡志标一拍胸脯：“没问题，你放手去干吧。”

10 天后，刘小平飞南昌。选南昌作为试点，出于几个考虑。一是南昌非中心城市，失败了不影响全局。二是如果像“八一”南昌起义那样打响了第一枪，可以好好宣传一番。

1 月 18 日，全国第一家爱多阳光店江西锦鑫店正式开张。南昌江西宾馆大会议厅人头攒动，气氛热烈。备受关注的“爱多阳光行动 B 计划——阳光增值店开业”新闻发布会在此举行。江西省广播电视厅、江西省新闻出版局、当地几十家新闻单位和商家参加了会议。爱多公司总经理助理林莹在会上表示：我们将秉承“我们一直在努力”的经营理念，构筑爱多公司、音像制品业和消费者的共同体，使爱多用户的一次性消费支出，变成长久实惠的消费投资。通过“爱多阳光行动 B 计划”的实施，充分发挥社会各种经济因素的内在潜力，实现爱多向全社会奉献爱心的承诺。江西锦鑫文化实业公司总经理谢佩锦女士在会上发言：“市民对太好的事物总是心存疑虑，消费者眼中的‘红旗到底能打多久’便是‘锦鑫爱多’成立伊始面对的最大的问题。但是我们将企业服务方向的着眼点不仅仅简单地定位于碟片的租赁与零售，而着力于提高企业的文化含量，形成与消费者在精神层次的交流，使锦鑫爱多不仅成为音像市场的一面旗帜，更要努力使其成为江西市场另一大文化热点。”作为江西省的增值服务总代理，锦鑫被要求在江西开设120家“锦鑫—爱多增值店”，用网络为爱多消费者提供细致、周到的增值服务。

1月21日，锦鑫公司在南昌的叠山路、环湖路、朝阳住宅区等繁华路段开设了12家“爱多阳光增值店”。爱多阳光行动B计划江西试点成功。

2月，第一期影视杂志《阳光宝典》创刊号正式面世。

3月，第一套阳光宝典送到了每一位阳光会员手上。

自此，B计划正式在全国启动，刘小平热血沸腾地投入到B计划中了。

按计划，北京、上海两个中心城市要各自建100个中心店，由爱多自己投资来建。刘小平坐镇北京，在西单北大街西单商场对面的黄金地段租下700多平方米的店面，装修一新，外人评价是：“中国音像店中最漂亮的”，使西单一条街上的各VCD企业专卖店大为震动。然后，刘小平找来北京市地图，划出方格，请北京几所大学的大学生一片一片地做市场调查，考察人口密度，大小音像店分布，市民买碟租碟习惯，为布点提供依据。至8月份，全国18个省都有了爱多阳光店，爱多阳光店在新疆开张，当地媒体这样报道：“唱起歌儿跳起舞，为什么？只因爱多阳光照维吾尔。”

新闻界一片叫好之声。英美著名的音像出版公司都感受到了爱多“阳光”的威力，在北京一些有实力的公司，如中锐也开始看好这个新行业，也要上类似的连锁音像店。进展如此顺利，连刘小平自己都很满意。看来B计划的前途就像阳光一样灿烂了。可是问题接二连三地出现，这些问题并非来自外部市场，而是恰恰出自爱多内部。

本应6月份送到会员手中的第3期阳光《宝典》直到8月份才

面世。刚开始时人们以为是意外。可是后来才明白，这只是开始。以后人们再也没有收到过什么《宝典》了，爱多公司承诺要每月提供不少于30个品种的音像制品更是远远没有兑现。

7月20日刘小平回总公司参加3周年庆典的时候，突然发现自己对公司是太陌生了。公司的经济状况已经不可能再为B计划提供资金支持了。猛醒之后，刘小平紧急收缩战线。金碟、《宝典》用掉不到300万，北京店的租金用去100万，加上广告开支，整个B计划投入了400多万后就断了粮草，而按照刘小平原来的想法，公司在前两年内一定要大规模投入，也就是硬件要先支持软件，软件在带动硬件销售的同时也在成熟起来，这会成为公司另一个有力的支撑点。

但是由于资金严重不足，使这一计划中途夭折。B计划草率推行，留下了一系列后遗症，至今还欠18家阳光店多达122万的保证金和广告费，这还不算爱多违约金。

一个如此庞大的计划为何草草收场？刘小平承认，在B计划酝酿阶段就存在着重大失误。在开始之前，起码有三个方面没有认真考虑过。一是企业经济实力是否允许。二是产品发展周期是否允许。三是市场空间是否允许。还有一个重要原因就是：计划执行人员根本不知道公司真实情况。“就像被一个金字塔压在底下，看不到上层的运作，看不到天空。只知道自己越跑越快，越跑越远，后面没有人接应，旁边也没有人打气加油。并且完全不知道公司已根本没有支撑能力。失败是必然的。”

【案例讨论题】

1. 分析总结爱多A计划成功和B计划失败的原因。

2. 你认为有哪些方面值得深入思考和借鉴？

【思考题】

1. 如何理解项目与项目管理的概念？

2. 何谓项目生命周期？对实际工作有何指导意义？

3. 分析比较关键线路法(CPM)与计划评审技术(PERT)的异同。

4. 网络计划优化包括哪些主要内容?

5. 已知某项目包括的活动及有关资料如下表所示,单位为天,试求解下列问题:

(1)画出网络图;

(2)计算关键线路及周期;

(3)完成概率为 95.5%(完工概率系数 $\lambda=1.7$)时的项目计划完工时间;

(4)当项目计划完工时间定为 78 天时的完工概率。

活动	A	B	C	D	E	F	G	H	I
紧前活动	/	/	A	B	B	C、D	C、D	E、G	F
最乐观时间(a)	10	18	7	17	6	5	15	20	8
最可能时间(m)	11	20	12	18	9	7	18	21	9
最悲观时间(b)	15	22	14	22	15	9	21	25	10

第十二章　质量管理

第一节　ISO9000:2000 简介

一、质量管理与 ISO9000

北京大视野社会经济调查有限责任公司 1999 年 3 月对全国十个大城市的调查表明,高达 84%的人在选择商品时最看中的因素是商品的质量。而只有 7.2%的人会受到广告的影响。可见,质量问题已成为企业生死攸关的大问题。

以质量开拓市场,以质量占领市场,已成为现代企业获取竞争优势的行动准则。更好地满足社会和市场需求,是企业的生存与发展的迫切需求。

质量是企业各项工作的综合反映,受到企业生产经营活动中许多复杂因素的影响。要保证和提高产品质量,就必须研究和掌握产品质量产生和形成的客观规律,实行科学的质量管理,不断提高质量管理水平,切实把质量问题作为一个中心问题来抓,在企业中建立起质量体系。

面对严峻挑战,世界各地上下普遍对提高质量有一种危机感和紧迫感,从而极大地推动了质量管理的研究、交流和发展。特别是 20 世纪 80 年代以来,国际标准化组织(ISO)为适应国际经济交流蓬勃发展的需要,经过全面研究和总结质量管理成功经验,于 1987 年颁布了"ISO9000 质量管理和质量保证标准系列",并在 1994 年推出了修改版,于 2000 年 12 月 15 日发布了最新的 2000

版，得到世界许多工业发达国家的高度重视和广泛采用，“ISO9000热”持续升温。如美国、日本、所有的欧共体和欧洲自由贸易联盟成员国等80多个国家已等同或等效采用了ISO9000，许多国家的产品认证体系都把ISO9000作为基本要求纳入自己的标准体系，英国国防部、美国海军部、新加坡国防部等国家政府采购部门都把ISO9000注册作为供货合同的要求。我国企业在改革开放中也深刻认识到按照ISO9000进行规范化、程序化质量管理的必要性，促使“ISO9000热”浪潮席卷中华大地。

二、ISO9000:2000的结构

2000版ISO9000系列标准，在总体结构上进行了较大调整，简化为4个核心标准和1个辅助标准，如表12-1所示。

表12-1　2000版ISO9000系列标准的结构

核心标准	辅助标准	技术报告(TR)	小册子	技术规范(TS)
ISO9000	ISO10012	ISO/TR10006	* 质量管理原理	ISO/TS16949
ISO9001		ISO/TR10007		
ISO9004		ISO/TR10013	* 选择和使用指南	
ISO19011		ISO/TR10014		
		ISO/TR10015	* 小型企业的应用	
		ISO/TR10017		

(1)2000版ISO9000《质量管理体系——基础和术语》，是由原来的ISO8402:1994和ISO9000-1:1994两个标准合并和修改而成。它阐明了制定ISO9000系列标准所依据的管理理念和原则，是ISO9000系列标准的指导思想和理论基础。同时，它明确了ISO9000系列标准对质量管理体系的基础要求和规范，阐明了ISO9000系列标准使用的主要概念、术语及其相互关系。可见，该标准是整个ISO9000系列标准的基石，是理解和实施ISO9000系列标准的“路线图”，发挥着基础性的指导作用。

(2)2000版ISO9001《质量管理体系——要求》，由原来的ISO9001:1994，ISO9002:1994和ISO9003:1994三个标准合并和修改而成。它属于质量管理性标准，明确规定了企业为满足产品规定要求所必须的质量管理体系的基础性要求，以使顾客满意。它与PDCA循环(计划—实施—检查—处理)相对应，按照管理职责、资源管理、产品实现和测量、分析及改进四大板块结构的过程方法模式，对企业建立和运行ISO9000系列标准提供具体的指导。它是一个通用性极为广泛的标准，适用于所有企业。它本身并不规定产品的具体要求，而是面向质量管理体系，要求企业运用过程的方法和质量管理体系管理的方法对产品实现的全过程实施有效控制，预防质量形成过程中的异常波动，并不断开展质量改进，从根源上杜绝质量问题。

该标准同时又是一个评价性标准，是质量体系认证的基本依据，为企业内部和外部(如顾客和认证机构)对其质量管理体系进行评定提供基准:前者可以发现存在的不足，指导改进质量管理工作;后者可以证实企业是否具备持续提供满足顾客要求和法律法规要求的能力，提供决策依据。

(3)2000版ISO9004《质量管理体系——业绩改进指南》，是以原来的ISO9004-1:1994为基础，并纳入原来的ISO9004-2，ISO9004-3和ISO9004-4三个分标准，经过调整和修改而成。顾名思义，它阐述了质量改进的基本概念和原理，详细描述了质量改进的方法和技术，是指导企业改进质量管理业绩的标准，为企业更好地构筑质量管理体系并评价其完善程度提供了强有力的支持，以指导企业实现持续的自我改进、追求卓越的质量管理绩效、达成所有相关方满意(顾客、企业员工、所有者、供方和合作者、社会)的目标。它对以往的质量改进思想进行了拓展，强调了持续改进应贯穿于质量管理体系的建立和实施的全过程，是企业所追求的永恒目标。在其附录A“自我评定指南”和附录B“持续改进的过程”中，给出了质量管理体系或过程的测量方法，指导企业评价质量管理体系的完善程度并识别需要改进的方面，帮助确定改进资源的投向，设计和选择持续改进的方法。

(4)2000 版 ISO19011《质量和环境评审指南》，是由原来的 ISO10011，ISO14010，ISO14011 和 ISO14012 等标准合并和修改而成。它与环境管理体系国际标准互相兼容，为质量管理体系与环境管理体系的一体化评审提供依据。

此外，ISO9000：2000 还包括辅助性标准 ISO10012《测量控制系统》，作为支持性标准的技术报告和小册子，以及针对特定行业质量管理体系要求的技术规范(如汽车行业的 ISO/TS16949)。

三、ISO9000：2000 的特点

(1)结构简明。ISO9000：2000 仅包括 4 个核心标准和 1 个辅助标准，并且加强了不同标准之间的联系与协调，如使用统一的术语定义和系统性地阐释相互之间的关系，采用相同的结构形式。

(2)通用性强。ISO9000：2000 将原来的产品模式改革为过程模式，允许特种行业在 ISO9000 标准基础上增加行业特殊要求的条款，允许某些企业根据实际情况对 ISO9000 标准的某些条款进行删减，而且针对小企业和不同行业，除了对 6 项活动(文件控制、质量记录、内部质量审核、不合格品控制、纠正措施、预防措施)提出必须制定程序文件的要求外，允许企业自行决定所需文件的数量和详略程度。这些改革消除了原 ISO9000 系列标准对硬件产品制造业的偏向性，使 ISO9000：2000 成为一种通用性很强的标准。

(3)确定了质量管理的八项基本原则。ISO9000：2000 系统和概括提出的质量管理的八项基本原则，深刻揭示了质量管理的基本规律，明确了质量管理的指导思想，统一了质量管理的基本理念，把质量管理工作实践建立在了科学理论基础上。

(4)采用过程方法。改变原来的 ISO9000 系列标准按产品导

向模式提出 20 个质量体系要素，采用过程方法提出质量管理体系的四大过程模块——管理职责、资源管理、产品实现以及测量、分析和改进(见图 12-1)，是 ISO9000:2000 的一大特色。这种安排更符合系统管理的思想，与 PDCA 循环的工作原理保持一致，大大增强了质量管理体系总体改进的意识。过程模式促进了质量管理工作的重点从产品向过程转变，强调了顾客的重要性，使标准更具有普遍性，有利于与其他管理体系的协调和兼容。

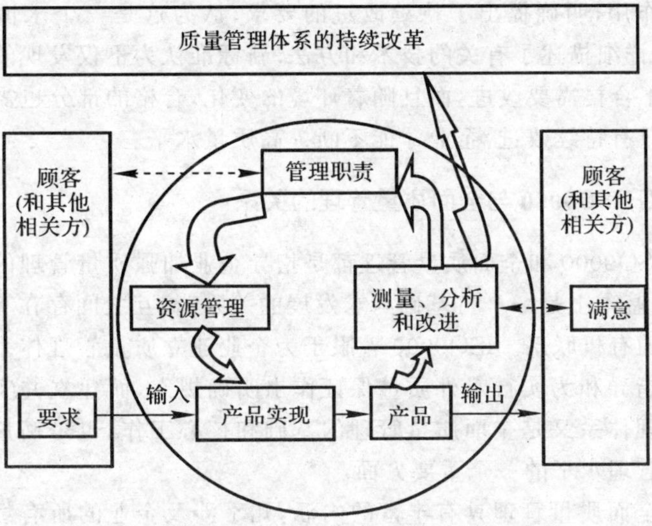

图 12-1　基于过程的质量管理体系模式

(5)强化最高管理者的领导作用和责任。ISO9000:2000 对最高管理者的要求更强化、更具体，不仅将“领导作用”列为八项质量管理基本原则的第二条，而且明确规定了最高管理者的职责，要求其对建立和改进质量管理体系作出承诺、提供为此而开展活动的证据等。

(6)以顾客满意为中心。ISO9000:2000 把“以顾客为关注焦点”作为八项质量管理基本原则的第一条，认为顾客满意是企业生存的根本，明确提出质量管理的出发点和归宿是使顾客满意，从而对质量和质量管理的认识有了本质的拓展，超越了原来的质量保证的狭窄范围。新标准详细描述了如何开展顾客的规范化管理的有关方面，提出了明确要求，如最高管理者应当履行的职责，顾客要求的识别、理解和评审，与顾客沟通，顾客满意度评价等。

(7)突出持续改进。ISO9000:2000 大大提升了 ISO9004 的地位和作用，明确提出了持续改进的要求，认为这是一个永恒的目标，并详细描述了有关的技术和方法。新标准认为不仅发现的或潜在的不合格需要改进，而且随着环境的变化，合格的部分也需要改进。只有持续改进，企业才能不断提高质量水平。

四、ISO9000 与全面质量管理的关系

ISO9000 和全面质量管理都是指导企业加强质量管理的科学途径，基本上是一个打基础与求发展的关系，相互之间存在着相融相通的有机联系。ISO9000 着眼于为企业建立质量管理体系提供具体指导和为实行对外质量保证作出明确规定，而建立并实施质量管理体系又是全面质量管理的基础和核心工作，也是衡量企业质量管理水平的一个重要方面。

全面质量管理具有丰富的内涵，几乎涉及企业的所有经营活动，不仅是一个管理哲学，也是建设质量体系的一系列指导原则，又是实现一个单位质量目标的科学途径。虽然其本身也是一个不断完善和提高的过程，但它的管理思想和原则，不论对过去、对现在和对未来都是适用的。

ISO9000 系列标准从规范化和通用性的角度体现了全面质量管理的思想和原则，没有全面质量管理，就不可能有系列标准，因此，ISO9000 系列标准是全面质量管理的一部分。但不容否认，ISO9000 作为国际标准，只能是协调的产物，并滞后于实践，强调

的只能是质量管理的基本要求，不可能体现质量管理的先进水平要求。

总之，ISO9000 系列标准详细、具体、规范，具有很好的可操作性，为拓展和提升企业质量管理体系提供了技术上的帮助和具体指南，是推行和深化全面质量管理的有效途径；而全面质量管理又为企业实施 ISO9000 系列标准提供先进思想和理论指导，促使企业树立世界级质量水平的目标，永不满足，持续改进，以不断提高质量管理水平，促进企业发展。

第二节　全面质量管理

一、质量管理的基本概念

（一）质量

质量是指"一组固有特性满足要求的程度"。这里的"要求"是指明示的、通常隐含的或必须履行的需求或期望。"通常隐含"是指组织、顾客和其他相关方的惯例或一般做法，所考虑的需求或期望是不言而喻的。质量可以指产品质量，也可以指过程质量，还可以指体系质量。其中，产品指过程的结果，可以分成服务、软件、硬件和流程性材料四类；过程指一组将输入转化为输出的相互关联或相互作用的活动；体系指相互关联或相互作用的一组要素。

产品要求由顾客规定，或者由法律法规规定，或者由企业综合考虑所有相关方要求作出规定。一般地，对通用性产品由企业根据所有相关方要求制定产品规范或产品标准、过程规范，对顾客定制的专用性产品则通过订单合同或协议明确规定。

在 ISO9000:2000 中，并不规定产品要求，而是根据产品要求的目标，规定质量管理体系要求，以此明确管理职责，加强资源管理，运用过程方法和质量管理体系管理方法对产品实现和改进的全过程实施有效控制，通过保证和提高过程质量，确保持续稳定地提供符合规定要求的、令顾客满意的产品。

(二)质量管理

质量管理是指“在质量方面指挥和控制组织的协调的活动”。通常包括以下工作：

1.制定质量方针和质量目标

质量方针，是指“由组织的最高管理者正式发布的该组织总的质量宗旨和方向”。如产品质量要达到的水平、售后服务的总原则等。它阐明了企业对质量工作的总要求，是企业开展质量管理工作的指南，为制定质量目标提供框架。质量目标是按照质量方针提出的“在质量方面所追求的目的”。质量目标是为实现质量方针所确定的具体要求，必须与质量方针和持续开展质量改进的承诺相一致，是可测定的，如废品率下降水平、故障成本在产品成本中所占比重等。在实践中，通过质量策划规定必要的运行过程和相关资源，使质量方针和目标具体化。

2.建立质量管理体系

质量管理体系是指“在质量方面指挥和控制组织的管理体系”。按照过程模式，质量管理体系是由构成立体空间的过程网络组成的，而一个完整的过程不仅包括活动，也包括相关的各种资源输入和结果输出。为了实现顾客满意的目标，质量管理体系应包括四大模块——管理职责、资源管理、产品实现以及测量、分析和改进。具体地，可按下列步骤有计划地建立和实施质量管理体系：

(1)确定顾客和其他相关方的需求和期望；

(2)建立组织的质量方针和质量目标；

(3)确定实现质量目标必须的过程和职责；

(4)确定和提供实现质量目标必须的资源；

(5)规定测量每个过程的有效性和效率的方法；

(6)应用这些测量方法确定每个过程的有效性和效率；

(7)确定防止不合格并消除产生原因的措施；

(8)建立和应用持续改进质量管理体系的过程。

3. 开展质量控制和质量保证

质量控制是指“致力于满足质量要求”，其作用就是根据质量要求，监视产品形成的各项工作，及时排除和解决所产生的问题，保证顾客满意。质量保证是指“致力于提供质量要求会得到满足的信任”。“证实”是质量保证的关键，意味着企业必须就是否具有满足质量要求的能力提供充分必要的依据，接受第三方权威机构的客观、公正评价。质量保证一方面是指一种质量担保，是一种企业取得顾客信任的手段；另一方面也是企业的一种管理手段。

4. 进行质量改进

质量改进是指“致力于增强满足质量要求的能力”。质量改进是无止境的，只要不断地寻找问题，持续地进行改进，就可以提高企业的质量水平，增强企业的竞争力。

(三)质量管理的八项基本原则

1. 以顾客为关注焦点

“组织依存于顾客。因此，组织应当理解顾客当前和未来的需求，满足顾客要求并争取超越顾客期望”。该原则极大地深化了质量的概念，将其和顾客满意紧密联系，强调了顾客和顾客满意对企业生存与发展的重要意义。为了满足顾客要求并争取超越顾客期望，就必须以顾客为中心，认真识别顾客需求，高度重视顾客满意度评价和信息反馈，切实针对顾客需求进行产品开发、设计、生产和经营。

2. 领导作用

领导对组织的发展至关重要，领导者的首要作用就在于深入了解组织所处的环境和顾客要求，“确立本组织统一的宗旨及方向”，制定科学的质量方针和质量目标，为组织的长远成功奠定基础。领导的重要作用还在于“创造并保持使员工能够充分参与实现组织目标的内部环境”，培养企业强大的凝聚力和向心力，激发和调动员工的积极性，确保建立、实施和保持一个有效的质量管理体系，不断改进质量，确保顾客满意乃至超越顾客期望。

3. 全员参与

各级人员都是组织之本，只有他们的充分参与，才能使他们的才干为组织带来收益。该原则强调质量管理必须坚持人本原理，高度重视人的作用，不仅要培养和提高全体员工的质量意识、质量责任和质量技能，而且要设计和实施科学的激励机制，以提高员工的满意度。员工满意是顾客满意的基础和保证，也是质量管理的有机组成部分。

4. 过程方法

活动是开展任何工作的基础，“将活动和相关的资源作为过程进行管理，可以更高效地得到期望的结果”。对应于四大过程模块，管理职责过程要求最高管理者对顾客和其他相关方作出满足其要求并进行持续改进的承诺，制定相应的质量方针和质量目标，组织策划和提供所需的各种资源；资源管理过程提供质量管理所需的人力资源、设施和适应产品质量要求的工作环境，为产品实现过程创造条件和提供支持；产品实现过程以顾客和其他相关方的需要和期望为输入，据此进行设计和开发，有效地组织各个环节，面向顾客输出满意的产品；测量、分析和改进过程借助企业内、外部信息的测量和分析，评价顾客满意度，寻求改进机会，通过持续改进提高质量管理水平。

5. 管理的系统方法

“将相互关联的过程作为系统加以识别、理解和管理，有助于组织提高实现目标的有效性和效率”，是系统管理思想的具体体现。产品质量是众多过程的综合反映，每个过程的结果都影响着产品质量。该原则要求树立整体的观念，围绕质量管理对企业的各种活动、资源、相互关系进行系统思考和安排，重视质量管理体系的建立、规范和改进。

6. 持续改进

"持续改进总体业绩应当是组织的一个永恒目标"，它以产品、过程和体系为对象，以提高有效性和效率为目标，是一个循序渐进的过程，包括分析和评价现状，以识别改进区域；确定改进目标；寻找可能的解决办法，以实现这些目标；评价这些解决办法并作出选择；实施选定的解决办法；测量、验证、分析和评价实施的效果，以确定这些目标已经实现；正式采纳更改。

7. 基于事实的决策方法

"有效决策是建立在数据和信息分析基础上"，强调了充分占有和分析有关信息是有效决策的重要前提，强调了运用统计技术等科学的数量分析方法对有关信息进行客观分析的重要性。

8. 与供方互利的关系

"组织与供方是相互依存的，互利关系可增加双方创造价值的能力"。

二、全面质量管理的概念

全面质量管理(Total Quality Management，简称 TQM)是指"一个组织以质量为中心，以全员参与为基础，目的在于通过让顾客满意和本组织所有成员及社会受益而达到长期成功的管理途径"。它是继质量检验阶段(着重于事后检查，挑出废品)和统计质量控制阶段(采用统计方法对生产运作过程进行控制)后的第三个质量管理阶段，是质量管理向科学化、合理化、群众化的深入发展和质的飞跃。它具有以下特点：

(1)全面质量管理是全过程、全企业、全员的管理。它不仅要对产品质量进行管理，而且要对过程和体系质量进行管理；不仅对企业内部的整个生产运作过程进行管理，而且还要对产品质量产生、形成和实现全过程中的物资供应、设计、产品使用等环节进行质量管理；不仅要求质量监测部门参加质量管理，而且要求企业从上到下建立和健全质量管理责任制，加强全体职工的质量意识，在各自的工作岗位上参与质量管理。

(2)“用户第一”、“一切为用户服务”、“下一道工序就是用户”等观点，是全面质量管理的起点和目的，也是全面质量管理的重要指导思想。

(3)把“一切以预防为主”作为质量方针。因为产品不是检验出来的，而是不断设计、制造出来的，因此，质量的好坏更取决于对问题的预防程度。质量杠杆概念所揭示的“设计 1：制造 10：销售 1000”的成本法则，强调了预防缺陷的重要意义。全面质量管理把工作重点由“事后把关”转移到“事先预防”，由“产品质量管理”转移到形成产品质量的“过程、质量管理体系管理”，做到防检结合，“防患于未然”。精细生产的质量管理“自动化机制”，很好地发展和诠释了这种思想理念。例如，当工人的操作达不到规定标准时，机器自动中断运行、或自动转向补救程序、或自动发出警报等，杜绝了因错误操作而出现质量问题。

(4)全面质量管理要求“一切用数据说话”。用数据和事实来分析判断，寻找影响产品质量的因素及其相互间的关系，掌握质量变异的规律性。

三、全面质量管理的基本内容

(一)设计、试制过程的质量管理

它是指市场调查、试验研究、产品设计、工艺设计、新产品试制与鉴定等正式生产运作前的全部技术准备工作的质量管理，是全面质量管理的首要环节。其目的是保证产品和工艺设计质量，防止产品和工艺的先天不足。实际统计结果表明，在质量问题中，设计因素占了很大比重，大大超过制造因素，“产品质量不仅是制造出来的，更是设计出来的”。这种认识的转变，促进了质量管理重点向设计过程的转移，从而可以真正从源头上控制产品质量，消除产生质量问题的“土壤”。设计、试制过程质量管理的主要内容有：

(1)根据用户调查和收集来的质量情报制定质量目标，避免设计的盲目性，确保设计满足用户需要，具有一定的超前性。

(2)会同和组织产品设计人员和市场经营部门、工艺部门、制造部门等有关人员，根据验证及试验资料，认真分析企业的技术与工艺条件，共同评议和审查产品设计质量，选择合理的设计方案。

(3)做好标准化的审查工作，促进产品设计的标准化、通用化和系列化，以减少零部件的种类，大大简化生产运作技术准备和产品设计工作，为提高设计和制造过程的柔性与质量创造条件。

(4)针对新产品试制和鉴定过程中所得出的问题，对产品设计进行必要的修改和校正，检查和监督新产品的定型质量，确保其成功投产。

(5)保证设计图纸、工艺说明、技术资料等技术文件质量。技术文件应做到正确、完整、统一和清晰，并建立和健全技术文件的登记、保管、复制、发放、收回、修改和注销等工作制度。

(6)严格遵守和监督新产品设计试制的工作程序。

(二)生产制造过程的质量管理

生产制造过程的质量管理以构建优秀的生产系统、保证产品制造质量为目的，其主要内容围绕人、机器、工具、原材料、方法、测量手段与方法、环境等六项因素(即 5M1E)展开。

(1)根据上述 5M1E 六个因素相互关系及其与质量波动的内在联系的研究，不断改善和优化设计，加强工艺管理，以提高生产运作过程质量(又称工序质量或工程质量)，从根本上确保产品质量。

(2)健全和完善工艺卡、工序卡等工艺文件，改善现场工作环境和秩序，严格现场操作管理，培养自觉遵守纪律的良好习惯，组织和促进文明生产运作，将生产运作要素控制在允许的状态范围，实现操作过程最佳化。

(3)采用合适的检验方式,按照自检、互检、专检相结合的原则组织开展原材料进厂、工序间和产品出厂等各种技术检验,及时发现生产运作过程中出现的不合格品,严格把好各工序的质量关,以保证按质量标准进行生产,防止不合格品转入下道工序。

(4)组织质量分析,掌握产品质量和过程、质量管理体系质量的现状及发展动态,为改进和提高产品质量提供依据。特别要通过对不合格品的分析,找出产生问题的原因和责任,明确具体措施,确保质量目标的完成。一般可借助产品等级率、废品率、不合格品率等指标进行质量分析。

(5)实行工序质量控制。它包括两方面内容:其一,建管理点,即把那些在一定时间内、一定条件下需要加强监督,需要使用各种技术和方法进行管理的重点工序和重点部位,作为质量管理的重点对象明确下来。其二,使用控制图等质量控制方法。

(6)组织制造过程质量的技术经济分析。

(三)辅助服务过程的质量管理

辅助服务过程质量管理的基本任务是,通过搞好自身的质量管理,为生产制造过程提供优良的物质技术条件和服务,以保证和提高产品质量。例如,通过科学维修使机器设备处于良好的运行状态;确保夹具、量具等工艺装备的型号和规格符合生产制造过程要求;按质、按量、按时进行原材料和外协件的采购与供应,包括制定采购政策、在"货比三家"的基础上择优选择供应商、供应厂商的资格鉴定和评级、制定与供应厂商沟通联络的制度、确定检验计划、检验方案和不合格品处理程序等;等等。

(四)使用过程的质量管理

使用过程是产品质量形成的归宿,是考验产品实际质量的过程。使用过程的质量管理以提高服务质量、保证产品在使用中正常发挥作用和满足使用需要为目的。主要内容包括:

(1)积极开展技术服务，包括编制科学的产品说明书，举办培训班，设立技术咨询服务站等。以提高用户满意度为指导思想，切实改变过去的“货物出门、概不退换”的行为，提倡“服务到永远”、“真诚到永远”，以提高服务质量，提升竞争力。

(2)进行使用效果与使用要求的调查。这项工作不仅会为企业评价交到用户手中的产品的质量状况、发现产品在满足用户目前和未来需求方面存在的盲点和主要缺陷、进而改进产品或开发新产品提供重要依据，而且也是促进企业和用户之间感情交流的一项有效的公关措施，这将有助于提高企业的竞争能力。

(3)认真处理出厂产品的质量问题。树立为用户着想的意识，热情、及时、认真对待用户的意见，并采取道歉、赔偿、解释、培训等合适方式加以妥善处理，积极改进产品质量，化不利为有利。

四、质量管理体系的建立与实施

(一)组织准备阶段

第一，企业领导层要通过深入和充分交换意见，对建立和实施质量管理体系统一思想认识，作出决策。第二，组织以企业最高领导者为首的、有关质量部门负责人参加的领导班子，以及由不同部门的既懂专业技术、又懂质量管理的人员组成的工作班子。第三，根据企业的实际情况，确立贯彻目标和总体方案。第四，在企业中开展广泛的质量教育，为建立和实施质量管理体系造势，提供良好的氛围和平台。第五，要在明确有关活动和相互关系、时间和资源限制的基础上，制定切实可行的工作计划。

(二)调查分析阶段

通过调查分析，深入了解企业现状，这是设计符合企业实际的、富有特色的质量管理体系的前提。主要包括：收集资料，调查现有文件及执行情况，调查企业质量管理现状，调查分析企业产品的实现过程，确定企业的质量方针和质量目标，分析和确定企业质量管理体系结构，进行质量职能分配和对调查结果进行评审。

（三）编制文件阶段

编制文件阶段实际上是质量管理体系的具体设计阶段，相当于企业质量管理的“立法”过程。主要包括：制定文件编制计划，列出质量管理体系文件目录，明确涉及的标准条款、有关当事人和时间要求；规定统一的文件体制和格式，以便于整理、检索和识别；按照从上到下、从整体到局部的顺序编制有关文件，进行文件的校对、审核和批准，确保文件的适合性、系统性和协调性。

（四）质量管理体系建立阶段

质量管理体系建立阶段是包括从质量管理体系文件批准到投入运行之前的各种工作。主要有：完善必要的工作计划；进行资源配置；完善工作指导书；制备记录表格和识别标签；发布质量管理体系文件。

（五）质量管理体系运行阶段

这是落实质量管理体系的阶段，主要工作有：培养和建立高素质的员工队伍；多方位地开展强化工作，建立有效的运行机制，保证企业上下自觉按程序执行质量管理体系；开展信息管理，对质量管理体系进行审核和评审。

（六）质量管理体系改进阶段

以全面质量管理为指导，完善质量管理体系的评审制度和方法，实现质量管理体系的自我控制、自我学习和自我完善，不断改进质量管理体系，形成质量管理体系发展的良性循环。

第三节　质量管理方法

一、生产运作过程中的散差现象

对质量特性指标进行测定，所得到的测定值称为质量特性值，例如，测得的圆周直径值、电灯泡的寿命数、汽车的油耗数等。显然,质量特性值符合质量标准要求的产品称为合格品,否则即为不合格品。质量控制的任务,就是保证生产运作过程各阶段、各环节的产出为合格品。

生产运作过程中客观存在着散差现象,即质量特性值不是惟一确定的值,而是随机分散在一定的范围。这主要是因为质量受到一系列因素的影响,可分为偶然性原因和系统性原因两大类,前者如设备的轻微振动、原材料成份的微小差别等,也称为正常原因,后者如设备安装调整不当、操作失误等,也称为异常原因。

大量实践统计表明,质量特性值作为一个随机变量,在正常条件下(即排除系统性原因,只有偶然性原因发生作用)是有规律的,呈正态分布。一般的正态分布曲线如图 12-2 所示,若横坐标 x 代表质量特性值,纵坐标 y 代表频数(概率、分布密度函数),σ 表示反映数据离散程度的标准差,μ 表示反映数据中心趋向的期望值,则 σ、μ 的估计值分别为:

$$\sigma = \sqrt{\sum_{i=1}^{n} \frac{(x_i - \mu)^2}{n}} \tag{12-1}$$

$$\mu = \sum_{i=1}^{n} \frac{x_i}{n} \tag{12-2}$$

正态分布具有如下特点:

- 当 $x=\mu$ 时,曲线处于最高点,以其为轴,左右对称;
- 离对称轴越远,y 值越小,当 $x\to\pm\infty$ 时,$y=0$;
- 曲线与横坐标所围成的面积等于 1。x 取值落在 $\mu\pm\sigma$,$\mu\pm 2\sigma$,$\mu\pm 3\sigma$ 范围内的概率分别为 68.25%,95.45%,99.73%。

二、工序能力分析

(一)工序能力

又称工程能力,是指工序在稳定的正常生产运作条件下生产运作合格品的能力,或者说是工序满足质量要求的能力。它是人、

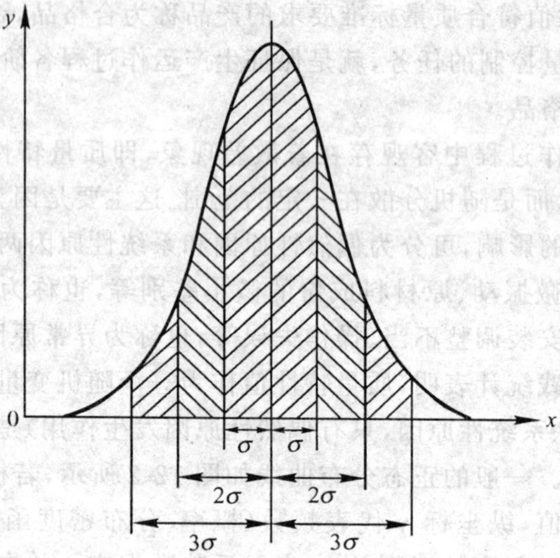

图 12-2　正态分布曲线

机、料、法、测、环等因素共同作用的综合结果。在正常情况下，有99.73%的产品处在 $\mu\pm3\sigma$ 范围，因此，一般把 $\pm3\sigma$ 即 6σ 作为评价工序能力的标准。换言之，工序能力 $P=6\sigma$。

但必须指出的是，当以 6σ 作为标准时，就意味着允许存在0.27%的缺陷，这和我们今天所强调的"零缺陷"的目标相抵触。此外，因为零部件一般经由多道工序加工而成，特别是许多复杂产品由成千上万个零部件组成，所以，虽然按 6σ 标准每道工序的产出的不合格率很低，但最后组合成的产品是"因素积聚"的结果，意味着每件产品中"包含一个不合格的零部件"几乎是一个客观事实，严格说来每件产品都是"不合格"的。这些问题都值得我们对工序能力要在深刻反思的基础上保持清醒的认识。

（二）工序能力指数

工序能力指数是反映工序能力满足质量要求程度的一个量度，它可以用公差范围数值与工序能力比值来表示：

$$C_p=\frac{T}{P}=\frac{T_u-T_e}{6\sigma} \tag{12-3}$$

式中，C_p 为工序能力指数；T_u 为公差上限；T_e 为公差下限。

(1)当 $C_p>1$ 时，$T>6\sigma$，表示工序能力高，加工精度能满足公差要求。但不能认为加工精度越高越好，一般当 $C_p=1.33$ 时，工序能力较为理想，不良品率仅为1‰；当 $C_p>1.33$ 时就会造成浪费(精机粗用)。

(2)当 $C_p=1$ 时，$T=6\sigma$，实际尺寸分布中心与公差中心重合，工序能力勉强符合公差要求，可能出现3‰的不良品。

(3)当 $C_p<1$ 时，$T<6\sigma$，不良品率大于3‰，表明工序能力低，必须改进操作方法或采取其他措施。特别当 $C_p<0.67$ 时，可能会出现大量不良品，不良品率将超过4.55%，应该停止生产运作。

(4)当实际尺寸分布中心与公差中心不重合时，如图12-3所示，则工序能力指数可按以下公式进行修正：

$$C_{pk}=\frac{(1-K)T}{6\sigma} \tag{12-4}$$

式中，$K=2\varepsilon/T$，称为偏离度；$\varepsilon=|M-\mu|$，称为偏离量。

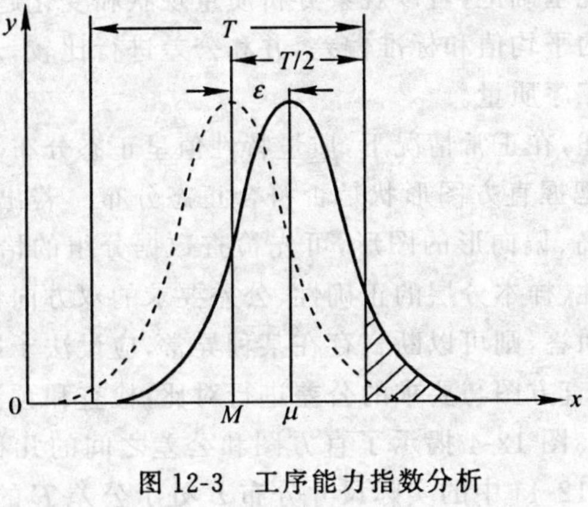

图12-3 工序能力指数分析

【例12-1】 已知抽查一批零件，获知 σ 为0.0052mm，若要求公差范围为 0.05mm，试问：在①实际尺寸分布中心和公差中心重合；②偏离量为 0.008mm 时，工序能力是否满足质量要求？

解：由题知，$\sigma=0.0052\text{mm}$，$T=0.05\text{mm}$，$\varepsilon=0.008\text{mm}$，直接代入公式(12-3)和(12-4)求工序能力指数，得：

$$① C_p=\frac{0.05}{6\times0.0052}=1.6$$

$C_p>1.33$，说明工序能力满足质量要求，且存在一定浪费。

$$② C_{pk}=\frac{(1-2\times0.008/0.05)\times0.05}{6\times0.0052}=1.09$$

$1<C_{pk}<1.33$，说明工序能力满足质量要求，但不够理想。应分析实际分布中心和公差中心不重合的系统性原因，采取针对性措施加以解决。

三、质量管理方法

(一)直方图法

直方图又称质量分布图，是把从生产运作工序收集来的数据整理后，分成若干组，画成以组距为底边，以频数为高度的一系列矩形图。在此基础上，可以观察分析质量现状和变化趋势，估计出质量特性值的平均值和标准偏差，并和公差进行比较，从而验证生产运作过程工序质量。

如前所述，在正常情况下，质量特性值呈正态分布。因此，首先要从总体上把握直方图形状是否符合正态分布。若出现锯齿、双峰、平顶、孤岛、偏向形的图形，可先检查数据分组的恰当性、测量方法的合理性、样本分层的正确性、公差要求的双方向性等。如果都是肯定的回答，则可以断言存在某种异常，应设法予以解决。

其次，用直方图与要求的公差进行对比，检查和预测生产运作过程的质量。图 12-4 揭示了直方图和公差之间的几种代表性关系。显然，图 12-4a 中的实际尺寸分布 B 处于公差 T 的中间，平均值和公差中心重合，两边有余地，是理想的情况。而其他几种情况

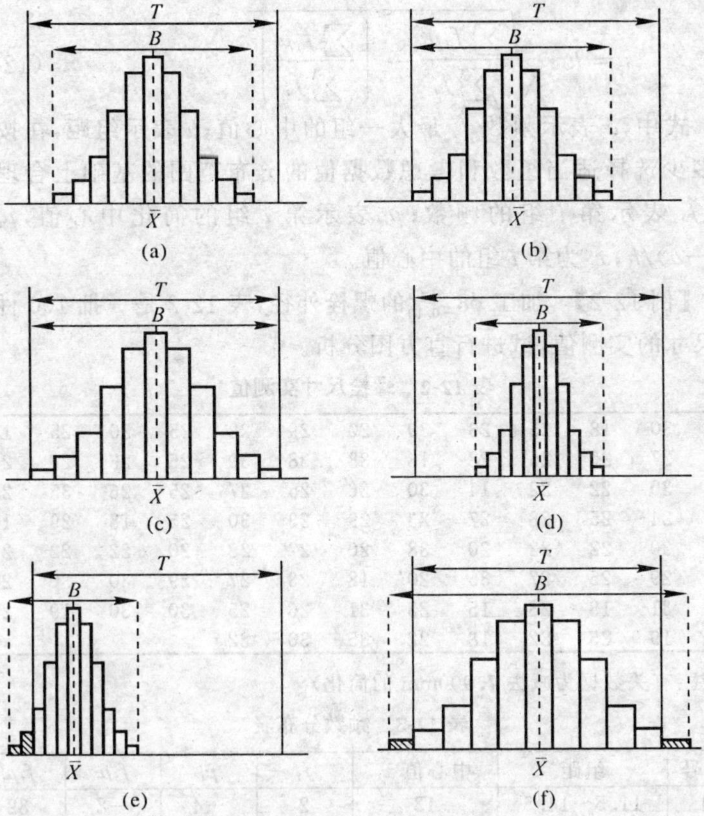

图 12-4　直方图和公差的关系

都存在一定问题。实际上，图 12-4 所揭示的关系及结论，就是工序能力和工序能力指数理论的应用。只要在直方图的基础上估计出质量特性值的平均值 $\bar{x}$ 和标准差 s，以分别作为 μ 和 σ 的近似值，就可以计算出特定情况下的 C_p 值。$\bar{x}$ 和 s 的计算公式如下：

$$\bar{x} = a + h \cdot \frac{\sum f_i \mu_i}{\sum f_i} \tag{12-5}$$

$$s = h \cdot \sqrt{\frac{\sum f_i \mu_i^2}{\sum f_i} - \left(\frac{\sum f_i \mu_i}{\sum f_i}\right)^2} \tag{12-6}$$

式中，a 表示频数 f_i 最大一组的中心值；h 表示组距，在按数据多少选择适当组数和考虑数据值的分布范围的基础上合理确定；f_i 表示第 i 组的频数；μ_i 表示第 i 组的简化中心值，$\mu_i=(x_i-a)/h$，x_i 为第 i 组的中心值。

【例 12-2】 加工 $\phi 8_{-0.10}^{-0.05}$ 的螺栓外径，表 12-2 是一批 100 件螺栓尺寸的实测值，试进行直方图分析。

表 12-2 螺栓尺寸实测值*

38	30	18	25	23	30	20	29	22	25	30	25	13
25	27	20	25	28	18	38	38	30	25	25	27	24
30	30	22	22	14	30	26	25	27	25	26	35	25
15	24	25	28	27	23	29	23	30	25	18	29	18
24	20	22	22	20	38	20	27	28	20	22	22	23
25	29	25	27	35	20	18	23	27	29	30	30	24
22	31	18	28	15	23	31	26	25	30	30	19	23
28	19	25	22	18	22	35	30	22				

（*注：有关数据为减去 7.900mm 的简化）

表 12-3 频数分布表*

组号	组距	中心值 x_i	f_i	μ_i	$f_i\mu_i$	$f_i\mu_i^2$
1	11.5～14.5	13	2	−4	−8	32
2	14.5～17.5	16	2	−3	−6	18
3	17.5～20.5	19	16	−2	−32	64
4	20.5～23.5	22	18	−1	−18	18
5	23.5～26.5	25=a	23	0	0	0
6	26.5～29.5	28	17	1	17	17
7	29.5～32.5	31	15	2	30	60
8	32.5～35.5	34	3	3	9	27
9	35.5～38.5	37	4	4	16	64
总计			100	/	8	300

（*注：有关数据为减去 7.900mm 的简化）

解：参见表 12-3。首先根据经验数值选择将数据分为 10 组。

由于表 12-3 中数据最大值和最小值分别为 38 和 13，(38－13)/10 ＝2.5，故组距 h 可取为 3。

第二步，分组并画直方图。第一组的下、上界限为 $13\pm h/2=13\pm 3/2=11.5\sim 14.5$，其中心值为 $(11.5+14.5)/2=13$。由于 13 和 14 两个数据落在 11.5～14.5 区间，故该组频数为 2。同理，可计算出其余各组的下、上界限和中心值。可知，最大频数 23 所对应的为第 5 组，其中心值 a 为 25，可按计算公式求各组的简化中心值 μ_i。进而根据公式(12-5)和(12-6)计算 $\bar{x}$ 和 s 的值：

$$\bar{x}=25+3\times\frac{8}{100}=25.24$$

$$s=3\times\sqrt{\frac{300}{100}-\left(\frac{8}{100}\right)^2}=5.19$$

考虑到数据单位的统一，样本的实际均值为 7.92524mm，标准偏差为 0.00519mm，画出的直方图如图 12-5 所示，符合正态分布。

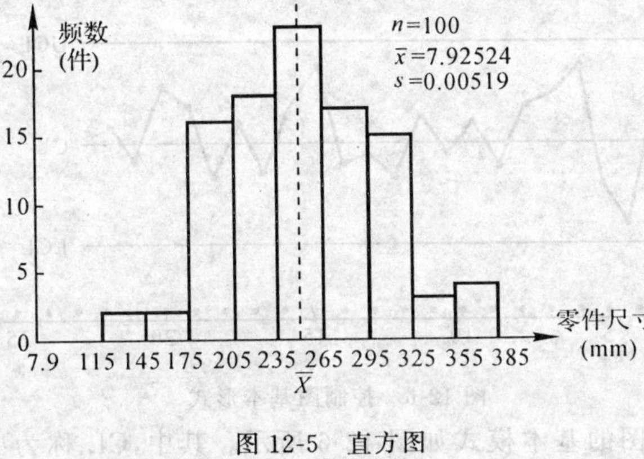

图 12-5 直方图

第三步，由已知数据知：

$$T=(8-0.05)-(8-0.10)=0.05(\text{mm})$$

$$M=\frac{(8-0.05)+(8-0.10)}{2}=7.925(\text{mm})$$

按公式(12-4)近似得：

$$C_{pk}\approx\left[1-\frac{2|M-\bar{x}|}{T}\right]\times\frac{T}{6s}$$

$$=\left[1-\frac{2\times|7.925-7.92524|}{0.05}\right]\times\frac{0.05}{6\times0.00519}$$

$$=1.59>1.33$$

故质量较好，工序能力完全满足要求。因存在一定浪费，应考虑机器系统用于加工更精密零件，而用其他设备加工这种螺栓外径的可能性和经济合理性。

(二)控制图法

控制图又称管理图，是根据数理统计原理分析和判断工序是否处于稳定状态，严格控制产生影响产品质量特性的异常原因的图表。和直方图法比，是一种事前的、动态的管理方法。

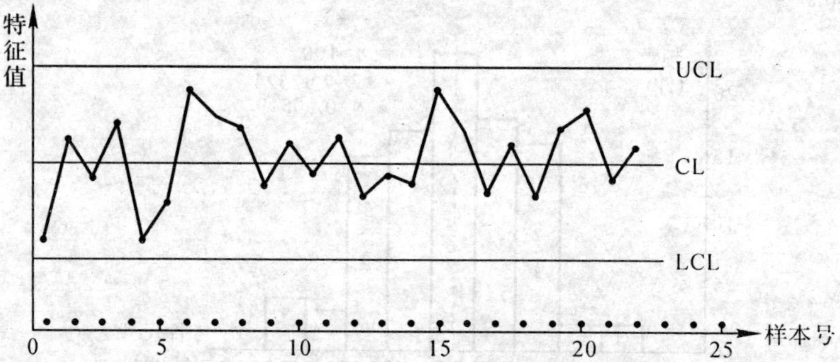

图 12-6　控制图基本形式

控制图的基本模式如图 12-6 所示。其中，CL 称为中心线，UCL 称为上控制限，LCL 称为下控制限，中间的折线则是根据生产运作过程中抽取的样本统计量描出的。一旦有异常原因所造成的质量波动，控制图就会发出预警信号，从而可以采取相应措施予

表 12-4　控制图控制极限计算公式一览表

<table>
<tr><th>种类</th><th>名称</th><th>控制限计算公式</th><th>备注</th></tr>
<tr><td rowspan="5">计量值控制图</td><td>均值 $\bar{X}$ 控制图</td><td>$\mathrm{CL}=\bar{\bar{X}}$
$\mathrm{UCL}=\bar{\bar{X}}+A_2\bar{R}$
$\mathrm{LCL}=\bar{\bar{X}}-A_2\bar{R}$</td><td rowspan="5">有关符号含义如下：
$\bar{X}$——单值 x 的均值；
$\bar{\bar{X}}$——均值的均值；
$\bar{\tilde{X}}$——中位数 $\tilde{X}$ 的均值；
R_i——各组的极差值，计算公式为 $R_i=X_{\max}-X_{\min}$，$X_{\max}$、$X_{\min}$分别为第 i 组的最大值和最小值；
$\bar{R}$——极差 R_i 的均值；
$R_s=\lvert x_{i+1}-x_i\rvert$，——移动极差，
$\bar{R}_s$——移动极差 R_s 的均值；
$\bar{p}$——总体平均不良品率，即不良品率 p 的均值；
n_i——第 i 个样本的含量；
$\bar{n}$——n_i 的均值；
$\bar{c}$——缺陷数 c 的均值；
$\bar{\mu}$——单位缺陷数 μ 的均值；
A_2,D_3,D_4,m_3,A_2,E_2——控制图系数，根据 n_i 查表 12-5。</td></tr>
<tr><td>极差 R 控制图</td><td>$\mathrm{CL}=\bar{R}$
$\mathrm{UCL}=D_4\bar{R}$
$\mathrm{LCL}=D_3\bar{R}$</td></tr>
<tr><td>中位数 $\tilde{X}$ 控制图</td><td>$\mathrm{CL}=\bar{\tilde{X}}$
$\mathrm{UCL}=\bar{\tilde{X}}+m_3A_2\bar{R}$
$\mathrm{LCL}=\bar{\tilde{X}}-m_3A_2\bar{R}$</td></tr>
<tr><td>单值 x 控制图</td><td>$\mathrm{CL}=\bar{X}$
$\mathrm{UCL}=\bar{X}+E_2\bar{R}_s$
$\mathrm{LCL}=\bar{X}-E_2\bar{R}_s$</td></tr>
<tr><td>移动极差 R_s 控制图</td><td>$\mathrm{CL}=\bar{R}_s$
$\mathrm{UCL}=D_4\bar{R}_s$
$\mathrm{LCL}=D_3\bar{R}_s$</td></tr>
<tr><td rowspan="4">计数值控制图</td><td>不良品数 pn 控制图</td><td>$\mathrm{CL}=n\bar{p}$
$\mathrm{UCL}=n\bar{p}+3\sqrt{n\bar{p}(1-\bar{P})}$
$\mathrm{LCL}=n\bar{p}-3\sqrt{n\bar{p}(1-\bar{p})}$</td><td rowspan="4">当控制下限 LCL 无法进行计算时，可令其等于零。
实际工作中，控制图经常组合在一起使用，如均值——极差控制图，中位数——极差控制图，单值移动极差控制图等。</td></tr>
<tr><td>不良品率 p 控制图</td><td>$\mathrm{CL}=\bar{p}$
$\mathrm{UCL}=\bar{p}+3\sqrt{\bar{p}(1-\bar{p}/n_i)}$
$\approx\bar{p}+3\sqrt{\bar{p}(1-\bar{p}/\bar{n})}$
$\mathrm{LCL}=\bar{p}-3\sqrt{\bar{p}(1-\bar{p}/n_i)}$
$\approx\bar{p}-3\sqrt{\bar{p}(1-\bar{p}/\bar{n})}$</td></tr>
<tr><td>缺陷数 c 控制图</td><td>$\mathrm{CL}=\bar{c}$
$\mathrm{UCL}=\bar{c}+3\sqrt{\bar{c}}$
$\mathrm{LCL}=\bar{c}-3\sqrt{\bar{c}}$</td></tr>
<tr><td>单位缺陷数 μ 控制图</td><td>$\mathrm{CL}=\bar{\mu}$
$\mathrm{UCL}=\bar{\mu}+3\sqrt{\bar{\mu}/n}$
$\mathrm{LCL}=\bar{\mu}-3\sqrt{\bar{\mu}/n}$</td></tr>
</table>

以消除，使产品质量特性控制在由正常原因所造成的质量波动界限之内。

关于控制图中有关参数的取值，应该有助于对生产运作过程是否正常作出正确判断，尽可能降低将正常加工过程判为异常或将异常加工过程判为正常的错误判断。以统计理论为依据，目前世界上大多数国家采用 3σ 法，有关计算公式为：

$$\mathrm{CL}=E(X) \tag{12-7}$$

$$\mathrm{UCL}=E(X)+3D(X) \tag{12-8}$$

$$\mathrm{LCL}=E(X)-3D(X) \tag{12-9}$$

式中，X 表示样本统计量；$E(X)$ 表示 X 的数学期望值；$D(X)$ 表示 X 的标准差。X 根据实际可取为平均值 $\bar{x}$、中位数 $\tilde{x}$、单值 x、极差 R、不良品率 p、不良品数 pn、缺陷数 c、单位缺陷数 μ 等。常用控制图的计算公式如表 12-4 所示。

表 12-5　控制图系数表

系数 \ n_i	2	3	4	5	6	7	8	9	10
A_2	1.880	1.023	0.729	0.577	0.483	0.419	0.373	0.337	0.308
D_3						0.076	0.136	0.184	0.223
D_4	3.267	2.575	2.282	2.115	2.004	1.924	1.864	1.816	1.777
m_3A_2	1.880	1.187	0.796	0.691	0.549	0.509	0.432	0.412	0.363
E_2	2.660	1.772	1.457	1.290	1.184	1.109	1.054	1.010	0.975

【例 12-3】　某工厂加工圆轴，轴径尺寸 $\phi 50.009 \sim 50.020$ mm。从车床加工工序中按时间顺序随机抽取样本量 $n=4$ 的样本 25 组，数据如表 12-6。试根据这些资料画 $\bar{x}$-R 控制图。

解：首先根据已知数据计算每组的平均值和极差 R，如：

$$\bar{x}_1=\frac{(15+17+13+17)}{4}=15.5$$

$$R_1=\max\{15,17,13,17\}-\min\{15,17,13,17\}$$

$$=17-13=4$$

余组类推，结果见表 12-6。

表 12-6 轴径尺寸数据表 （单位：0.001mm）

零件号：5072			工序名称：车		测量者：×××		
零件名称：轴			使用机床：车床		测量工具：气动量仪		
质量特性：ϕ50.009～50.020			操作者：×××		测量单位：0.001mm		
样本号	抽样时间（月/日/时）	X_1	X_2	X_3	X_4	$\bar{X}$	R
1	1/2/9	15	17	13	17	15.5	4
2	1/3/9	17	16	19	15	16.8	4
3	1/4/9	15	17	16	15	15.8	2
4	1/5/9	17	14	17	15	15.8	3
5	1/6/9	15	19	17	15	16.5	4
6	1/9/9	16	14	18	14	15.5	4
7	1/10/9	18	13	17	13	15.3	5
8	1/11/9	16	13	14	17	15.0	4
9	1/12/9	14	13	17	15	14.8	4
10	1/13/9	16	15	17	14	15.5	3
11	1/16/9	13	17	13	13	14.0	4
12	1/17/9	15	19	19	14	16.8	5
13	1/18/9	19	14	14	16	15.8	5
14	1/19/9	18	15	20	14	16.8	6
15	1/20/9	16	13	17	12	14.5	5
16	1/23/9	16	13	13	15	14.3	3
17	1/24/9	17	15	18	16	16.5	3
18	1/25/9	13	17	16	15	15.3	4
19	1/26/9	16	11	17	11	13.8	6
20	1/27/9	18	14	14	17	15.8	4
21	1/30/9	15	17	18	16	16.5	3
22	1/31/9	17	13	12	17	14.8	5
23	2/1/9	15	16	16	13	15.0	3
24	2/2/9	15	15	12	12	13.5	3
25	2/3/9	17	15	16	13	15.3	4

注：表中数据均为减去 50mm 的简化。

其次计算总平均值 $\bar{\bar{x}}$ 和极差平均值 $\bar{R}$：

$$\bar{\bar{x}}=\frac{1}{25}(\bar{x}_1+\bar{x}_2+\cdots+\bar{x}_{25})$$

$$=\frac{1}{25}(15.5+16.8+\cdots+15.3)=15.41$$

$$\bar{R}=\frac{1}{25}(R_1+R_2+\cdots+R_{25})$$

$$=\frac{1}{25}(4+4+\cdots+4)=4.00$$

样本量 $n=4$ 时，查表 12-5 知：$A_2=0.729$，D_3 不存在，$D_4=2.282$。故对 $\bar{X}$ 图而言，

$$CL=\bar{\bar{X}}=15.41$$

$$UCL=\bar{\bar{X}}+A_2\bar{R}=15.41+0.729\times4.00\approx18.33$$

$$LCL=\bar{\bar{X}}-A_2\bar{R}=15.41-0.729\times4.00\approx12.49$$

对 R 图而言，

$$CL=\bar{R}=4.00$$

$$UCL=D_4\bar{R}=2.282\times4.00\approx9.13$$

$LCL=D_3\bar{R}$，无法计算，令 $LCL=0$。

由此可画出本工序的 $\bar{x}$-R 控制图，如图 12-7 所示。

在正常情况下，工序处于统计控制状态之中，控制图上的点随机地分散在中心线的两侧附近。一旦点子超出控制限，或出现连续上升、下降趋向，或连续在一侧或控制限附近的地方出现，或周期性变动，则应考虑判为生产运作过程异常。

(三)排列图法

排列图又称帕雷特(V. Pareto)曲线、主次因素分析图，是ABC分析法在质量管理中的具体应用，其形式如图 12-8 所示。其中，左侧的纵坐标表示产品频数(件数)，即不合格品件数；右侧的纵坐标表示频率，即不合格品累计百分数；横坐标表示影响产品质量的各个因素或项目。在作排列图时，按各个因素影响质量程度的大小，也就是造成不合格品数的多少，从左到右进行排列。每个直方形的高度表示该因素影响的大小；曲线上每点的高度表示该点

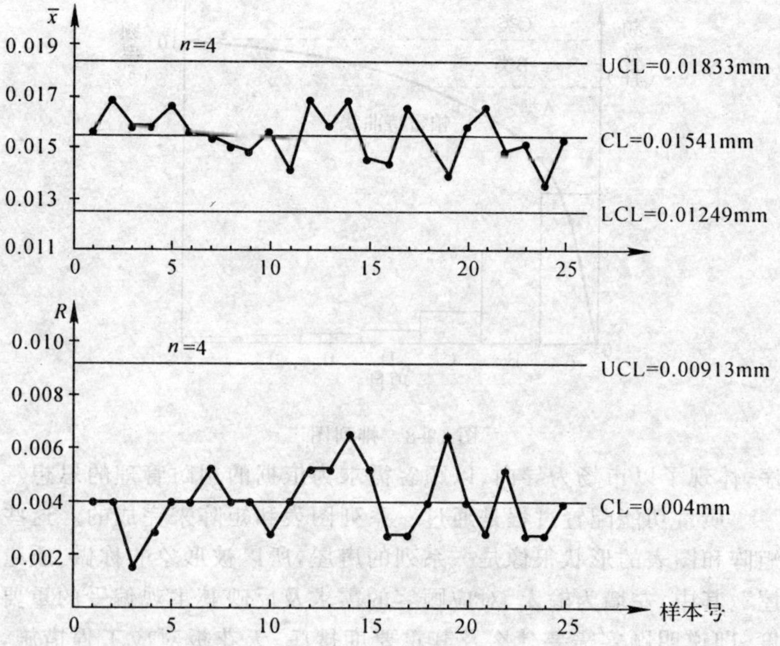

图 12-7 $\bar{x}$-R 控制图

对应的横轴坐标左边各因素影响累计的百分数大小；而该曲线就称为帕雷特曲线。这样把曲线的累计百分数分为三级，对应的因素也分为三类：与累计百分数 0%～80%对应的为 A 类因素，它是影响产品质量的主要因素；与累计百分数 80%～90%对应的为 B 类因素，它是影响产品质量的次要因素；与累计百分数 90%～100%对应的为 C 类因素，它是影响产品质量的一般因素。毫无疑问，应当对 A 类因素进行深入研究和重点管理。

（四）质量功能配置(QFD)

QFD 于 20 世纪 60 年代产生于日本，是一种在产品开发设计阶段就对产品的适用性实施全方位保证的系统方法。QFD 系统地将顾客的需求转化为产品设计的详细说明和资源配置的优先顺

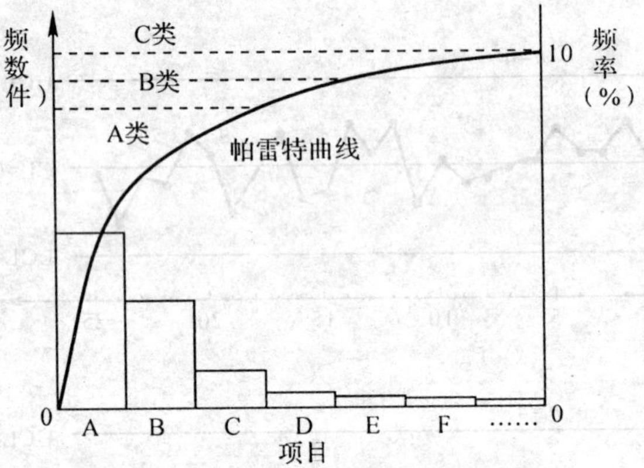

图 12-8　排列图

序,体现了以市场为导向、以顾客需求为依据的预防管理的思想。

质量功能配置过程是通过一系列图表和矩阵来完成的。这些矩阵和图表的形状很像是一系列的房屋,所以被形象的称做“质量屋”。其中,左墙为输入,对应顾客的需求及反映其主观偏爱的重要度,即说明顾客需要什么及其重要度排序;天花板对应工程措施,即将顾客需求转换为可执行的、可度量的技术要求或方法,也就是说明为了满足顾客需要我们能做些什么;房间对应关系矩阵,描述顾客需求与实现这一需求的工程措施之间的关系程度,即每项工程措施对满足每种顾客需求的重要性如何;屋顶对应相关矩阵,表明各项工程措施间的相互关系;地板对应工程措施重要度和目标价值(为了具有市场竞争力,企业所需达到的工程措施的最低标准),明确资源配置的优先顺序;右墙对应市场竞争性评估,即对顾客需求满意性进行的评价,用来判断市场竞争能力,包括对企业产品改进前后和竞争对手产品的满意度评价;地下室对应技术竞争性评估,是企业内部的人员对此项工程措施的技术水平的先进程度的评价。

根据下一道工序就是上一道工序的用户的原理,从产品设计到生产运作的各个过程均可建立质量屋，且各阶段的质量屋在内容上有内在的联系。上一阶段的质量屋天花板的主要项目(关键工程措施)将转换为下一阶段质量屋的左墙。

QFD的展开要将顾客的需求逐层分解，直至可以量化度量。一般地，可按以下六个基本步骤建立质量屋：(1)明确顾客需要；(2)明确产品特性(考虑该特性如何满足顾客需要)；(3)将顾客需要与产品如何满足这些需要结合起来；(4)评价与该产品竞争的产品；(5)就产品如何满足顾客需要制定工程措施(效能指标)；(6)将产品如何满足顾客需要在工程措施(效能指标)中体现出来。

QFD作为一种强有力的工具被广泛用于各领域，不仅在缩短周期、降低成本和提高质量方面产生直接效果，而且有利于树立系统性和预防式质量管理的先进思想，形成紧密协作的团队工作方式。

(五)失效模式与影响分析(FMEA)

在设计和制造产品时，通常有三道控制缺陷的防线：避免或消除故障起因、预先确定或检测故障、减少故障的影响和后果。FMEA正是帮助我们从第一道防线就将缺陷消灭在摇篮之中的有效工具。

FMEA是一种可靠性设计的重要方法。它实际上是FMA(故障模式分析)和FEA(故障影响分析)的组合。它对各种可能的风险进行评价、分析，以便在现有技术的基础上消除这些风险或将这些风险减小到可接受的水平。成功实施FMEA的最重要原则就是坚持事前预防而不是事后处理，为达到最佳效益，FMEA必须在故障模式被纳入产品之前进行。

FMEA的具体过程为：找出产品/过程中潜在的故障模式；根据相应的评价体系对找出的潜在故障模式进行风险量化评估；列出故障起因和机理，寻找预防或改进措施。FMEA通常可细分为设计FMEA、过程FMEA、使用FMEA和服务FMEA四类，前两种较为常用。

设计 FMEA(d-FMEA),在一个设计概念形成之时或之前开始,并且在产品开发各阶段中,当设计有变化或得到其他信息时及时不断地修改,并在图样加工完成之前结束。其评价与分析的对象是最终的产品以及每个与之相关的系统、子系统和零部件。需要注意的是,d-FMEA 在体现设计意图的同时还应保证制造或装配能够实现设计意图。因此,虽然 d-FMEA 不是靠过程控制来克服设计中的缺陷,但其可以考虑制造/装配过程中技术的、客观的限制,从而为过程控制提供良好的基础。d-FMEA 的意义在于:设计要求与设计方案的相互权衡;制造与装配要求的最初设计;提高在设计/开发过程中考虑潜在故障模式及其对系统和产品影响的可能性;为制定全面、有效的设计试验计划和开发项目提供更多的信息;建立一套改进设计和开发试验的优先控制系统;为将来分析研究现场情况、评价设计的更改以及开发更先进的设计提供参考。

过程 FMEA(p-FMEA),在生产工装准备之前、在过程可行性分析阶段或之前开始,而且要考虑从单个零件到总成的所有制造过程。其评价与分析的对象是所有新的部件、过程,更改过的部件、过程及应用或环境有变化的原有部件、过程。需要注意的是,虽然 p-FMEA 不是靠改变产品设计来克服过程缺陷,但它要考虑与计划的装配过程有关的产品设计特性参数,以便最大限度地保证产品满足用户的要求和期望。p-FMEA 内容一般包括:确定与产品相关的过程潜在故障模式;评价故障对用户的潜在影响;确定潜在制造或装配过程的故障起因,确定减少故障发生或找出故障条件的过程控制变量;编制潜在故障模式分级表,建立纠正措施的优选体系;将制造或装配过程文件化。

第四节　产品质量控制的抽样检验

一、抽样检验概述

开展质量管理离不开质量检验。所谓检验，是指“对实体的一个或多个特性进行的诸如测量、检查、试验或度量并将结果与规定要求进行比较以确定每项特性合格情况所进行的活动”。

常用的检验方式有三种：全数检验（简称全检）、抽样检验（简称抽检）、免检。到底采用何种方式，不仅要考虑破坏性检验、检验误差等因素影响，而且在很多情况下更主要的是取决于经济性的比较。例如，假设一道工序的不合格品率是2%，单位产品检查费是0.15元，不合格品未被查出时每个不合格品将造成10元的损失。显然，单位产品的质量损失期望值为10×2%=0.2元，高于单位检查费0.15元，意味着检查每单位产品的收益是0.05元，故应对该道工序的产品进行百分之百的检查。从另一个角度分析，由于平均必须检查1/2%=50个单位产品，才能找到一个单位不合格品，因此，意味着找出一个单位不合格品的费用为50×0.15=7.5元，低于漏掉一个单位不合格品所造成的10元损失，结论仍然是应对该道工序的产品进行百分之百的检查。

推广到一般情况，设I_c是检查一个单位产品的费用，p是一批产品的不合格品率，A_c为漏掉一个单位不合格品所引起的废品损失，那么，只有当I_c/p小于A_c时，或者说p大于I_c/A_c时，工序检查才是经济的。如图12-9所示。

进行抽样检验，首先要定出如何抽样，以及如何通过子样的检查结果判定产品批质量合格与否的规则，然后才能实施抽样检验。所谓的抽检方案就是关于从一批产品中应抽取的子样个数、各子样的容量以及根据子样检查结果对产品批作接收与否判定的规

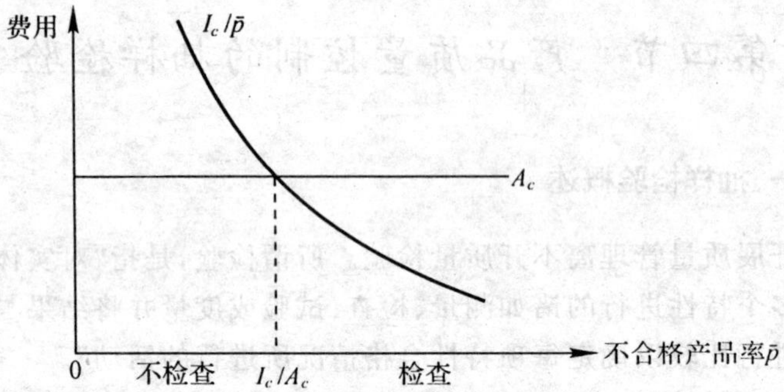

图 12-9　工序检查的经济性分析

则。抽检方案是抽样检验的核心，它是抽样检验效果好坏的决定因素。

由于抽样检验是根据抽取的样本产品的质量来推断产品批的质量，这就存在一个接收概率的问题。所谓接收概率，是指批不合格品率为 p 的一批产品按给定的抽检方案检验后能判为合格批而被接收的概率。它是批不合格品率 p 的函数，记为 $L(p)$，但也受到抽检方案的直接影响，故 $L(p)$ 又称为抽样特性函数。

除批不合格品率 p 外，抽样检验还涉及以下参数：交检产品批的批量 N，抽检的样本量 n，批允许的不合格品数或称合格判定数 c，样本中实际查出的不合格品数 d。

二、抽样检验的一般原理

(一)抽样检验的一般原理

1. 标准型一次抽检方案

标准型一次抽样检验的原理和过程是：从产品批 N 中抽取 n 个产品进行检查，把 n 个产品中检出的不合格品数 d 和判定数 c 比较，满足 $d \leqslant c$ 时，判产品批为合格批；否则，即当 $d > c$ 时，判产品批为不合格批。可见，标准型一次抽检方案规定了两个参数，即

子样的容量 n 和判定数 c，故通常把它记为$(n|c)$。很显然，采用$(n|c)$检查时，产品批被接收的概率为子样不合格品数取值为 0,1,2,…,c 这$(c+1)$种情况出现的概率之和。

2. 标准型二次抽检方案

标准型二次抽检方案是最多抽取两个子样就可以对产品批作出合格与否判断的一种检验方案。其过程是：首先确定两个子样的容量 n_1 和 n_2，以及判定数 c_1、c_2 和 c_3。第一次抽取容量为 n_1 的子样，设其中检出 d_1 个不合格品，那么当 $d_1 \leqslant c_1$ 时判产品批为合格批；当 $d_1 > c_2$ 时则判产品批为不合格批；当 $c_1 < d_1 \leqslant c_2$ 时则不能作出判断，这时，也只有这时才需要进行第二次抽样，抽取容量为 n_2 的子样。设第二次抽检中有 d_2 个不合格品，则当 $d_1 + d_2 \leqslant c_3$ 时，判产品批为合格批；当 $d_1 + d_2 > c_3$ 时，判产品批为不合格批。此时，接收概率为第一次抽检的接收概率与第一次抽样不能作出判断而同时又在第二次抽检中被接收概率之和。

(二)抽样检验方案设计

1. 抽检特性曲线(OC 曲线)

接收概率 $L(p)$为批不合格品率 p 的函数。对于一定的抽检方案(n,c)，如以横坐标表示 p，纵坐标表示 $L(p)$，则可得到 p-$L(p)$关系曲线，称为抽检特性曲线，如图 12-10 所示。显然，抽检特性曲线通过(0,1)和(1,0)两点，且随(n,c)的变化而变化。对抽检特性曲线形状和位置的变化研究表明，n 与 c 一定且 $N > 10n$ 时，N 的改变对检验结果影响不大，故常忽略 N 对检验方案的影响；c 一定时，随着 n 的增大，检验方案变严，α 增大但 β 降低；n 一定时，随着 c 的增大，检验方案变宽，α 降低但 β 增大。

2. 抽样检验的两类错误

抽样检验是一个统计推断过程，不可避免地存在两类判断错误。第一类错误是将合格批判为不合格批而拒收，这会给生产者带来损失，其发生的可能性就是合格批被拒收的概率，以 α 表示，α

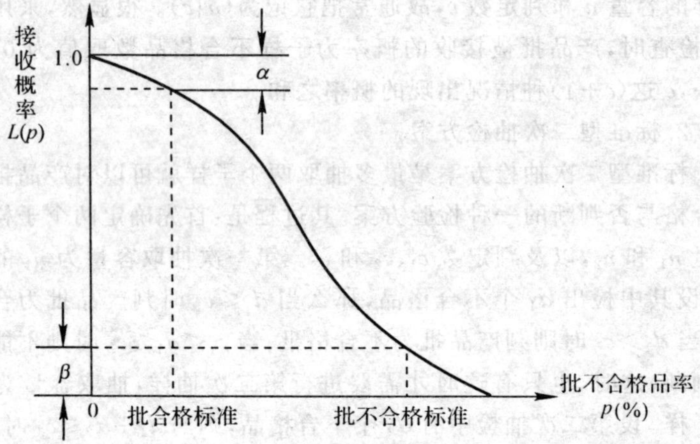

图 12-10　*OC* 曲线示意图

又称为生产者风险率；第二类错误是将不合格批判为合格批而接收，这会给使用者带来损失，其发生的可能性就是不合格批被接收的概率，以 β 表示，β 又称为使用者风险率。

3. 抽样检验方案的设计

理想的抽样检验方案，应该尽可能减少上述两类错误，也就是使 α 和 β 尽量小。这样，合格批才能以高概率接收，不合格批才能以高概率拒收。在实践中，通常是由生产方和使用方共同协商确定 α，β 和批不合格品率的接收上限（即批合格标准）p_0 和拒收下限（即批不合格标准）p_1。一般常取 $\alpha \approx 0.05$，$\beta \approx 0.10$，$p_1 = (4 \sim 10) p_0$。然后应用二项分布、泊松分布、超几何分布的概率计算原理，并根据 n，c 变化对抽检特性曲线影响的一般规律，借助计算机反复试算来找出合适的抽样检验方案，也可以通过抽检特性曲线或抽检标准表来非常简便地确定一个初步方案。

应该说明，百分比抽检方式是不科学的。所谓百分比抽检，就是不论产品的批量大小，都规定相同的判定数，而样本也是按照相同的比例从产品批中抽取。这意味着判定数 c 不变，而样本量 n 随批量 N 的变化按固定比率增减，即抽检方案 (n,c) 是变化的。根据前面的分析，当对实际质量水平相同的产品进行抽检时，N 增大，n 随之增大，抽检方案变严，从而导致接收概率存在很大差异，说明检验标准宽严尺度不一，显然是不合理的。例如，若某种产品的不合格品率为 1%，抽检方案中判定数 c 为 0，样本量 n 按批量的 10%抽取，则当批量分别为 100，200，400，600，800 和 1000 单位时，计算出的接收概率分别为 0.904，0.818，0.669，0.547，0.448 和 0.366，差异是相当大的。

第五节 服务质量管理

一、服务质量的评价

(一)服务质量评价的要素

尽管服务的质量难以测定，但事实上用户心目中总是存在服务的一些特征和属性标准，用于其比较和选择服务的依据。在一系列服务特征和属性集合中，有的非常重要，其欠缺可能导致用户选择的改变。许多学者通过广泛深入地调查研究，总结出了评价服务质量所依据的关键因素，包括下列几个方面：

(1)可靠性。可靠性是指服务行为的一致性和可信赖性，意味着一开始就能服务好，令用户满意，而且一直信守诺言。如账单准确，在预先指定好的时间按时提供服务等。

(2)响应性。响应性是指主动热情、迅速敏捷地提供服务，也就是使用户及时得到服务，如邮件的立即传递、迅速答复用户提出的问题等。

(3)能力。能力是指拥有从事服务所需的技能和知识，包括与人打交道的技能和知识、关心和帮助人的技能和知识、企业的研究和创新能力等。

(4)接近程度。接近程度是指可接近性和容易接触。这意味着可通过电话等便利方式来接近服务、等待服务的时间较短、服务时间和服务地点让用户感到非常方便等。

(5)礼貌。礼貌是指与用户打交道时表现得彬彬有礼、亲切热情,尊重和体贴用户,如拜访用户时穿戴得体、绝对不能脚穿脏鞋进入用户家中或办公室、保持服务设施清洁干净等。

(6)交流。交流是指选择用户明白的语言和用户进行沟通,注意聆听其意见。这意味着对不同的用户应采用不同的语言来解释说明服务本身、服务成本等有关问题,并使用户确信你能妥善处理各种问题。

(7)信誉。信誉是指可信赖性、诚实性,使用户从内心深处对服务产生兴趣。涉及的方面有企业名称、企业声誉、个人素质和意志等。

(8)安全性。安全性是指免除伤害、风险或害怕,包括物理安全、财务安全和对用户的信任。

(9)熟悉用户。熟悉用户是指能努力记注用户,并努力弄清和掌握用户的需要。如了解用户的一些特殊需求,向用户提供个性化的服务,记注用户的一些基本情况等。

(10)有形实体。有形实体是指提供服务的物质环境,如场所、服务工具和设备、服务信誉卡等。

(二)服务质量评价的方法

大量实践表明,进行服务质量评价时必须注意以下基本事实:

(1)用户对服务质量的评判,是以服务前的期望和实际服务结果之间的比较为依据。换言之,这种评判的基础是用户期望的满足程度。

(2)用户对服务质量的评判,不仅源于服务过程的最终产出,而且源于整个服务过程,因此,服务方式对服务质量有非常重要的影响。

(3)服务质量有正常质量水平和例外质量水平两种表现形式，前者基于正常服务状态，后者基于例外情况或问题状态。这意味着质量控制系统必须认识到可能出现的非理想状态，并准备好应付例外情况或问题的一系列计划。从这一点看，在维持质量方面，良好的用户关系远比服务内容重要。

总之，用户进行服务质量评价时，其依据就是服务前的期望和实际服务结果之间的差异程度。服务质量管理的任务，就是努力满足、甚至超过用户的期望。因此，在进行质量评价时，可在借鉴上述分析的基础上，通过对10个关键因素评分导出评价结果。

二、服务质量检验

为保证服务质量达到要求的水平，同样需要开展服务质量检验。为此必须事先规定好检验什么、在哪里检验、怎样进行检验、由谁检验、采用什么标准检验等内容。这就需要根据质量评价要素，并结合检验对象在服务中所扮演的角色，作出认真分析和抉择，特别强调对一些关键点、关键项目的检验。例如，对银行企业，可检查一线营业柜台的礼貌热情、速度、准确性、短缺等，检查贷款业务的担保及信誉审核、贷款项目及贷款比例、失败率等，检查支票业务的准确性、速度和透支比率等；对商店，可检查营业厅的清洁、不拥挤、秩序、存货水平、货物更换等，检查橱窗展示部分产品的吸引力、有序布置、可见性及照明情况等，检查售货柜台的服务员穿戴整洁、礼貌气质、等候时间、业务准确性等；对饭馆，可检查厨房的卫生、正确贮藏、无假冒食品、健康检查、有序等，检查收账柜台的速度、准确性、外观等，检查餐厅的整洁、舒适、合适的服务等。

从指导检验、进而引导服务行为、最终实现提高服务质量的目标出发，事先在质量手册或专门文件中明确服务质量检验的一些基本问题，是非常必要的。表12-7为医院开展质量检验的示意框架。

表 12-7　医院质量检验框架

检验点	检验项目举例	与标准不符的后果	可能的检验方法
实验室实验	读数的精确度	误诊可能造成严重后果	实验室技术主任抽查已完成的试验；用自动设备对数据进行核对并试验已知数据的样本
药房	药剂的失效期，配方的准确度	从小问题直到致命	全部复核，药剂师按处方配药、核对并包装，大剂量用药询问医生
清洁	清洁程度	不清洁地区增加感染的可能	主管按清洁标准检查
手术室	消毒条件，校正设备，外科程序，清洗，服装	涉讼，医疗事故，可能的死亡及伤害，丧失声誉	正确核实动手术的病人，核实病卡及手术程序，清点药棉及手术器械
入院	核实病人资料一览表	一般造成次要的不便，或以后发生问题	借助计算机，按年龄、婚姻状况等分类标准加以核实
账单	劳保资料，延期付款单据，金额准确度	金钱损失或延误收款	病人住院与账单日期和劳保资料相对比
护理服务	病卡的及时记录，准确及时给药，准时量体温、脉搏，进度报告	不舒适，延缓病人康复，降低声誉	主管检查核实工作，每日审查差错报告
洗衣房	清洁，按进度准时进行	降低声誉，可能造成感染	主管审查床单、衣服等
食堂	预制食物质量，烹调方法，及时用膳和病人是否满意	病人满意程度，医院声誉	所有食品的营养检验，对预制冷冻食物作饮食限制和质量的抽样检验，注意病人的批评意见
门诊病人	可用的设施，利用程度	太挤或利用不足	或许应审查急诊室

续表

检验点	检验项目举例	与标准不符的后果	可能的检验方法
供应中心	衣被、手术器械、注射器储存，供应品的消毒	延缓，由于未消毒物品造成感染	显示消毒状况的标志，确定包装是否打开或指示器渗漏，包装日期
医疗人员	胜任能力，诊断准确程度，手术或服务合格程度	诉讼，医疗事故起诉，医院声誉，病人死亡或受伤害	在对医疗人员授予医院特许权前经过专家适当的观察，对疑难病症的程序分析审查，组织委员会对病历报告的所有病卡进行审查

第六节　质量管理的经济性分析

一、质量成本的概念

质量成本，是指“为确保和保证满意的质量而引起的费用及没达到满意的质量而造成的损失”。它表明了与质量有关的成本，是产品质量经济性的重要体现。

质量成本按性质一般分为两大类：

(一)内部运行质量成本

内部运行质量成本是指为达到和保持所规定的质量水平所支付的费用和因质量问题而造成的经济损失，包括预防成本、鉴定成本、内部故障成本和外部故障成本等。

1. 预防成本

预防成本是指为预防故障所支付的费用，具体包括质量培训费、质量管理活动费、质量改进措施费、质量评审费、质量管理人员工资及福利基金等内容。

2. 鉴定成本

鉴定成本是指为评定质量要求是否被满足而进行试验、检验和检查所支付的费用，具体包括试验检验费、质量检验部门办公费及质量检验工作人员的工资和福利基金、检测设备维修折旧费等内容。

3.内部故障成本

内部故障成本是指由于产品在交付前不能满足质量要求所造成的损失，具体包括报废损失、返修费、降级损失、停工损失、产品质量事故处理费等内容。

4.外部故障成本

外部故障成本是指由于产品在交付使用后不能满足质量要求所造成的损失。具体包括索赔费、退货损失、保修费和折价损失等内容。它未考虑因质量问题造成的企业声誉受损、市场份额下降等间接效果。

(二)外部活动质量成本

外部活动质量成本是指按合同要求，为向顾客提供所需要的客观证据所支付的费用，包括特殊的和附加的质量保证措施、程序、数据、证实试验和评定的费用。

二、产品质量成本分析

一般采用质量成本法对企业内部运行质量成本进行分析，目的是为了将质量控制在一个适宜的水平上，以使质量成本最低，从而取得最佳的经济效果。

如图 12-11 所示，质量与成本之间的关系呈 PAF(预防、鉴定、故障)模式。企业在质量管理方面的投入越多，即预防成本和鉴定成本越大，产品质量越有保障，而随着产品质量的提高，内部和外部故障成本相应减少，反之亦然。可见，预防成本、鉴定成本和产品质量水平呈相同方向变化，故障成本和产品质量水平呈反方向变化。因此，预防及鉴定成本与故障成本之和所构成的质量成本，必然会在某一特定水平上达到最小，此时所对应的质量成本即为最佳质量成本，对应的质量水平也为最合理的质量水平。

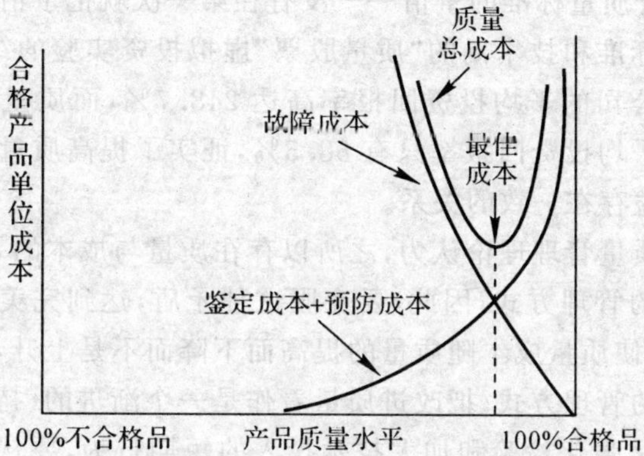

图 12-11 PAF 模式示意图

由于准确地定量描述质量水平与各种质量成本之间的关系比较困难，在实际工作中常根据经验统计结果进行产品质量成本分析，并以此为基础作出改进。当质量成本总额中故障成本达到70%以上、而预防成本低于10%时，质量成本总额一般很高，且产品质量水平很低，因此应着手改进质量，增加预防、鉴定方面的投入；当故障成本占到质量成本总额的50%左右、而预防成本占10%左右时，质量成本总额往往接近最佳质量成本值，这时如找不到适宜的进一步改进措施，则应把工作重点放在控制上，努力保持这种最适宜状态；当故障成本低于质量成本总额的40%、而鉴定成本高于50%时，产品质量虽很理想，但质量成本总额过高，因而此时应研究降低鉴定成本的措施，使质量成本总额降下来，一般可考虑原质量标准是否要求过高，能否放宽标准或减少检验量。

但必须强调的是，现代质量管理理论认为，高质量绝不意味着高成本，追求高质量的投入成本，能够比由于产品和服务的内在缺陷所造成的损失要少；质量的不断改进不仅具有社会效益，而且具有经济效益；无缺陷的质量有可能使总质量成本达到最小化。正如美国学者克劳斯比(P. B. Crosby)所说:“质量是免费的,真正费钱的是不合质量标准的事情——没有在第一次就把事情做对”。据美国国家标准和技术局的“质量股票”虚拟投资实验的结果数据,质量好的公司的平均投资回报率高达 248.7%,而质量一般和差的公司的平均投资回报率只有 58.5%,证实了提高质量与提高企业经济效益存在一致的关系。

现代质量管理理论认为,之所以存在质量与成本的矛盾,根源在于传统的管理方式,因此,要克服这种矛盾,达到完美的无缺陷的质量,并使质量成本随质量的提高而下降而不是上升,关键在于改造传统的管理方式,把改进质量看作是一个渐进的、持续努力的过程而不是强化检验和加大技术投入的短期行为,要从源头上杜绝产生质量问题。

案例 19 质量保证总监汉克·科尔玻[1]

汉克·科尔玻(Hank Kolb)吹着口哨走向他的办公室,依然感觉自己像是这儿的一个陌生人,因为四月以前他刚被聘为质量保证部总监。他花了整一周的时间,离开工厂去参加一个题目叫“90 年代的质量”的研讨会。这是由公司培训部为生产工厂的质量经理们开设的。现在他正在渴望能从这个有 1200 人的工业产品生产厂中挖掘出质量问题。

科尔玻探头进入麦克·汉姆勒(Mark Hamler)的办公室,麦克·汉姆勒是质量控制经理,科尔玻的直接下属。他问麦克·汉姆勒在过去一周中情况如何。汉姆勒的无声微笑和一句“噢,很好”打断了科尔玻的询问。他对汉姆勒不太了解,因而也不敢继续刨根究底。科尔玻还不太清楚该如何与汉姆勒沟通,因为汉姆勒已被提拔

[1] 理查德. B. 蔡斯等著,宋国防等译,《生产与运作管理——制造与服务》,第 8 版,机械工业出版社,1999

到科尔玻原来的工作位置上来了——汉姆勒的评价表上写着“一流的技术知识，管理技巧缺乏”，科尔玻决定稍作进一步的询问，并问汉姆勒发生了什么事。他回答道：“噢，只不过又是一次通常的质量混乱，上周我们的格甲塞克斯(Greasex)线(将一种专用脱脂溶剂装入喷雾罐里，供高科技部门使用)出了点小问题。在第二工作班上，发现有些罐的压力稍微有点高，一个主管放出些气体减少压力以便能将它们运出去。我们满足了交货计划！”由于科尔玻对这个工厂和其产品还不太熟悉，他要求汉姆勒讲得更详细些，于是汉姆勒很费劲地继续讲道：

“我们的新灌装设备一直有些问题，而且一些罐被增压到超过了我们的 AQL(可接收质量水平)几个帕。生产率依然是标准的50%，大约每班14箱，我们在生产中途发现了这些次品。麦克·伊万斯(Mac Evains，那条生产线的检验员)对这些产品作了标记，标上了“控制品”字样，然后就去干别的事了。当他在这班结束时返回来想将这些不合格品记录下来时，发现威恩·西蒙斯(Wayne Simmons)，第一条生产线的主管，正在封装一箱格里塞克斯生产线的不合格品，而且刚贴上的“控制品”标签也已被去掉了。他告诉麦克说，他在休息室喝咖啡时，从另一个检验员处听说压力高，便返回来将标签去掉，并把不合格的8箱中的罐子一个一个地罐底朝下翻过来将气体排出，减少了压力。他告诉麦克生产计划紧迫，这些产品不能被送回返工，否则会延误时间。他还告诉麦克他将让操作员下次正确操纵设备。麦克没有将此事记录下来，而是在大约三天前进来将这件事告诉了我。噢，这种事隔一段时间就发生一次，我通知麦克检查一下维修情况，以保证灌装机得到调整。我在大厅碰见威恩时还告诉他，他下次应将这些次品送回返工。”

听了这事以后，科尔玻惊呆了，但他没说什么——他不知道这事是大还是小。当他回到办公室时，他又一次想到总经理摩干申(Morganthal)在雇用他时曾说的话。他向科尔玻警示过，在这个工厂中“缺乏质量意识”，并说科尔玻“应努力对此做一些事情”。摩干申还进一步强调了该工厂的质量问题：“我们必须改进质量，它使我们浪费了许多的钱，我知道是这样的，但我没法证明！汉克，在这件事上，你会得到我的全力支持，你全权负责这些质量问题。这种将质量与生产率本末倒置的恶性循环方式必须结束！”

这个事件发生在一周以前，这些货现在可能已到了顾客手中，每个人都已将此事忘掉了(或者想忘掉)。似乎有更紧迫的问题需要科尔玻花时间去处理，但是这件事不断困扰着他。他感到质量都被人家当作了笑话，他还感到像是挨了生产部门一个耳光。他并不想与生产人员开战，但他该怎样做呢？科尔玻费了很大劲取消了一些约会，用了一个上午的时间与几个人谈话。经过一整个上午很有成效的谈话后，他得到如下信息：

(1)人员方面。灌装设备的操作员是两周前刚从运输部调过来的。他没受过这个工种的正式培训，只是在工作期间，由威恩教他如何操作设备。当麦克检验这些罐，发现压力偏高时，哪儿也找不到这名操作员了，他仅是在下班后才从威恩那儿听说了此事。

(2)维修方面。这台自动灌装设备是两年前为生产另一个产品而购买的，于 6 个月前转到格里塞克斯生产线上，在上个月中，已对其进行了 12 次修理和调整。该设备是由工厂维修工改造用来适应格里塞克斯的较低速度的，它原来并不是为此设计的。改造过程包括设计一个专用灌装头。对改造后的设备没有一项预防性维修计划，灌装头的易损件在过去的 6 个月中已换了 3 次。这些部件是由附近的一个设备车间加工的。该设备的非正常停机时间高达实际运行时间的 15%。

(3)采购方面。用于格里塞克斯罐的塑料喷嘴头，是由供应商为这个新产品匆忙设计的，经常听到其内沿上有不正常声音，并且其顶部也不能与罐很好地吻合。维修工已通过在灌装头上增加压力解决了这个问题，尽管异常声音有时还存在，但至少是能将喷嘴头与罐吻合上了。采购部门说他们将在喷嘴头供应商的销售代表下次来时，与他们讨论这个问题。

(4)设计和包装方面。为格里塞克斯特别设计的罐，标上了等高线以便使用者能更好地握住。这个改变是受市场研究启发，目的在于将格里塞克斯与竞争者产品从外观上区别开来，设计人员认为这点很有意义。设计时并没有对等高线罐进行过灌装速度或来自高压灌装头的灌装水压力的试验。科尔玻预感到新设计的罐在灌装时会成为一种磁铁(带电物体产生吸力)，但是包装设计人员认为那是不可能的。

(5)生产经理方面。他听说过有关问题，事实上，西蒙斯还对此开了一个玩笑，并向其他领班和主管夸耀他突破了生产定额。这个生产经理认为，西蒙斯是一个“最好的领班，……他总是能超额完成生产。”当科尔玻拜访生产经理时，西蒙斯的晋升文件就在经理的桌子上。西蒙斯正被考虑晋升为主管。受到来自摩干申要求降低成本和缩短交货时间的压力，尽管生产经理与科尔玻颇有同感，但他说，返工产品的压力本可以像威恩用手工做的那样，用压力计排放掉一部分气体而降低。“不过，我将跟威恩讨论这件事情。”他说道。

(6)市场方面。公司已经在市场上对格里塞克斯进行了突击介绍，以击败竞争对手，而目前正在进行一场规模宏大的广告战，以期吸引消费者的注意。大量订单正涌向订单处理部门，使得格里塞克斯的累欠订单居于榜首。生产部门必须将产品生产出来，即使有点超出规范也是可容忍的，因为“货在架子上总比没有强。谁在乎标签是否贴歪，或者产品压力是否有点高？我们现在需要的是这个高技术领域的市场份额。”

让科尔玻最头痛的是罐中的高压隐含的危险。他无法知道高压的危险有多大，或者西蒙斯是否能有效地释放足够的压力减少危险。从汉姆勒给他看的生产部门的数据来看，检验员发现的高压不在危险区域。不过,毕竟,检验员只是用抽样检验程序拒收了8件。即使他相信产品不会有什么危险,可是科尔玻能相信这事永远不会发生吗?

匆匆吃完午饭,科尔玻坐在他办公室中思考上午的事情。过去一周的研讨会曾经讨论过质量的作用,生产率和质量的关系,建立新的质量意识和接受质量挑战,可是他们可曾告诉过他发生这样的事时怎么做吗?他告别了他原来很好的工作来到这儿,是因为他认为这个公司将质量看得很重要,而且他喜欢接受挑战。科尔玻要求并获得了和生产部、市场部、研究开发部领导一样多的薪水,而且他是可以直接向总经理报告的员工之一。然而他还不能确切知道在这种情况下,他应该做什么或不应该做什么,他甚至不知道他能做什么或不能做什么。

【案例讨论题】

1.分析格里塞克斯生产线产生质量问题的原因。

2.请帮助称尔玻制定改进计划和方案。

案例20 深圳清溢公司的"零缺陷"之路

为适应公司管理的升级与发展,更好的迎接国际竞争和挑战,清溢精密光电(深圳)有限公司在总经理的带动下,将原来的质量管理活动更名为"零缺陷"管理活动,从思想、组织、技术、机制等四方面入手导入全新的"零缺陷"管理理论。在一片庄严的气氛中,全体员工面对司旗高举右手进行"零缺陷"宣誓:我志愿投身于"零缺陷"活动,理解"零缺陷"理念,遵守"零缺陷"规定,服从"零缺陷"管理……。这标志着公司已正式进入了"零缺陷"管理状态。

和过去推行的质量管理活动相比,"零缺陷"活动具有如下几个特点:

首先,"零缺陷"管理具有更广泛的理论和思想基础。"零缺陷”是美国质量管理大师克劳士比创造的一套系统的质量管理技术，其质量管理哲学的精义是如何建立一种预防性的企业文化，以达到“第一次就把事情做对”的目的。公司为了有效推行“零缺陷”管理，总经理亲自参加了 P. B. Crosby 质量协会的培训，之后又亲自对全体员工进行了一个多月的“零缺陷”理论与实际操作的培训与宣传教育。通过学习，大家统一了思想认识，认为“零缺陷”管理理论非常适合公司的实际和特点，绝大多数员工能够正视自身存在的不足并针对不足找原因，制定了实现“零缺陷”的保证措施。

其次，“零缺陷”使各部门之间的接口更加顺畅。原来的质量管理活动虽然解决了相互间的检查监督，但部门与部门之间的接口配合问题却层出不穷。“零缺陷”是全息化的管理，它强调内部之间互为客户，即要满足客户的全部需求。公司各部门根据内部工作运作特点，签订了上下游的服务合同。这样以来，各部门都明确了服务目的和努力方向，减少了不必要的磨擦和阻力。

第三，活动的目标更加明确具体。原来的质量管理活动的目的是为了提高品质，提高工作质量，其目标比较抽象；而“零缺陷”活动的目标就是通过消除无用的东西和制造中的麻烦，达到“产品零缺陷、客户零投诉”这一目标，其出发点和立足点是基于完全满足客户的全部要求。

第四，奖罚机制更加有效。原来的质量管理活动是把奖励预先许诺给各参赛单位，并在检查不合格时扣分，被员工误认为该项奖励是工资的一部分，扣分就是惩罚；而现在的“零缺陷”活动则在原来的基础上对活动机制进行了必要的调节，统一了奖惩政策，把惩罚分为罚款和赔偿两部分，增加了对工作中给别人制造的麻烦进行货币衡量的内容，从而增强了员工的危机感和责任感。

为了确保推行“零缺陷”管理活动的成功，清溢公司牢记克劳士比的名言：“改变心智是最难的管理工作，但它正是金钱和机会的隐身之处”，从切实改变人们的心智入手。因为“零缺陷”管理如果只重“行”不重“心”，必然走向表面化的死胡同，正所谓没有心智改变的行动只是短暂的表象，只有心智改变的行为才具有稳定性、可靠性和持续性。为此，清溢公司花费了几个月的时间来更新观念、纠正偏差、改变思维方式，引导“心行统一”。

清溢公司清醒地认识到“习惯势力是最可怕的势力”，特别是在顽固的中庸之道哲学影响下，流行的是“做好了太辛苦，做差了打屁股、不好不坏最舒服”，极大地束缚了人们的聪明才智，导致好的东西并不是每个人都愿意追求的。因此，把“要我做对”变为“我要做对”，并且是“第一次就做对”、“天天做对”，不在“总开关”上下功夫是绝不会有成效的。为消除认识误区，清溢公司花了很大力气来改变人们的心智，具体地，主要做了以下四个方面的工作：

1. 反复教育，重在调正价值取向

思想指导行为，而价值取向又决定着思维方向。清溢公司倡导客户利益、公司利益和员工利益三位一体的价值观。“零缺陷”管理在最大限度满足客户需求中实现公司价值，这种高品质基础上的双赢是企业发展的金光大道。在竞争日趋激烈的现代社会，只有“别人做不到的我能做到，别人能做到的我做得更好，别人能做好的我做得更早，别人做得早的我能做得巧”，才能立于不败之地。“零缺陷”管理对内通过有效的工作大量节省资源，稳定高品质，达到“好”、“早”、“巧”的目的；对外赢得客户信任，使价值共同体的各方受益。员工在实现“零缺陷”中有一个痛苦的自我更新过程，但经过“零缺陷”的洗礼，使自己的才智重新聚合在社会需要的正确方向和有效的工作方法上，减少了许多麻烦和烦恼，走上了实现人生价值的“高速公路”。

2. 改变规则，用机制冲击观念

教育不是万能的，还要结合改变管理规则、调正机制的办法来冲击旧观念和习惯。在教育、培训、模拟“零缺陷”运行之后，把实现“零缺陷”程度与奖金挂钩，对该做到而没有做到的给予适当处罚，并将“零缺陷”各要素与KPI(关键绩效考核)有机相联。公司还设立实现“零缺陷”团队奖,对每个月达到标准的单位都给予奖励。在内部运行结构上变宝塔式为以客户为轴心、各单位互为客户的矩阵式管理模式,各个部门为一个模块,模块间变为供需方自然衔接,并以合同为保证的关系,谁违约就要承担相应造成的损失。

3. 强化培训,全面提高技能

首先清理各项标准,摸清员工达标情况,然后按“零缺陷”要求修正并颁布统一的标准,并用考核、竞赛方法推动标准化程序化的落实。在此基础上运用岗位练兵、竞赛等办法提高员工技能,并着力培养各种技术专才,使每个人的聪明才智都能得到有效地发挥。同时,公司还针对设备的可靠性和配套方面的问题进行了预防性调正和补充,不仅使实现“零缺陷”有物质保障,也使员工技能如虎添翼。

4. 管理到位,形成群体效应

因为年轻人的心智受环境影响很大,所以管理必须要努力营造一个实现“零缺陷”的整体氛围。公司把“零缺陷”的四项基本原则渗透到从上到下的一切实际工作和活动之中,做到人人明确需求、个个预防在先、天天自觉做对、层层检查纠正、环环重点把关,系统经常维护,真正把全身心投入、全方位达标、全过程受控的质量方针落到实处,保证体系长期有效地运行。

经过几个月的上下一齐努力,清溢公司终于迈开了第一步,不仅使接单量大增,良品率亦稳定在高水平,建立了“零缺陷”管理框架,更重要的是员工思维开始发生可喜的变化,对“零缺陷”由额外负担到当作任务标准,发展到做事的方法,直至做人做事的哲学理念,成为公司发展的宝贵资源。作为当代质量管理的全新境界,“零缺陷”管理将指导企业在不断提高自身素质的前提下提升自身竞争力,以很好地迎接新的国际竞争和挑战。

【案例讨论题】

你认为深圳清溢公司的哪些方面值得学习和借鉴？

【思考题】

1. 简述ISO9000系列的构成。

2. 如何理解产品质量、工作质量及其两者的关系？

3. 何谓质量管理？包括哪些内容？

4. 如何理解全面质量管理的概念？

5. 我国有些企业虽然通过了ISO9000认证，但质量问题依然很严重。试结合个人调查了解的实际情况，分析总结其原因何在。

6. 测得加工$\phi 50 \pm 0.10$圆柱体的50个样本尺寸分布如下表，试进行直方图分析。

序号	样本尺寸	频数
1	49.89～49.91	0
2	49.91～49.93	2
3	49.93～49.95	4
4	49.95～49.97	11
5	49.97～49.99	9
6	49.99～50.01	8
7	50.01～50.03	6
8	50.03～50.05	5
9	50.05～50.07	2
10	50.07～50.09	2
11	50.09～50.11	1

7. 工序能力与工序能力指数有什么关系？

8. 说明如何应用直方图和控制图开展质量管理。

9. 结合某服务企业实际，分析应从哪些方面评价服务质量。

10. 何谓PAF模式？它和“零缺陷”的目标是否矛盾？

11. 已知检查某工件加工尺寸的样本均包括5个工件，最近抽查的7个样本的数据如下表。试确定该工件均值控制图的控制限。

样本	工件 x_1	工件 x_2	工件 x_3	工件 x_4	工件 x_5
1	0.503	0.505	0.501	0.502	0.500
2	0.502	0.501	0.503	0.505	0.502
3	0.503	0.499	0.503	0.503	0.502
4	0.503	0.504	0.505	0.505	0.504
5	0.503	0.503	0.503	0.504	0.503
6	0.505	0.505	0.504	0.504	0.505
7	0.507	0.504	0.505	0.501	0.504

第十三章　生产运作管理专题

第一节　成组技术

一、成组技术的基本概念

成组技术(Group Technology,简称 GT),是将企业生产运作的各种产品以及组成产品的各种部件、零件,按照相似性原理进行分类编组,并以“组”为对象组织和管理生产运作的生产与管理技术。

成组技术的创始人是苏联工程师 C.π 米特洛凡诺夫,他在 1959 年发表了《成组工艺原理》的专著。早期研究和应用成组技术,是从工艺过程典型化和组织同类零件集中生产开始的,故当时称为成组工艺或成组加工。随着成组技术在理论上和方法上的逐步完善,以及数控技术、计算机技术的迅速发展,其应用超出了工艺制造范围,扩展到产品设计、生产运作计划、设备布置等整个生产运作系统。目前,它已逐步扩展到企业生产经营的各个环节,形成了一个相互联系、相互制约的有机整体——成组技术系统。

从与计算机技术相结合的角度来看,成组技术系统可以分为两种模式:一是由人工进行组成分析,建立起各种成组零件设计图册、成组工艺文件、成组工装图册等,并建立由人工进行管理的成组加工单元。这种模式早在 20 世纪 50 年代末就已成功地应用于生产,可以认为是一种初级阶段的模式,适用于企业计算机应用不够普及的情况。二是将成组技术与计算机技术相结合,使成组技术能发挥更大的作用。有人称之为新成组技术系统，现在实施的成组技术系统大多属于这种模式。而当这种新成组技术系统用计算机网络和数据库技术与制造系统的其他子系统连接在一起、并用计算机进行集成与协调时，就发展成为 CIMS 系统。

从上述分析我们可以得到以下重要结论：

(1)成组技术系统是 CIMS 系统的基础和应用的重要组成部分；

(2)成组技术系统是一种开放系统，可以逐步扩张、演变为 CIMS 系统；

(3)对于一些计算机应用水平不高的企业，照样可以开发成组技术系统，促使企业生产效益的提高；

(4)在实施 CIMS 系统时，从实施成组技术系统着手、根据需要不断引入计算机技术、逐步集成的策略，不失为一种积极和稳妥的选择。

二、成组技术的理论依据

客观上有开展成组技术的必要性，还要研究开展成组技术的可能性。因为零件成组是成组技术的核心，所以，也就是要研究零件成组的可能性。其结论都是以大量的实际统计为基础。

(1)相似性。产品按不同品种的零件进行统计分析可分为三类：复杂特殊件、相似件和标准件。国内外的资料表明，复杂特殊件只占 5%～10%，标准件占 20%～25%，60%～70%的零件属于相似件。显然，相似件占有相当大的比重，这类零件可以通过分类编码进行分组，应用成组技术。

(2)稳定性。不同产品的零件分类统计表明，在同类产品系列中，各类相似零件的出现概率分布是稳定的、有规律的，而且不同国家的同行业的产品之间，各类零件的出现概率也具有相当的一致性与稳定性。

3. 再用性。在多品种、小批量生产运作中，产品零件中相似件占大多数，而各种产品零件的分布也有稳定的一致性，同时这些相似件具有重复再用的特性。虽然产品性能、规格有所改变，但零件中的相似件很多都具有再用性。

三、零件的分类编码系统

零件分组是成组技术的关键。零件分组建立在零件分类的基础上。在成组技术中，零件分类采用规范化的结构形式，是通过分类编码系统完成的。

所谓零件的分类编码，是在零件结构的几何形状和工艺相似性基础上反映零件的主要特征，如零件的功能要素、尺寸大小、毛坯材料、热处理状况、精度要求、工艺特征以及其他特点等。国际上分类编码系统很多，如基于零件形状的英国的布列什系统，基于零件工艺的苏联的米特洛凡诺夫系统，基于零件形状与工艺特征两方面的德国的奥匹兹系统等。

我国也非常重视成组技术的研究与应用，原机械工业部于 1982 年 9 月组织制定了 JLBM-1 分类编码系统，并已经作为指导性技术文件公布试行。该分类编码系统是为机械工业制订的一套零件分类编码系统，适用于机械制造工厂在设计、工艺、制造和生产运作管理部门推行成组技术。该系统采用主、辅码分段的混合式结构，采用 15 个码位表示，由名称矩阵、形状与加工和辅码部分组成，提供了零件的功能、几何形状、形状要素、尺寸、材料、毛坯、热处理、精度和一部分加工信息。其中，第 1,2 码位构成功能名称矩阵；第 3～9 位表示零件的形状与加工特征，说明零件外部形状及加工、内部形状及加工、平面、端面加工和辅助加工；第 10～15 位是辅码，表示零件的材料、毛坯、热处理、主要尺寸和精度等有关信息。

四、成组技术的应用

(一)在产品设计方面

对企业中已有的零件分类编码和分组,建立起设计图纸和资料的检索系统。当设计新产品时,设计人员将设计零件的构思转化成相应的分类代码,然后按此代码对其所属零件组的零件设计图纸和资料进行检索,从中选择可直接采用或稍加修改便可采用的原有零件图。只有当原有零件图不能利用时,才进行重新设计,大大减少了设计人员的重复劳动。

新产品设计中大量利用原有产品的零件图,使企业生产运作的零件品种大为减少,大幅度降低系统中的信息源,同时,一些零件的批量将得到扩大,因而大大节省工艺过程设计、工装设计和制造的时间和费用。

(二)在制造工艺方面

采用成组技术后,可以改变以每个零件为对象进行工艺设计的状况,在零件分类成组的基础上,按零件组为对象进行成组工艺设计、准备和加工,例如,组织制造单元(制造岛)、采用成组工艺装备等。以此为基础,可以实现工艺过程的柔性自动化、计算机辅助工艺过程设计、计算机辅助工装设计以及设计制造一体化等。这样,可以大大简化和节约工艺设计,缩短工艺准备周期,并为技术工艺人员摆脱重复性劳动、致力于工艺创新创造条件。

(三)建立成组加工系统

可以根据企业实际情况,建立不同水平的成组加工系统:

(1)成组加工单机。它是在一个工作地(或一台加工设备)上,用同一种加工方法加工一个相似零件系列的布置形式。意味着把相似零件集中在一台设备上进行加工。

(2)成组加工单元。它是在一个生产运作单元内,配备各种不同类型的加工设备,完成一个或几个零件组的全部工艺过程的加工。而加工顺序可在单元内灵活安排。

(3)成组加工流水线。它是将工作地(设备)按零件组的典型工艺过程的加工顺序进行布置，使之具有流水生产的特征。组织成组流水线要求零件组内各零件必须具有很高的工艺相似性，而且生产批量很大。

(四)在生产运作管理方面

采用成组技术后，打破了产品界线，生产运作管理有以下特征：按零件组组织生产运作，以零件的管理代替原来的工序管理；质量管理改为以制造单元自控为主；工人向一专多能方向发展。这一切都使生产运作管理走向简化，促进管理的科学化。

国内外的实践证明，成组技术对于减少多品种、小批量企业的生产运作技术准备工作量、缩短生产运作周期、提高劳动生产率、降低成本、改善管理、促进企业发展等，都具有非常大的作用，取得了显著的直接效益和间接效益。

第二节　计算机集成制造系统

一、计算机集成制造（CIM）与计算机集成制造系统（CIMS）的概念

(一)计算机集成制造

1973 年，美国的约瑟夫·哈林顿(Joseph Harrington)博士在《Computer Integrated Manufacturing》一书中，首次提出了计算机集成制造(简称 CIM)的概念，其基本思想可归纳为两点：(1)从产品研制到售后服务的生产运作周期全部活动，是一个不可分割的整体，每个组成过程应紧密连接安排，不能单独考虑；(2)整个生产运作过程的活动，实质上是一系列数据处理过程，每一过程都有数据产生、分类、传输、分析、加工等处理，其最终生成的产品，可以看作是数据的物质表现。之后，随着世界各国研究和实践的不断深

入，人们又提出了许多新的认识和观点，丰富和发展了CIM的概念。但迄今为止，尚无一个公认的权威性定义。

国际标准化组织的定义(ISO/TC184/SC5/WGI)是："CIM是把人和经营知识及能力，与信息技术、制造技术综合应用，以提高制造企业的生产率和灵活性；由此将企业所有人员、功能、信息和组织诸方面集成为一个整体"。根据我国863计划CIMS主题专家组组织编写的《计算机集成制造系统(CIMS)约定、标准、与实施指南》中提出的概念，"CIM是一种组织、管理与运行企业生产的新哲理，它藉助计算机硬软件，综合运用现代管理技术、制造技术、信息技术、自动化技术、系统工程技术，将企业生产全部过程中有关人、技术、经营管理三要素及其信息流与物流有机地集成并优化运行，以实现产品高质、低耗、上市快，从而使企业赢得市场竞争。"

(1)CIM不是一种可以买来并安装在自己企业的现成商品，而是一种在当代信息社会背景下组织、管理与运行企业的新概念、新哲理、新思维方式；不是一种具体的方法，而是一种方法论；不是一种具体的生产运作类型，而是一种生产运作模式。其宗旨是使企业产品上市快、质量高、成本低、服务优、柔性好，且符合可持续发展思想，提高企业的竞争力。

(2)CIM不是针对企业生产经营的个别环节，而是以系统思想为指导，把企业运行的市场分析、产品设计、工艺规划、加工制造、销售、售后服务等全部活动过程作为一个不可分割的有机整体，进行综合的、集成的管理，以实现全局优化。

(3)不能将CIM简单地理解为就是工厂的全盘自动化，就是技术的互联，更应该认识到CIM是人、技术和经营管理三方面的集成。其中，计算机只是一种工具和手段，只是提供技术基础，而在这种集成中居于主导地位并发挥着非常重要的作用却是人。如果盲目追求全盘自动化，就会"自动化出一堆烂摊子"，所以必须在"系统合理化"的基础上发展系统的自动化。

(4)CIM 不仅是设备、机器的集成，更主要的是以体现信息集成为特征的技术集成，重视信息流的管理，重视信息流与物流之间的集成。信息集成是 CIM 的主要标志。

(5)CIM 技术并不等于企业各环节简单的自动化或计算机化，也不等于它们的简单相加，而是现代管理技术、制造技术、信息技术、自动化技术、系统工程技术的有机集成。CIM 技术综合并发展了企业生产各环节的计算机辅助技术，即计算机辅助经营管理与决策技术(MIS、OA、MRP)，计算机辅助分析与设计技术(CAD、CAE、CAPP、CAM)，计算机辅助制造技术(DNC、CNC、工业机器人、FMC、FMS)，计算机辅助信息集成技术(网络、数据库、标准化、CASE、AI)，计算机辅助建模、仿真、实验技术，计算机辅助质量管理与控制等。

(二)计算机集成制造系统

所谓计算机集成制造系统(Computer Integrated Manufacturing System，简称 CIMS)，“是通过计算机硬软件，并综合运用现代管理技术、制造技术、信息技术、自动化技术、系统工程技术，将企业生产全部过程中有关的人、技术、经营管理三要素及其信息流与物流有机集成并优化运行的复杂大系统”。因此，CIMS 是在 CIM 哲理指导下组成的系统，是 CIM 概念的具体体现。

CIMS 的核心是“集成”，包括企业内各方面信息的集成、各种生产经营活动的集成、各个生产运作系统和环节的集成、各种生产运作技术的集成、企业各部门组织和人员之间的集成，等等。一般可按照集成过程将 CIMS 分成三个阶段：

1. 物理系统集成

它是指通过通讯网络将各个自动化“孤岛”互连起来，以实现互相交换数据和信息。例如，将 CAD 系统直接与 CAPP 和 CAM 相连接，这样，零件设计结果就可直接提供给工艺设计，并编出数据加工程序直接下达到柔性制造单元去进行加工。再如，管理信息系统运行 MRP Ⅱ 软件，编制出月生产运作作业计划，就可直接下达到车间或单元控制器，分解成更细的周计划或双日滚动计划。物理系统集成工作主要是建立系统内部的网络配置和管理，并且制订相应的数据交换协议。

2. 应用集成

它是指整个系统内各部分的应用软件及其用户，包括人和机器之间的控制和信息集成。为此，必须建立公共数据库，通过系统内或系统间的通讯，共享和处理各种信息资源。相应地，需要建立一个技术的基础结构或集成平台，可以不受异构问题的限制，完成在全系统范围内存取所有生产经营需要的有关信息。

3. 经营和人的集成

这是 CIM 集成的最高阶段，从技术实现上来说，包含三个方面：其一，生产运作和过程仿真，包括对底层的生产运作过程进行物理过程动态调度的仿真与优化，对上层生产计划的安排与调整进行仿真统计分析，为决策提供依据；其二，自动化的经营过程监控，利用全企业范围内的综合数据采集和统计分析系统，使高层的经理人员能随时掌握采购、生产运作、销售等各个经营过程的情况；其三，基于知识的决策支持，借助 CIM 系统已建立的全企业范围内的分布式数据库系统，以及专门的模型库、知识库和方法库，帮助高层决策者进行科学地决策。

在 CIMS 的集成中，最重要的是人的集成。美国先进制造研究公司(AMRC)等的统计研究都表明，在实施 CIM 的障碍因素中，70%左右来自于人，11%左右是由于成本评估准确度，只有 9%是技术原因。只有人的集成到位，才能真正掌握 CIM 的哲理，也才能建立一个开放的、自发展和自完善的 CIMS。

二、CIMS 的基本构成

(一)CIMS 的三要素

根据 CIM 及 CIMS 的定义，通常认为：CIMS 有以下 3 个要素

——经营、技术及人/机构，如图 13-1 所示。这三个要素互相作用、互相支持，使制造企业达到优化。根据这三个要素相互间的关系，可以看出需要解决四类集成问题，即图 13-1 中的交叉重叠部分：

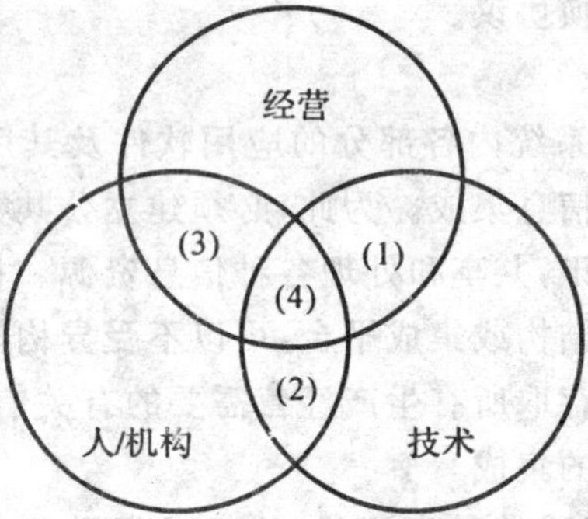

图 13-1　CIMS 的三要素

(1)使用技术以支持经营。即利用计算机技术、自动化技术、制造技术及信息技术等技术，支持企业达到预期的经营目标，如缩短产品设计与开发周期，提高产品质量，减少库存量等。显然，经营目标是企业建立 CIMS 的目的，而技术则仅仅是一种手段。

(2)利用技术以支持企业中各种人员的工作。即建立一定的技术基础或平台，为各种人员更好地开展工作创造条件，以实现互相配合、协调一致、互动提高。例如，通过共享数据库，使产品设计人员能及时了解产品制造的可行性。

(3)通过改进组织机构、培训人员及提高人员素质，以支持企业开展经营活动，达到经营目标。

(4)统一管理并实现经营、人/机构及技术三者的集成。

(二)CIMS 的基本构成

如图 13-2，CIMS 是由管理信息系统、工程设计系统、制造自动化系统、质量保证系统、计算机通信网络、数据库系统组成。

1. 管理信息系统(MIS)

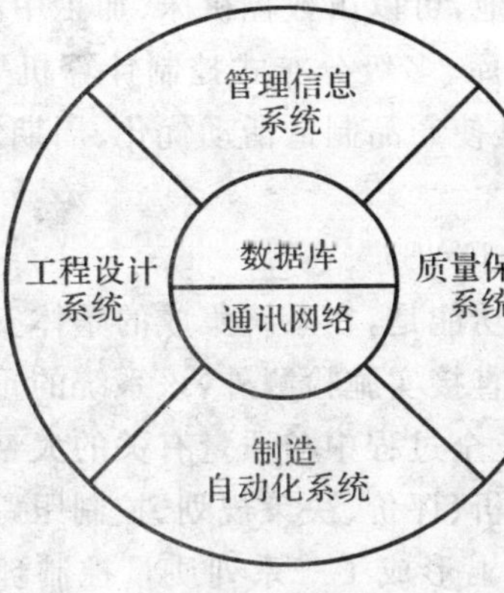

图 13-2　CIMS 系统的技术组成

管理信息系统是从制造资源出发，以 MRP Ⅱ 为核心，以企业计划与控制为主体而形成的闭环的一体化生产经营与管理信息系统。其基本功能是开展信息收集、传递、加工、查询等信息处理，进行事务管理，提供辅助决策。它在 CIMS 中是神经中枢，指挥与控制着各个部分有条不紊地工作。

2. 工程设计系统(CAD/CAPP/CAM)

工程设计系统是在产品开发过程中引入的计算机技术，包括产品的概念设计、工程与结构分析、详细设计、工艺设计与数控编程。通常是指 CAD、CAPP、CAM 三大部分的集成。其目的是使产品开发活动更高效、更优质、更自动地进行。

3. 制造自动化系统(MAS)

制造自动化系统是在计算机的控制与调度下，按照 NC 代码将一个毛坯加工成合格的零件，再装配成部件以至产品，并将制造现场信息实时地反馈到相应部门。制造自动化系统要生成作业计划，进行优化调度控制，生成工件、刀具、夹具需求计划，进行系统状态监控和故障诊断处理，以及完成生产数据采集及评估等。制造自动化系统是 CIMS 中信息流和物料流的结合点，是 CIMS 最终产生经济效益的聚集地，可以由数控机床、加工中心、清洗机、测量机、运输小车、立体仓库、多级分布式控制计算机等设备及相应支持软件组成。其目的是使产品制造活动优化、周期短、成本低、柔性高。

4. 质量保证系统(QAS)

质量保证系统的功能是，在系统集成的整体安排下，有效地实施全面质量管理。除直接实施检测外，该系统的重要任务是采集、存储、评价与处理企业全过程中与质量有关的大量质量数据，并以此为基础进行质量分析、评价、决策规划、控制跟踪。质量信息的采集、分析与反馈，实际上形成了一系列质量控制环，通过这些控制环的运行可有效地促进质量提高，实现产品的高质量与低成本的统一，保证产品能很好地满足顾客的需求，提高企业的竞争力。

5. 计算机通信网络

计算机通信网络是支持 CIMS 各个分系统的开放型网络通信系统。它是采用国际标准和工业标准规定的网络协议，用通信线路将分散在不同地点、并具有独立功能的多个计算机系统互相连接，以进行数据通信、实现资源共享的计算机以及线路与设备的集合。借助计算机通信网络系统，可以实现不同条件下的通信，满足各应用系统对网络支持服务的不同需求，支持系统集成。

6. 数据库系统

按照 CIM 的定义，企业的整个生产经营过程就是“一个数据的采集、传递和加工处理的过程”。数据库系统就是支持 CIMS 各分系统并覆盖企业全部信息的数据库系统。它在逻辑上是统一的，在物理上可以是分布的，以实现企业数据共享和信息集成。

三、CIMS 的开发

为保证 CIMS 的开发成功，防止因设计阶段的问题而影响实施的效果，应该引入项目管理的方法，实现 CIMS 开发过程的结构化和标准化，把有关工作划分为若干阶段，有条不紊地进行。

一般地，CIMS 开发可分解为以下五个阶段：

(一)可行性论证

主要任务是了解企业的战略目标及内外现实环境；确定 CIMS 的总体目标和主要功能；拟定集成的总体方案和实施的技术路线；并从技术、经济和社会条件等方面论证技术方案的可行性；制定投资规划和开发计划；编写可行性论证报告。

可行性论证的主要工作内容包括：①了解企业的市场环境、经营目标和采取的策略；②调查和分析企业当前的生产经营活动流程、信息流、生产设备及计算机资源情况、计算机应用情况、组织机构及人员状况；③明确企业改造的需求，确定 CIMS 的目标及主要功能；④拟定 CIMS 的集成方案和采取的技术路线；⑤提出开发 CIMS 的关键技术和解决途径；⑥明确 CIMS 对组织变化的需求及其可能造成的影响；⑦拟定系统开发计划；⑧进行投资概算及初步成本效益分析；⑨编写可行性论证报告。

(二)初步设计

主要任务是确定 CIMS 系统需求，建立目标系统的功能模型，确定信息模型的实体和联系，提出 CIMS 系统实施的主要技术方案。它是对可行性论证的进一步深化和具体化，在系统需求分析和主要技术方案设计方面深入到了各子系统层面。该阶段最终应形成初步设计报告和有关附件。

初步设计的主要工作内容包括：①系统需求分析；②系统总体结构设计；系统的功能及技术性能指标设计；③确定信息模型的实体和联系；④提出系统集成所需的内部、外部接口要求；⑤明确拟采用的方法和技术路线；找出关键技术，提出解决方案；⑥确定系统配置；⑦确定详细设计任务及实施进度计划；⑧规划 CIMS 环境下的组织机构；⑨经费预算；技术经济效益分析；⑩编制有关设计报告和文档。

(三)详细设计

主要任务是对初步设计产生的系统方案进一步完善和细化。主要应完成:数据库系统的概念、逻辑和物理结构设计,应用系统的软件结构、算法、代码编写说明,硬件施工安装设计。同时应确定组织机构、人员配置和培训计划。以上各项设计结果都应达到可分步实施的程度。该阶段最终应形成详细设计总报告和子系统详细设计报告及有关附件。

详细设计的主要工作内容包括:①确定系统的详细需求;②应用软件系统设计;③数据库系统设计;④系统资源设计;⑤系统组织机构调整与确定;⑥确定技术标准;⑦拟定系统实施计划;⑧投资预算及资金规划;⑨编写详细设计报告。

(四)工程实施

主要任务是将详细设计的内容进行物理实现,产生一个可运行的系统。主要应完成数据库、网络及生产设备的安装调试;应用软件编码、安装、调试;组织机构落实,人员定岗。各项任务最终要达到可运行的程度,并为用户所接受。该阶段最终要提交项目合同书;各项测试、验收报告;数据库维护规程;用户使用手册;CIMS工程开发总结报告。

工程实施的主要工作内容有:①数据库系统实施。包括软、硬件安装;建立试验数据库,用典型数据加载;调试数据库;数据库加载;与应用系统联调;数据库系统测试、鉴定和验收。②应用系统实施。包括制定编程约定;建立数据文件和临时试验数据库;编制程序;程序调试和测试,完成测试报告;子系统及分系统联调和测试,完成子系统测试报告;组织子(分)系统鉴定、验收;总系统联调和测试,编写总系统测试报告;完善各类文档,编写各类手册。③生产设备及计算机资源实施。包括计算机系统安装、测试及验收;网络系统安装、测试及验收;生产设备安装、测试及验收。④组织机构实施。包括组织机构调整;人员定岗;各类人员培训。

（五）系统运行与维护

主要任务是对投入运行的 CIMS 进行调整和修改，改正在开发阶段产生而在调试阶段又未发现的错误，并使系统适应外界环境的变化，实现功能的扩充和性能的改善。同时，对系统的运行效果进行评价。该阶段最终要提交系统运行报告、软件问题报告、软件修改报告、系统评价报告、评审意见书及意见处理汇总表。

系统运行与维护的主要工作内容包括：制定软硬系统操作规程；制定各类维护手册；系统维护人员及应用人员培训；系统运行状况记录；进行系统软件维护；进行应用软件维护；进行数据库和数据文件维护；硬件资源维护；机构和人员的调整；进行系统评价。

第三节 敏捷制造

一、敏捷制造（AM）的概念

20 世纪 80 年代后期，美国为了重新夺回在国际上制造业的领先地位，投巨资从发展战略的高度探讨如何建立竞争优势。里海大学的 Iacocca 研究所撰写了著名的《21 世纪制造企业战略》的研究报告，提出了“敏捷制造”的新概念，描绘了一幅 21 世纪的先进制造业模式的蓝图。敏捷制造和 CIM 一样，是一种哲理，是一种全新的生产模式，是一种不断发展的过程，迄今为止尚未有一个统一的确切定义。

有人认为，敏捷制造是“对于在急速变化、连续分裂的全球市场中提供高质量、高性能、按用户要求配置的商品和服务而盈利的挑战的反应”。也有人从和企业生产经营各方面相联系的角度，指出敏捷制造意味着生产的快速性，大规模定制的适应性，动态联盟（Virtual Organization）式的组织方式以及畅通的供应链和沟通，生产经营过程的永不满足、持续改进的自学习机制，流程再造中便于开拓、创新和调整的特性。还有人提出，“敏捷制造可被看作是一种包括组织、高度熟练和学识渊博的人和先进技术三者的集成，以达到合作和创新，来回答向顾客提供高质量的按用户要求定做的产品的需要。”

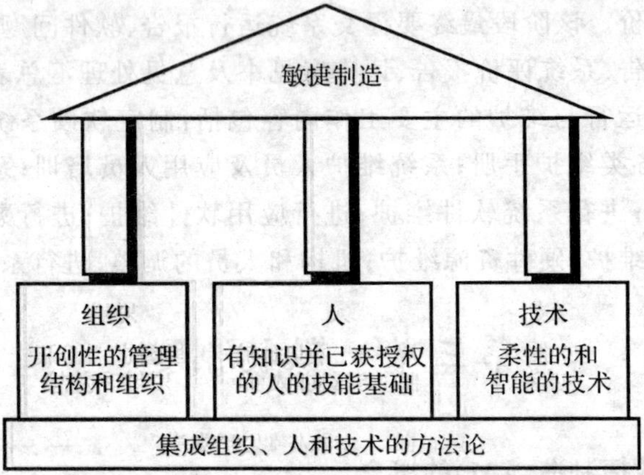

图 13-3 敏捷制造的概念

如图 13-3 所示，人、组织和技术是构建敏捷制造大厦的基石。我们将敏捷制造定义为：熟练掌握生产运作技能的、高素质的劳动者，高度柔性的、实用的、先进的制造技术，以及企业之间和企业内部的灵活管理三者的集成，以实现整体最优化，对市场需求及其变化作出迅速响应。为此，在敏捷制造系统中，强调人、组织和技术三要素应当满足“可重组”、“可重用”和“可扩充”的要求。

二、敏捷制造的基本思想

表 13-1 是 Iacocca 研究所提出的敏捷制造的核心思想。这其中，“竞争的基础”强调了不断变化、快速响应、演进的质量历程和环境职责等四条。这实际上清楚地表明了获取竞争优势的关键要素或切入口。它所列举的 18 条敏捷制造“企业特性”，一方面在一

定程度上反映了敏捷制造的具体目标，另一方面也表明了建设和运作敏捷制造企业的指导思想。而九大“制造企业要素”及 29 个“内含使能子系统”则对如何实现敏捷制造做了进一步的阐释，明确了各种具体措施。可见，敏捷制造包含了许多新思想、新观念。在此，重点讨论以下几个方面：

表 13-1　敏捷制造的核心思想

竞争的基础及特性	制造企业要素	内含的使能子系统
竞争的基础 ● 不断变化 ● 快速响应 ● 演进的质量历程 ● 环境职责 企业特性 ● 并行工作 ● 继续教育 ● 根据用户反应建立的组织机构 ● 动态联盟 ● 珍惜员工 ● 向工作小组及其成员授权 ● 对环境仁慈 ● 柔性的重新配置组合 ● 可存取与可使用的信息 ● 知识面广阔的员工 ● 开放的体系结构 ● 产品设计一次成功 ● 产品终身质量保证 ● 缩短上市时间 ● 技术领先作用 ● 对技术敏感 ● 整个企业集成 ● 基于远景蓝图的管理与领导	经营环境 通信与信息 合作与小组因素 企业柔性 企业范围的并行工作 环境美化 人为的要素 转包商与供应商的支持 技术布署	● 继续教育 ● 用户交互关联系统 ● 分布式数据库 ● 向个人及工作小组放权 ● 节能 ● 企业集成 ● 不断演变的标准 ● 全美工厂网络 ● 全球宽带网络 ● 全球多方动态合作 ● 团体（分布式群决策软件） ● 人与技术接口 ● 集成方法论 ● 智能控制 ● 智能传感器 ● 基于知识的系统 ● 模块化可重组的流程硬件 ● 组织实践 ● 性能尺度与评价基准 ● 合作伙伴资格预评系统 ● 快速合作机制 ● 表示方法 ● 仿真与建模 ● 软件原型开发及生产率 ● 现行法规的作用 ● 支持性的会计核算 ● 技术采用和转化 ● 废物管理与销毁 ● 零事故方法论

(一)使顾客富裕的理念

在传统观念中,销售活动总是以赚顾客的钱为目的,但在敏捷制造中,则认为只有首先"使顾客富裕",才能实现这一目的。使顾客富裕,就是指使顾客在对获得产品的投入和产生的价值比较中,真正感到自己"赚了"。具体地,敏捷制造在处理和顾客的关系时强调树立以下新思维:

1.从几个层面深化质量的概念

其一,质量的含义在产品质量和工作质量的基础上,进一步引申到面向"零缺陷"目标而不断努力和改进、自始至终让用户满意的过程。换言之,"零缺陷"和产品终身质量保证已经成为一种必然的要求,企业的各项工作都应该以此为标准进行评审和改进。按照这一认识,质量无止境,质量改进远比质量水平现状重要,要对通过质量改进来提高质量水平的努力过程进行重点管理。可见,这是符合系统发展理论的。

其二,在对质量本身构成要素的重要性排序的认识上,上市时间越来越重要。为了缩短上市时间,除了采用富有柔性的先进管理与技术,以促进平行工作、确保产品设计和制造一次成功外,更重要的是加强与顾客的沟通,建立快速捕捉市场变化信息和顾客参与产品开发设计的机制。

其三,质量的范围从只考虑顾客本身需要扩展到了还要兼顾社会需要。要求企业对其生产运作过程及其产品的全生命周期的生态环境影响承担责任,以"仁慈"的方式处理与生态环境的关系。强调企业不仅不能危害和破坏环境,而且要主动关心环境,在产品和工艺设计时就从根源上消灭产生环境问题的可能性,为在生产运作过程和产品报废处理过程中改善环境创造条件。

2.从销售产品转向销售"解答"

销售产品与销售解答既密切相关,但也存在根本区别。正如价值工程所揭示的那样,产品仅仅是实现功能的载体,而用户需要的是产品的功能而不是产品本身。这里所说的解答，和功能非常类似，但涵义更深刻，更具时代特色，是指完全符合顾客要求的个体化的产品和信息及服务综合的一个整体。解答的价值在于使顾客真正感到解决了自己所面临的问题，很好地满足了自己的个性化需要。可见，解答针对日夜发展的个性化需要，强调通过产品、信息和服务的集成使顾客感到解决了自己的问题，而不是买了一个物理的产品，以实现让顾客满意的目标。

销售解答，必然要求清楚地识别用户的需求，明确所面临的问题。这不仅需要通过深入的访谈进行市场研究，更需要站在用户的角度考虑问题，来感悟其感受。例如，邮政快递业务受到某些商业顾客的大力欢迎，因为及时性对商业活动太重要了，可能事关能否拿到数百、数千万元的商务合同。可见，商业顾客需要的解答明显不同于一般顾客。

要销售解答，就要突出其个性化，这也决定了解答的价值。答案是显而易见的，在构成解答的产品、信息和服务三方面中，注意力焦点不应是物理的产品，而应是技能、知识和信息。发展技能、知识和信息，不单单是一个增加附加值的问题，更重要的是可以形成自己的特色，促进企业核心能力的发展。

销售解答要求企业考虑问题不能仅仅到售出产品为止，必须把顾客要正常使用产品、满足其需要还涉及的其他所有问题考虑在内，提供一揽子的解决方案。在这个过程中，要按顾客要求量身定做，关心用户产品升级、扩充或再配置内容，必要时对产品进行重新思考和设计。例如，计算机应用公司如果只把计算机交给用户就算完事，那么计算机只是一堆废铁。人们关于商场出售的空调只是半成品的观点，也在一定程度上说明了这一点。

应当说明，销售产品时，顾客支付的费用基本上取决于耗费的材料、人工等费用；但销售解答时，顾客支付的费用更多地取决于解答中的知识含量，实际上是认可的解答价值的函数。

(二)以人为最核心的资源的理念

敏捷制造认为,企业中最宝贵的东西不是技术、厂房和设备,而是人,是人的主观能动性。人是最核心的资源。这里的人,特别强调应当是知识渊博、技能熟练、具有突出的开创精神、合作意识和有强烈的主人翁责任感的人才。敏捷制造要求充分尊重员工,强化员工的能力,要使每个员工都认识到企业的兴衰与自己息息相关,以要求每个员工都把企业当做自己的家,为企业的发展努力工作。为此,敏捷制造的管理工作要进行相应的创新。

(1)向工作小组及其成员放权。为了对市场变化做出快速响应,要把一些决策权下放,使组织结构扁平化,使工作小组和个人在必要的时候不必层层请示而独立作出决策,以实现敏捷反应。相应地,要有新的员工工作评估系统及风险容错等措施,在管理上强调鼓励和信任而不是命令和控制。

(2)知识型的高素质员工。

(3)高度重视继续教育。企业要努力为员工获取新信息、知识和技能创造条件,积极开展继续教育。要把不断进行员工教育和不断提高员工素质作为一项长期的战略性投资,制定科学的培训规划和实施计划,落实好各项具体工作。特别地,继续教育还要包括企业文化方面的内容,培养员工爱厂如家的精神,培养员工正确的学习态度,促使员工不断地自觉学习、超越自我。

(三)竞合发展的理念

敏捷制造在处理竞争与合作的关系上,坚持以合作来加强竞争、以合作来促进竞争的思想。敏捷制造的合作在内容、方式和范围上,都较传统的合作概念大大扩大了,甚至发展到了以前的竞争对手之间。

敏捷制造认为,更好地适应复杂多变的外部环境的客观要求是竞合的基础。通过企业间的合作,可以更好地发现和利用市场机会,给企业带来更大利益,达成“双赢”或“多赢”的结果。当然,这种合作往往基于不同企业的某一方面在全国乃至世界的领先水平，以实现取长补短，特色集成。例如，日立与IBM在计算机主机市场上，一直是两大竞争对手，但现在成了合作伙伴。事实证明，加强合作会产生明显的效益，如产品开发提前期缩短，开发与经营成本降低，风险降低，技术转移加快，减少了产品生命周期缩短的影响等。这个概念告诉我们，在合作中利用各自最好的东西，共同迅速开发产品和开拓占领市场，能让用户最满意，就能盈利，而不应墨守旧竞争概念的陈规。这种合作方式实际上就形成所谓的虚拟企业(Virtual Enterprise)。

(四)柔性的开放式设计的理念

企业未来的生产经营面临的最大挑战就是不确定性，不仅要求企业的产品要根据需求进行变化，更重要的是企业的人、组织和技术系统也能随之灵活调整，从硬件和软件上建立一种应付不确定性的机制或平台。为此，要求企业按照开放式设计的理念来处理各种关系，进行系统设计与建设，保持系统的高度柔性化。

从人来说，员工应该是多技能的，可以承担不同岗位的不同性质的工作，可以迅速实现与团队其他成员的协作。从组织上来说，组织机构可以根据需要进行灵活地增减和重组，并相应地实现功能的转换；还可以方便地处理在各种层次上与其他企业合作的关系，形成新的广义企业架构。从技术上来说，采用先进的智能化技术，并且技术系统是模块化和“插件兼容式”的，可以在短时间内完成重新配置，改组成适应新产品需要的另一种生产运作流程。

有人将医院的急救室形象地比喻为敏捷制造企业的缩影，不无道理。在急救室里，所有的一切，包括医生、护士、技术、设备和制度等，都应该随时根据各种特殊需要，重新配置组合成各种不同的抢救小组，完成抢救病人的工作。这类似于精细生产中的牵拉式运行机制，从对用户需求及市场竞争作出迅速反应出发来“牵拉”出对企业人员技能、制造设备、各部门间关系、通讯基础结构、团队工作安排等有关方面的要求，并根据需求进行重新组合。

总结以上分析，可以发现敏捷制造和大量生产方式在许多方面有本质的区别，如表 13-2 所示。

表 13-2 敏捷制造与大量生产的比较

项目	大量生产	敏捷制造
企业目标	依靠大量生产降低成本	依靠敏捷生产实现低成本、高质量
企业范围	大企业本身	虚拟企业
设备	专用设备为主	智能化设备为主
产品变换	困难	渐进式，容易
批量	大	无限制，批量无影响
生产类型	存货型	订单型
质量观念	面向产品	面向用户需要和改进过程
组织机构	机械式层次结构	开放式、扁平式项目结构
核心资源	技术	人
活动组织	串行方式	并行方式
管理模式	监督、检查、防范	信任、关心、放权

三、虚拟制造

传统的新产品开发都是按部就班进行，需要借助产品原型的反复试验，这就难以适应当今时代产品更新换代日益加快的形势。为了加速新产品开发过程，缩短开发周期，降低开发成本，实现新产品开发一次成功，更好地满足顾客多样化的特殊需要，人们将计算机技术应用到新产品开发过程中，虚拟制造（Virtual Manufacturing，简称 VM）由此诞生。

所谓虚拟制造，就是将制造过程的计算机模型和仿真用于辅助产品设计和生产全过程的方法。它是基于虚拟现实技术发展起来的，其实质就是提供强有力的建模和仿真环境，使得任何产品的生产和装配，包括相应的全部制造工艺过程，都能在计算机上进行仿真，也就是在计算机上演示从底层生产线到企业上层所有能看得见的生产运作过程、工艺计划、调度、装配计划、后勤供应，以及其他相关过程，如财会、采购和管理等。可见，虚拟制造是一种集成的综合的制造环境，是一种实际制造体系的仿真模型，是一种在计算机上执行制造过程的概念。通过仿真模型，可以在不消耗物理资源的前提下，在真实的制造活动发生之前预测产品的功能和生产运作过程的各种潜在问题，进行方案比较，并采取有效措施改进方案，确保新产品开发的一次成功。

虚拟制造是敏捷制造的重要技术工具之一，一般划分为以设计为中心、以生产为中心和以控制为中心三种类型。以设计为中心的虚拟制造是在设计阶段把制造信息提供给设计者；以生产为中心的虚拟制造是把仿真用于从生产计划直到底层生产线的优化，包括对工艺处理方案的评价；以控制为中心的虚拟制造则将机器控制模型用于仿真，其目标是实际生产中的过程优化。

四、虚拟企业

虚拟企业是敏捷制造所提出的最具创新的思想之一，是相对于传统的具有明确边界的封闭企业而言的。所谓虚拟企业，是从特定的任务目标出发，基于有效利用不同企业的优势资源，依靠发达的计算机网络和通讯工具，把分散在不同地域、归属于不同企业的资源通过随意互换和集成而创造的一个经营实体。虚拟企业在职能上和传统企业没有什么差别，所不同的是其边界是流动和变化的，可以根据特定任务目标的需要更换不同的企业和资源。在虚拟企业的实例中，服装行业提供了许多传统的例子，而高科技行业则书写了许多现代的例子。

虚拟企业具有以下基本特征：

(1)虚拟企业的基础是顾客的需求所提供的市场机遇。只有存在市场机遇，一方面，企业间才有合作的必要，也才会有一种推动力促使企业寻求不同企业的关键资源的集合，以更好地把握和利用市场机遇；另一方面，成员企业具有同一个清晰和一致的目标，也才有合作的可能。因此，虚拟企业将伴随市场机遇的存在而发展，伴随市场机遇的消失而解体。

(2)虚拟企业以友善文化作为行为标准。为保证虚拟企业顺畅运行并取得成功，要求发挥每个成员企业的积极性，大家应该“心往一处想，劲往一处使”。否则，就和建立虚拟企业的初衷相抵触，也就丧失了虚拟企业的优势。所以，虚拟企业倡导友善的文化，建立成员企业间的信任、开放、诚实、沟通、和谐共处、共同提高的友好关系与管理模式。

(3)虚拟企业的技术支撑是先进的通信网络系统。这是因为，只有把分布在不同区域的企业资源集成起来，实现资源共享，才能形成虚拟企业。

为了建立虚拟企业，首先要明智地选择市场机遇和有价值的合作伙伴，对合作伙伴的关键技术、资源承诺、协同可信度进行检验，并定义明确的目标集合。其次，通过企业高层协商签订协议书，以清楚地说明各自占有什么，在顾客、技术方面将要共享什么，以及共担风险和共享收益。再次，规定虚拟企业发展各阶段的里程碑，确立性能标准的衡量方法及尺度，使开展工作心中有数。

第四节　约束理论

一、概　述

约束理论(Theory of Constraints，简 TOC)由以色列物理学家高德拉特(Eli Goldratt)博士发明提出，最初也称作最优生产技术(Optimized Production Technology，简称 OPT)。尽管约束理论产生的时间不长，却取得了令人瞩目的成就，伴随其所著管理畅销小说《目标》一起已经并且仍将对管理实践产生重大影响，被认为是继 MRP 和 JIT 之后的又一种组织生产运作的新模式。

其他理论大都集中在企业的每个环节、每个步骤、或每个程序的改善，认为只要所有环节各自能做到最好，那么企业整体必然会有最大的改进。但约束理论却不同意这个看法，认为应该把企业视为一个系统，首先必须准确掌握及妥善处理这个系统内各个环节间的互动关系，整个系统才能产生最大的效益。否则，单单各自改进每个环节，往往事与愿违，达不到整体效果。约束理论以系统观点分析和指导企业的运作，使企业集中利用有限的资源于整个企业系统中最重要的地方，以达到最大的效益。

约束理论的精髓是一整套非常简单、容易明白、便于接受和实施的法则，是一种高深的系统化管理"常识"。其核心内容是：

(1)识别系统瓶颈或约束——发现系统的瓶颈或约束(最薄弱环节)时才能对系统进行改善。

(2)想方设法开发利用系统的瓶颈或约束——使瓶颈或约束尽可能高效运行。

(3)使其他一切事情服从以上决定——使系统的其余部分支持系统的运行，即使会牺牲非瓶颈资源的利用率，也要这样做。

(4)打破系统瓶颈或约束——如果产出能力还不足，则要获得更多的资源来解除瓶颈或约束。

(5)经过以上步骤，如果瓶颈或约束被打破或解除，则回到步骤(1)，不要让惯性成为系统瓶颈或约束——约束解除之后，回到步骤(1)开始下一循环，周而复始地改进。

二、绩效评价指标

约束理论强调，任何企业的真正目标只有一个，即赚钱。虽然有人认为，企业的目标应该是多方面的，诸如发展技术、增加销售、扩大市场占有率、提高质量、承担社会责任等等，但约束理论认为这些只是实现目标的方法和手段，而不是目标本身。只有企业赚钱了，有了生存的基础，企业才会有能力关注其他方面。

衡量一个企业是否能赚钱，尽管财务报告提供了许多财务指标，但实际上只要采用以下三个指标就可以非常简单的得到结论：

(1)净利润(NP)。说明一个企业赚多少钱的绝对量。一般来说，净利润越高的企业，其效益越好。

(2)投资收益率(ROI)。表示一定时期的收益与投资之比。当投资不同时，单靠净利润无法比较效益的好坏，就需要借助这个相对指标。例如，虽然两个企业的年净利润均为 100 万元，但其中一个投资 500 万元，而另一个投资 1000 万元，显然前者的效益要好。

(3)现金流量(CF)。表示短期内收入和支出的钱的差值，是反映企业生存状况的指标。当现金流量低于一定界限时，企业就无法生存下去。许多企业虽然拥有大量资产，但却破产倒闭了，原因就在于此。

以上三个指标是从企业整体角度进行考虑，要指导具体的生产运作，还需要构造能够体现这三方面涵义、符合生产运作过程实际情况的指标。具体地，约束理论提出了以下三种指标：

(1)产销率或有效产出(T)。它是指单位时间内生产出来并销售出去的量，反映通过销售活动获取资金的速率。生产出来但未销售出去的产品只能是库存。

(2)库存(I)。它是以销售为目的而采购各种物资所占用的资金。

(3)营运费用(OE)。它是生产运作系统将库存转化为产销率的过程中的一切花费，其中包括所有的直接费用和间接费用。

显然，产销率是进入企业系统的钱，库存是目前积压在系统中的钱，而营运费用则是为了将库存变成产销率而付出的钱。所以，从企业生产运作的观点来看，企业赚钱的目标应该表述为：在降低库存和营运费用的同时提高产销率。

三、约束理论的主要概念

(一)瓶颈与约束

1. 瓶颈

瓶颈是指实际生产运作能力小于生产负荷的一切资源。在约束理论中,生产运作能力被定义为排除了维修时间和其他间歇时间后的可利用的生产运作时间。

瓶颈限制了整个企业系统的产销率,是系统中流量最小的地方。从表现形态上看,瓶颈可能是一台机器设备,也可能是一个制造单元,也可能是缺乏合格的人才。通过对资源的实际生产运作能力和企业为了完成计划而需求的资源量进行比较,就可以判别该资源是否为瓶颈。实践表明,任何企业只存在少数的瓶颈,并随着企业的发展而改变。

约束是从企业发展的整体角度对瓶颈概念的引申和发展,泛指一切制约系统绩效、阻碍或者减慢企业目标实现的因素。它可以是市场需求,也可以是物料配送系统,还可以是企业的货款回收等。

2. 次瓶颈

次瓶颈是指生产运作负荷基本接近实际生产运作能力的一切资源。次瓶颈对实际工作的意义就在于,一旦生产运作管理工作出现问题,其生产运作负荷就极有可能超过实际生产运作能力,转化为瓶颈。

3. 非瓶颈

非瓶颈是指实际生产运作能力大于生产运作负荷的一切资源。非瓶颈不能连续运作,否则将增大库存。

(二)鼓(Drum)、缓冲器(Buffer)和绳子(Rope)

1. 鼓

鼓是指控制生产运作系统中的产品流动的控制点。鼓是一个企业生产运作系统运行的关键，“鼓点”决定着企业同步生产运作的节奏。也就是说，鼓决定了企业资源发挥作用的程度。

在企业生产运作系统中，瓶颈就是最好的鼓。因为瓶颈控制着生产运作系统的产出率，据此安排生产运作计划并运行，可以有效地避免因其上游环节过量生产而产生不必要的库存。

2.缓冲器

因为瓶颈产出决定着系统产出，为了充分利用瓶颈资源，确保瓶颈的连续运行，需要在瓶颈前设置缓冲器。因此，缓冲器的作用就在于保护瓶颈，防止因各种随机波动可能出现的瓶颈等待加工的现象。

一般来说，缓冲器分为时间缓冲和库存缓冲两种。库存缓冲就是一种安全库存。时间缓冲是指所需物料交付时间较之计划时间提前的时间长度，以瓶颈的加工时间长度为计量单位。约束理论更强调时间缓冲的方式。时间缓冲的大小，一般只要能确保瓶颈连续运行即可。

3.绳子

瓶颈的生产运作信息向上游环节的传递，被称为绳子。通过绳子，可以按照瓶颈的产出节奏对其上游环节实行牵引式的生产运作，做到按需生产运作。这就等于用绳子把瓶颈和这些环节串联起来，用绳子来驱动系统的所有环节按鼓点运行，既保证了物料满足瓶颈需要，克服了瓶颈“饥饿”，又避免了库存的增加。可见，鼓的目标是使系统的产销率最大，而绳子的作用则是使库存最小。

绳子是瓶颈对其上游环节发出生产运作指令的媒介，控制着企业物料的进入。其实质和看板管理思想相似，所不同的只不过是看板管理是由后道工序的需要驱动，而约束理论是由瓶颈的产出节奏（鼓点）驱动。

一般地，绳子是由一个涉及原材料投料到车间的详细的作业计划来实现的。有些情况下也可以是非正式的。

四、约束理论的九条原则

约束理论的九条原则体现了约束理论的基本思想，是约束理论实际应用的基石。

1. 平衡物流，而不是平衡生产运作能力

按照传统的生产运作管理观念，企业应该竭尽全力平衡各环节、各工序的生产运作能力，试图使它们都与市场需求相匹配，以保证各种资源的最大利用率，在生产运作系统中形成一个连续的物流通过这些资源。而约束理论则认为平衡生产运作能力是错误的，将产生非常糟糕的结果。因为生产运作过程中的波动及其累积效应是绝对的，所以平衡生产运作能力实际上是做不到的。企业应该也必须接受这种事实前提，应该抓住生产运作过程运行的核心，在企业内部平衡物流，使各个环节都与瓶颈保持同步生产运作，实现均衡生产。

2. 非瓶颈的利用水平不是由自身潜力所决定，而是由系统的瓶颈或约束所决定

系统的瓶颈决定了整个系统的产销率，决定了所有环节的产出。因此，只有提高瓶颈的利用水平才能增加系统的产出，而提高非瓶颈的利用水平，不仅不能提高系统的产销率，而且还会增加库存和营运费用。这也说明企业中所有资源使用率都达到或接近100%不一定就是什么好事情。

3. 资源的利用与活力不是一码事

利用是指资源应该利用的程度，活力是指资源能够利用的程度。约束理论认为，利用和活力有重要的区别，前者属于“需要”、“应该做”的范畴，能够推动系统向着目标迈进；后者属于“能够做”、但不一定需要、不一定有利于系统目标的范畴。对于系统中的非瓶颈资源，在安排使用上如果有活力，虽然利用率很好，但并不有效。而通过平衡物流的方法，即便允许非瓶颈有适当的闲置时

间，仍然大大提高了系统的有效性。

4.瓶颈损失一个小时相当于整个系统损失一个小时

时间在瓶颈和非瓶颈上的意义完全不同。因为瓶颈决定着系统的产销率，所以，瓶颈增加一个小时的加工时间，整个系统就增加一个小时的有效产出，反之，瓶颈减少一个小时的加工时间，整个系统就减少一个小时的有效产出。而非瓶颈则不然。所以，应采取有效的保护措施，努力保持其100%的利用，如减少瓶颈的调整准备时间和频率，瓶颈上的批量尽可能大，实行午餐和工休连续工作制，在加工前通过质量检查剔除上个环节传来的不合格品，利用缓冲器等。

5.非瓶颈节约一个小时无实际意义

如前所述，非瓶颈的运作取决于瓶颈，其节约的一个小时是虚幻的，并不等于可以多投入利用一个小时，只能是增加一个小时的闲置时间，所以并不能增加整个系统的产销率。

6.瓶颈控制了系统的库存和产销率

前面几点对瓶颈存在于企业内部的情况已作了系统分析，不再赘述。即便是瓶颈是市场需求，虽然所有资源提供的生产运作能力都高于市场需求，但由于市场承受能力不足，产销率也不能增加。

7.转运批量可以不等于、而且多数情况下应该不等于加工批量

转运批量是指工序间转运一批零件的数量，加工批量是指经过一次调整准备所加工的同种零件的数量。约束理论认为，为了使系统的产销率达到最大，瓶颈的加工批量必须大，但同时应控制和降低在制品库存，所以转运批量应该小，即要求非瓶颈的加工批量要小，以减少库存和加工费用。

8.加工批量不是固定的，应该随时间而变化

加工批量的大小受资源利用、市场需求与竞争、交货期、库存

费用等众多因素影响。随着时间的推移,这些因素在变化,系统瓶颈的位置也会变化,加工批量也应该进行调整。

9. 优先权只能根据系统的约束来设定,提前期是作业计划的结果

与传统作业计划制定方法中预先设定提前期不同,在约束理论中,提前期是批量、优先权和其他许多因素的函数。

第五节 流程再造

一、流程再造的概念

美国管理专家哈默教授(Michael Hammer)是流程再造(Business Process Reengineering,简称 BPR)理论的创始人。他在 1990 年第 7—8 期的《哈佛商业评论》上发表了题为"再造:不是自动化,而是重新开始"的论文。1993 年,他与钱辟(James Champy)合作,合著出版了《再造公司——企业革命的宣言》一书,在整个管理学界引起巨大震动,流程再造革命的浪潮迅速遍及全世界。

所谓流程再造,哈默定义为是"对企业流程彻底的、根本性的重新思考和重新设计,从而在成本、质量、服务和响应速度等具有时代特征的关键指标上获得巨大的改善"。

该定义强调了四个关键词:彻底、根本、巨大和流程。彻底是指对既定现状不是进行表面化的肤浅改变或调整,而是首先抛弃所有的陈规陋习,忽略一切规定的结构与过程,然后创造发明出全新的工作方法,意味着要对企业流程进行重新构造,而不是修修补补式的改良、增强或调整。根本是指必须从企业自身的一些根本性问题入手,思考回答诸如我们为什么要做现在的事和应该做什么事、我们为何要这么做和应该怎样做等最基本问题,以评判自己经营企业的战略、原则与手法是否科学、有无过时。巨大意味着流程再

造的效果不是小改善，而是惊人的突飞猛进，可以大幅度降低成本、减少响应时间、提高用户满意度等。一般的数量概念如生产周期缩短70%，成本降低40%，顾客满意度提高40%等。流程是指为完成一定目标而进行的一系列逻辑相关的活动的有序集合。它不仅包括一系列活动，而且包括活动方式、逻辑顺序和相互关系。

根据以上分析，可以从几个方面概括流程再造的本质特性：

1. 面向顾客需求是流程再造的出发点

流程再造是企业内外环境变化所共同作用的结果，但流程再造的直接驱动力是企业为了更快、更好地满足顾客不断变化的需求。当今时代，响应性已成为顾客需求的关键因素，也是企业实施"时间差异化"策略、提高竞争力的重要基础。与过去企业虽然口口声声顾客第一、但员工多数情况下不是考虑怎样让顾客满意而是想方设法讨好上司不同，流程再造强调面向顾客，把顾客满意度的大小作为评价员工业绩的惟一标准，顾客不再是看不见摸不着的"上帝"，而是员工们能感觉得到的、实实在在的"衣食父母"，把"顾客就是上帝"落在了实处。

2. 以企业流程为再造对象

过去，企业以传统的劳动分工原则为指导，把企业流程割裂成一段段的环节，使人们忽略系统整体，只关注单个的任务或工作。流程再造以企业流程为思考和改造的对象，彻底打破传统的劳动分工理论，摆脱细化控制、管理层次等的束缚，按照系统和集成的思想理念，建立科学、高效的企业流程。企业流程是流程再造的关键和难点所在。

3. 对企业流程进行彻底的、根本性的重新思考和设计是流程再造的主要任务

流程再造是一场管理革命，要求对现行企业流程进行认真深入的质疑、彻底的和根本性的反省、革命性的创新，以更好地满足顾客的需要。正所谓"不破不立"，"先破后立"。流程再造提供了一

种机会和科学的方法，促使人们认识和评审那些原来习以为常、认为理所当然和心照不宣的规则与假设的有效性与科学性，指导开展企业流程的根本性改革。要彻底抛弃旧的束缚，对企业流程进行根本性的重新思考和设计，使之更符合客观规律。

4. 以绩效的巨大改善为目标

流程再造所追求的目标不是渐进型的进步，而是通过企业流程的彻底革命，使企业管理发生质的变化，以带来绩效的巨大飞跃。

二、流程再造的基本原则

为了保证成功地进行流程再造，必须树立以人为中心的思维观念，视人为最核心资源，加强员工教育培训以激发其斗志，丰富其知识，提高其技能，同时，塑造和强化信任、向上、开放、创新的企业文化。除此之外，哈默提出了以下原则：

1. 围绕最终结果而不是具体任务来实施流程再造

将原来由不同专业人员干的工作合并为一个工作，由一个业务员或工作组来完成，并明确新工作应包括的全部步骤和最终产出。这样可以省去传递过程，加快生产运作速度，对市场需求变化作出快速反应。

2. 让后续过程的有关人员参与前端过程

这将导致某个过程由最熟悉他的人来完成，从而打破传统的部门内和部门间的界限，简化和消除流程执行者与用户之间的协调工作。

3. 将信息处理融人产生该信息的实际工作中去

这意味着信息收集者应该负责信息处理工作，把其他人处理、协调该信息的工作降到最低，以减少过程的外部接触点，从而大大减少差错。

4. 将地域上分散的资源集中化

利用信息技术妥善协调分散经营与集中经营的关系，通过将完成同一工作的不同部门分散，来促进并行工作的实现，同时，又使得企业的总体控制得以改善。这样，既可以实现规模经济，又保持单个部门的灵活性和快速反应的优点。

5.将平行工序连接起来而不是集成其结果

对平行工序仅仅归总，将不可避免地导致重复工作、高额成本和拖延整个过程的进展。

6.决策点下移并将控制融入过程中

把决策作为工作的一部分，授权给受过良好教育、知识丰富的员工。把控制作为流程的一部分，通过垂直压缩来建设扁平化和快速响应的企业。

7.在源头获取信息

利用企业的在线信息系统，在信息的源头对信息进行一次性收集和获取，以避免错误信息和重新获取信息的高昂费用。

三、流程再造的步骤

1.个案陈述

这一步主要是说明流程再造的必要性，并通过宣传，统一企业上下的认识，取得全体员工的支持。虽然有关材料不需要很详细，但应该让人信服，能鼓舞改革士气，所以必须清楚地说明两个关键问题：其一，变革的必要性，说明企业目前的状况以及为何不能继续下去；其二，未来的展望，勾画企业的发展蓝图，说明要把企业变成什么样。

2.流程识别

要进行改革，首先要知己知彼，认真调查分析现有系统和现有流程。要在对企业所有主要流程进行根本性思考的基础上，优先选择以下几类进行流程再造：一是该流程的功能可能是错误的，或某个瓶颈问题对生产运作影响较大，必须立即改造加以纠正；二是对本企业产品能否使用户满意有重大影响的因素；三是某些很容易改、且改了之后能收到显著经济效益的流程。对拟进行再造的流程应当进一步说明再造的项目范围。

3.评价使能因素

信息技术和人员/组织问题都是流程再造的驱动因素(使能器)，企业应从集成的角度，创造性地重构和应用企业的能力与资源，以保证成功地实现流程再造。

4.分析现有流程

对当前流程进行分析以明确流程间的关系，对活动进行分类，为流程再造方案设计提供依据。一般可将活动分为三类：顾客愿意为其支付现金的增值活动；不能为顾客创造价值，却是增值活动实施中必须的非增值活动；既不增值，也不会驱动增值的无效活动。显然，流程再造应该改善增值活动，消除无效活动，而对于非增值活动，哈默认为有必要通过把增值活动重新组织成一个新的更有效的流程来将非增值活动找出来。

5.流程创新设计

树立突破原有规则、程序和观念束缚的根本性创新设计理念，利用定点超越、计算机随机模拟等科学方法和工具，都是确保设计方案成功的重要因素。

6.实施再造后的流程

新流程的实施需要领导的大力推动，也要求建立新的组织机构和运行机制，要求员工的价值观和工作机能都要和新环境相匹配。在实施过程中，还要做好新企业流程效果的跟踪评价与总结工作。

应当指出，在实施流程再造之前，必须做好有关的准备工作。和推行任何改革一样，要通过教育帮助人们树立新的思想观念，拿“第五项修炼”的语言说，就是改变人们的“心智模式”。要组建好高素质的再造队伍，成立由企业一把手挂帅的指导委员会，由企业内外的不同专业、不同部门的人员组成的企业流程再造小组或团队，并明确各自的职责。要科学编制流程再造计划，明确流程再造的具体范围、时间和资源投入、预期效果等。

案例21 航空联盟现象

1998年10月之后刮起的航空公司结盟之风，进入1999年后不但没有停止，反而愈演愈烈：以美国西北航空公司为首的“环宇里程优惠计划”(World Perks Mileage Program)；由美利坚航空公司、英国航空公司、国泰航空公司等5家航空公司组成的“环宇一家”(One World)航空联盟于1999年2月1日正式启动；由美联航、德汉莎等航空公司组成的“星空联盟”(Star Alliance)的成员数目也不断增加。

不断涌现的航空联盟在令商旅人士感到眼花缭乱的同时，的确可以为旅客带来任何一家航空公司所不能独自提供的顾客优惠，受到顾客的欢迎，特别是商务人士。有人指出，商务人士出行永远都是坐飞机，以往坐飞机飞完一程也就完了，并没有什么特别的意义。但有了这种联盟和奖励计划后就不同了，比如从北京飞美国往返一次，就可能获得飞新加坡的免费机票一张，很有吸引力；而如果不换机票，累积的里数还可享受升级待遇，在下次长途旅行的时候，买一张经济舱的机票，可以升级为商务舱，令旅行更加轻松愉快。

1998年10月，中国国际航空公司与美国西北航空公司签订了代码共享协议，使得往返中美两地的乘客再也不必为中途转机时提取行李再托运、重新购买机票、订座位和再次办理登机手续等而烦恼了，因为行业联盟使各家航空公司可以提供“天衣无缝”的集成服务，如同一家航空公司在运作。如果你是“星空联盟”的会员，当你乘坐德国汉莎航空公司的飞机到法兰克福，再转乘加拿大枫叶航空公司的飞机到多伦多，那么你可以在出发时便取得下一段航班的登机牌，而无须在转机处再次办理登机手续，甚至无须转换候机楼。“环宇一家”航空联盟也向自己的“常旅客”们许诺，无论他们搭乘联盟内的任何一家航空公司，都可享用这些航空公司在全球的 200 多间贵宾候机室，还可优先办理登机手续、优先候座和候备机位、优先挑选座位及登机。

航空联盟越来越具有吸引力的另一原因是，有更多的盟友加入到联盟中来，如酒店、租车公司、电讯公司及信用卡公司等等，使会员们在住店、租车、使用信用卡消费时都可以累积里程。诸多的便利与优惠使商务人士更加认同自己的航空联盟，同时，联盟内的成员公司也获得了相对固定的“常旅客”队伍。实际上，如果没有这些便利的因素，顾客就极有可能任选一家航空公司。正是有了以上种种奖励和便利，才促使顾客宁可多等一、两个小时，而选择同一联盟之内的航空公司。可见，联盟的经营方法使航空公司和顾客走向“双赢”。

面临激烈竞争的国内航空公司，也已着手开发自己的“常旅客”计划。最早仿效国外航空公司做法的是国航的“知音卡”会员俱乐部。1998 年 11 月 1 日，南方航空公司也推出了常旅客计划——“明珠俱乐部”。

据国际航空运输协会预测，到下个世纪，航空运输业将被 5 到 10 家“巨头”垄断，人们担心竞争的弱化会使票价上涨或使低价位机票减少。不过，联盟的支持者们却认为，联盟将提供全球性的具有竞争力的票价和服务，以提高商旅人士的满意度。

【案例讨论题】

该案例对你有哪些启示？

【思考题】

1. 如何理解成组技术的概念及其重要意义？

2. 分析计算机集成制造与计算机集成制造系统是不是同一个

概念。你认为对企业来说哪个更重要？为什么？

3.调查搜集有关资料，分析我国企业怎样才能确保计算机集成制造系统的成功开发与实施。

4.如何理解敏捷制造的概念？哪些方面对你有深刻启示？

5.何谓虚拟企业？和虚拟制造是不是同一个概念？

6.简述约束理论的核心内容和九条原则。

7.如何理解流程再造的概念？你认为要保证流程再造的成功，应该注意处理好哪些方面的问题？

8.试结合某个企业的实际，分析有无进行流程再造的必要并提出概要方案。

附表　标准正态分布表

$$\Phi(x)=\frac{1}{\sqrt{2\pi}}\int_{-\infty}^{x}e^{-t^2/2}dt$$

x	0.00	0.02	0.04	0.06	0.08
0.0	0.5000	0.5030	0.5160	0.5239	0.5319
0.1	0.5398	0.5478	0.5557	0.5636	0.5714
0.2	0.5793	0.5871	0.5948	0.6026	0.6103
0.3	0.6179	0.6255	0.6331	0.6406	0.6480
0.4	0.6554	0.6628	0.6700	0.6772	0.6844
0.5	0.6915	0.6985	0.7054	0.7123	0.7190
0.6	0.7257	0.7324	0.7389	0.7454	0.7517
0.7	0.7580	0.7642	0.7703	0.7764	0.7823
0.8	0.7881	0.7939	0.7995	0.8051	0.8106
0.9	0.8159	0.8212	0.8264	0.8315	0.8365
1.0	0.8413	0.8461	0.8508	0.8554	0.8599
1.1	0.8643	0.8686	0.8729	0.8770	0.8810
1.2	0.8849	0.8888	0.8925	0.8962	0.8997
1.3	0.90320	0.90658	0.90988	0.91809	0.91621
1.4	0.91924	0.92220	0.92507	0.92785	0.93056
1.5	0.93319	0.93574	0.93822	0.94062	0.94295
1.6	0.94520	0.94738	0.94950	0.95154	0.95352
1.7	0.95543	0.95728	0.95907	0.96080	0.96246
1.8	0.96407	0.96562	0.96712	0.96856	0.96995
1.9	0.97123	0.97257	0.97381	0.97500	0.97615
2.0	0.97725	0.97831	0.97932	0.98030	0.98124
2.1	0.98214	0.98300	0.98382	0.98461	0.98537

续表

x	0.00	0.02	0.04	0.06	0.08
2.2	0.98610	0.98679	0.98745	0.98809	0.98870
2.3	0.98928	0.98988	0.99036	0.99086	0.99134
2.4	0.99180	0.99224	0.99266	0.99305	0.99343
2.5	0.99379	0.99413	0.99446	0.99477	0.99506
2.6	0.99543	0.99560	0.99586	0.99609	0.99632
2.7	0.99653	0.99674	0.99693	0.99711	0.99728
2.8	0.99745	0.99760	0.99774	0.99788	0.99801
2.9	0.99813	0.99825	0.99836	0.96846	0.99856
3.0	0.99865	0.99874	0.99882	0.99889	0.99897
3.5	0.99977				
4.0	0.99997				

参考文献

1. Richard B. Chase, Nicholas J. Aquilano & F. Robert Jacobs, Production and Operations Management: Manufacturing and Services, McGraw-Hill, 8/e, 1998
2. Richard B. Chase, Nicholas J. Aquilano & F. Robert Jacobs, 宋国防等译,《生产与运作管理:制造与服务》(第8版),北京:机械工业出版社,1999
3. James B. Dilworth, Production and Operations Management: Manufacturing and Services, McGraw-Hill, 5/e, 1993
4. Lee J. Krajewski & Larry P. Ritzman, Operations Management: Strategy and Analysis, Addison-Wesley Publishing Company, 1990
5. William J. Stevenson, Production/Operations Management, Irwin/McGraw-Hill, 5/e, 1996
6. 潘家轺等. 现代生产管理学. 北京:清华大学出版社,1994
7. 陈荣秋等. 生产与运作管理. 北京:高等教育出版社,1999
8. 王世良. 生产运作管理. 北京:华文出版社,2001
9. Jay Heizer & Barry Render, 潘洁夫等译,《生产与作业管理教程》(第四版),北京:华夏出版社,1999
10. 许庆瑞等. 生产管理. 北京:高等教育出版社,1988
11. 刘丽文. 生产与运作管理. 北京:清华大学出版社,1998
12. 汪星明等. 现代生产管理. 北京:中国人民大学出版社,1995
13. 张列平. 制造资源计划——MRP Ⅱ 原理与实践. 上海:上海交通大学出版社,1992

14. 孙荃. ISO9000 在质量管理中的应用. 广州:广东人民出版社, 1996
15. 陈禹六. 先进制造业运行模式. 北京:清华大学出版社,1998
16. David M. Anderson & B. Joseph Pine Ⅱ,冯娟等译. 21 世纪企业竞争前沿:大规模定制模式下的敏捷产品开发. 北京:机械工业出版社,1999
17. B. Joseph Pine Ⅱ. 操云甫等译. 大规模定制:企业竞争的新前沿. 北京:中国人民大学出版社,2000
18. Jack Gido & James F. Clements,张金成等译. 成功的项目管理. 北京:机械工业出版社,2000
19. Eliyahu M Goldratt & Jeff Cox,齐若兰译. 目标——简单而有效的常识管理. 上海:上海三联书店,1999
20. Charles M. Savage,谢强华等译. 第 5 代管理. 珠海:珠海出版社,1998
21. 虞镇国等. 生产管理. 杭州:浙江大学出版社,1997
22. (日)青木龟男. 定置管理. 北京:科学普及出版社,1990

图书在版编目（CIP）数据

生产与运作管理教程：理论、方法、案例／王世良等编著．—杭州：浙江大学出版社，2002.12（2009.12 重印）
ISBN 978-7-308-03205-6

Ⅰ.生…　Ⅱ.王…　Ⅲ.企业管理：生产管理－教材
Ⅳ.F273

中国版本图书馆 CIP 数据核字（2002）第 089534 号

生产与运作管理教程：理论、方法、案例
王世良　等编著

责任编辑　傅百荣
出版发行　浙江大学出版社
（杭州市天目山路 148 号　邮政编码 310028）
（网址：http://www.zjupress.com）
排　　版　杭州中大图文设计有限公司
印　　刷　临安市曙光印务有限公司
开　　本　850mm×1168mm　1/32
印　　张　12.5
字　　数　314 千
版 印 次　2002 年 12 月第 1 版　2009 年 12 月第 10 次印刷
印　　数　24001－26000
书　　号　ISBN 978-7-308-03205-6
定　　价　19.00 元

浙江大学出版社发行部邮购电话（0571）88925591